실전에서 바로 쓰는 Next.js

실전에서 바로 쓰는 Next.js

SSR부터 SEO, 배포까지 확장성 높은 풀스택 서비스 구축 가이드

초판 1쇄 발행 2023년 1월 20일
초판 2쇄 발행 2024년 6월 21일

지은이 미셸 리바 / **옮긴이** 박수현 / **펴낸이** 전태호
펴낸곳 한빛미디어(주) / **주소** 서울시 서대문구 연희로2길 62 한빛미디어(주) IT출판2부
전화 02-325-5544 / **팩스** 02-336-7124
등록 1999년 6월 24일 제25100-2017-000058호 / **ISBN** 979-11-6921-071-3 93000

총괄 송경석 / **책임편집** 박민아 / **기획·편집** 이채윤 / **진행** 김지은
디자인 표지 박정우 내지 박정화 / **전산편집** 이소연
영업 김형진, 장경환, 조유미 / **마케팅** 박상용, 한종진, 이행은, 김선아, 고광일, 성화정, 김한솔 / **제작** 박성우, 김정우

이 책에 대한 의견이나 오탈자 및 잘못된 내용은 출판사 홈페이지나 아래 이메일로 알려주십시오.
파본은 구매처에서 교환하실 수 있습니다. 책값은 뒤표지에 표시되어 있습니다.
한빛미디어 홈페이지 www.hanbit.co.kr / 이메일 ask@hanbit.co.kr

▶▶ 지은이 · 옮긴이 소개

지은이 **미셸 리바** Michele Riva

이탈리아 밀라노에서 구글 개발자이자 소프트웨어 아키텍트로 일해온 열정 넘치는 개발자입니다. 수년간 많은 오픈소스 프로젝트에 기여했으며 Haskell, Elixir, Go, 타입스크립트 등 다양한 프로그래밍 언어를 사용합니다. 또한 여러 가지 주제로 글을 쓰고 있으며 많은 국제 콘퍼런스에서 연사로 활동하고 있습니다. 책을 쓰는 동안에는 파라마운트 글로벌 아키텍처 팀에서 시니어 소프트웨어 엔지니어로 근무하며 스트리밍 웹 사이트의 핵심인 멀티테넌트 Node.js 애플리케이션을 개발했습니다. 현재는 아일랜드 트라모레에 있는 소프트웨어 회사 NearForm에서 시니어 소프트웨어 아키텍트로 일하고 있습니다.

옮긴이 **박수현** ardeness@gmail.com

홍익대학교 컴퓨터공학과에서 박사 학위를 받았으며 현재는 SK텔레콤에서 개발자로 일하고 있습니다. 커널, 시스템, 클라우드 컴퓨팅, 쿠버네티스, 웹 등 다양한 개발 분야에 관심을 가지고 있으며, 『자바스크립트는 왜 그 모양일까?』(인사이트, 2020), 『스벨트 앤 새퍼 인 액션』(한빛미디어, 2021), 『클라우드 네이티브 애플리케이션 디자인 패턴』(한빛미디어, 2022)을 번역했습니다.

▶▶ 옮긴이의 말

리액트React로 개발한 애플리케이션의 가장 큰 문제는 클라이언트에서만 렌더링할 수 있다는 점입니다. 물론 클라이언트에서만 렌더링 가능하다고 해서 특정 기능을 개발할 수 없는 것은 아닙니다. 다만 엄청 큰 자바스크립트 번들을 다운로드하는 데 시간이 오래 걸리고 검색 엔진 최적화가 잘 안 될 뿐이죠. 하지만 이 문제는 일부 웹 사이트에서 정말 치명적인 단점이 되기도 합니다. 리액트를 사용하는 곳이 많아지고 개발한 애플리케이션이 커질수록 이런 문제점은 더 크게 부각됩니다.

Next.js는 이런 상황을 해결해줄 구원 투수로 등장한 셈입니다. 기존 애플리케이션을 수정할 필요 없이 Next.js 프레임워크를 적용하고 서버 사이드 렌더링이나 정적 사이트 생성 기능을 사용하는 것만으로도 많은 문제가 해결되니 개발자로서는 정말 기쁜 일이 아닐 수 없습니다.

이 책은 리액트로 웹 애플리케이션을 개발한 경험이 있는 개발자를 위해 만들어졌습니다. 바닐라 리액트 애플리케이션과 Next.js 애플리케이션의 차이점 및 장단점부터 기존 리액트 애플리케이션에 Next.js를 점진적으로 사용하는 방법, Next.js의 강점을 십분 활용하는 방법, 여러 가지 예제 프로젝트를 통해 Next.js와 리액트 애플리케이션을 효과적으로 개발하고 실력을 닦을 수 있는 계획까지 제시하고 있으니까요. 기본적인 Next.js 기능은 물론 스타일링, 인증, API 호출 등 대규모 애플리케이션 개발에 필요한 내용까지 다루고 있어 초급 리액트 개발자와 숙련된 리액트 개발자 모두에게 유용한 책이라고 생각합니다. 리액트나 Next.js 애플리케이션을 개발하면서 답답함을 느꼈을 개발자에게 이 책이 큰 도움이 되길 바랍니다.

좋은 책을 번역할 기회를 주신 한빛미디어 출판사 관계자분들, 원고 교정 및 편집과 함께 더 좋은 책을 만들 수 있도록 많은 조언을 해주신 이채윤 편집자님, 사랑하는 제 아내 지선이와 딸 현서, 그 외 번역에 도움을 주신 모든 분께 감사드립니다.

박수현

▶▶ 이 책에 대하여

책에서 다루는 내용

Next.js는 확장성과 성능이 뛰어난 리액트 프레임워크로, 하이브리드 렌더링, 라우트 프리페칭route pre-fetching, 자동 이미지 최적화, 국제화internationalization[1] 등 여러 가지 기능을 제공합니다.

Next.js는 다양한 용도로 사용됩니다. 온라인 상거래 플랫폼이나 블로그 웹 사이트 등 여러 가지 목적의 웹 애플리케이션을 Next.js로 만들 수 있습니다. 이 책은 성능이나 사용자 경험 및 개발 경험을 유지하면서 훌륭한 웹 애플리케이션을 만드는 방법을 다룹니다. Next.js 기초로 시작해서 프레임워크가 애플리케이션 개발에 어떤 도움을 주는지와 실제 애플리케이션 개발에 Next.js가 얼마나 유용한지 하나씩 배워갈 것입니다. 또한 웹 사이트에 가장 잘 맞는 렌더링 방법, 애플리케이션을 안전하게 만드는 방법, 여러 플랫폼 중 가장 알맞은 곳에 애플리케이션을 배포하는 방법도 알아볼 것입니다.

이 책을 다 읽고 나면 Headless CMS나 그 외의 데이터 소스와 Next.js를 연결해서 애플리케이션을 설계하고, 만들고, 배포할 수 있습니다.

대상 독자

이 책은 리액트 웹 개발자 중 Next.js 프레임워크를 사용하여 확장과 유지 보수가 쉬운 풀스택 애플리케이션을 개발하려는 사람을 위해 만들어졌습니다. 따라서 중급 수준 이상의 ES6+, 리액트, Node.js, REST 지식이 필요합니다.

1 옮긴이_국제화는 애플리케이션을 사용하는 지역에 맞추어 애플리케이션에 표시되는 언어와 단위 등을 변경하고 적용하는 것을 뜻합니다. 예를 들어 우리나라에서 사용하는 애플리케이션이라면 영어로 작성된 메뉴를 한글로 변경하고 길이 단위인 인치(inch)를 센티미터(cm)로 바꾸어 표기합니다.

▶▶ 이 책에 대하여

학습 목표

CHAPTER 1	프레임워크를 간단히 소개한 후 새로운 프로젝트를 만들고 설정하는 방법, 설정을 수정하는 방법, Next.js 개발의 주 프로그래밍 언어로 타입스크립트를 지정하는 방법을 알아봅니다.
CHAPTER 2	다양한 렌더링 메서드를 살펴보고 서버 사이드 렌더링, 정적 사이트 생성, 증분 정적 재생성 방법의 차이를 설명합니다.
CHAPTER 3	검색 엔진 최적화 및 성능 관점에서 Next.js의 라우팅 시스템과 필수 내장 컴포넌트를 살펴봅니다.
CHAPTER 4	Next.js 프로젝트를 구성하는 유용한 방법과 서버 및 클라이언트에서 데이터를 가져오는 방법을 배웁니다.
CHAPTER 5	리액트 콘텍스트와 Redux를 사용한 상태 관리 방법을 소개하고, 컴포넌트 수준에서의 지역 상태와 애플리케이션 수준에서의 전역 상태를 다루는 방법을 알아봅니다.
CHAPTER 6	Styled JSX, CSS Module과 같은 Next.js의 기본 스타일링 메서드를 소개합니다. 또한 로컬 개발과 프로덕션 빌드 과정에서 SASS 전처리기를 사용하는 방법도 배웁니다.
CHAPTER 7	TailwindCSS, Chakra UI, Headless UI와 같은 최신 UI 프레임워크를 사용하는 방법을 알아봅니다.
CHAPTER 8	Next.js 애플리케이션 실행에 커스텀 서버를 사용하는 경우와 사용하면 안 되는 경우를 알아봅니다. 또한 Next.js 애플리케이션을 유명한 Node.js 프레임워크인 Express.js나 Fastify와 통합하는 방법도 배웁니다.
CHAPTER 9	Cypress와 react-testing-library를 사용한 단위 테스트 및 엔드 투 엔드 테스트 방법을 알아봅니다.
CHAPTER 10	Next.js 애플리케이션의 SEO와 성능을 향상시키는 몇 가지 유용한 방법을 설명합니다.
CHAPTER 11	기능과 용도에 따라 Next.js 애플리케이션을 배포하기에 알맞은 플랫폼을 선택하는 방법을 배웁니다.
CHAPTER 12	알맞은 인증 서비스를 선택하고 사용자 인증을 안전하게 관리하는 방법을 설명합니다. 또한 유명한 인증 서비스인 Auth0를 Next.js에서 사용하는 방법도 알아봅니다.
CHAPTER 13	Next.js, Chakra UI, GraphCMS로 온라인 상거래 웹 사이트를 만들어봅니다.
CHAPTER 14	책 전체 내용을 정리하고 Next.js 실력을 향상시킬 수 있는 몇 가지 예제 프로젝트를 소개합니다.

일러두기

이 책의 내용을 가장 잘 이해할 수 있는 방법은 모든 코드 예제를 따라해보는 것입니다. 코드 실행에 문제가 생기거나 막히는 경우 이 책의 GitHub 저장소에서 예제 코드를 다운로드하여 실행해보세요.

책에서 다루는 소프트웨어/하드웨어	필요한 운영체제
Next.js	Windows / macOS / Linux
Node.js(npm과 yarn 포함)	Windows / macOS / Linux
도커[Docker](CHATPER 11)	Windows / macOS / Linux

디지털 버전으로 책을 보는 경우에도 코드를 직접 작성하거나 GitHub 저장소에서 다운로드 받아 사용하기를 권장합니다. 이렇게 하면 코드를 복사하고 붙여넣는 과정에서 발생할 수 있는 잠재적인 문제를 피할 수 있습니다.

예제 코드

이 책의 예제 코드는 GitHub 저장소 *https://github.com/hanbit/practical-next.js*에서 다운로드할 수 있습니다. 코드가 변경되는 경우 GitHub 저장소의 코드에도 변경 내용이 반영됩니다.

이 책과 저장소의 코드는 독자 여러분의 편의를 위해 Node.js 버전을 12에서 18로 올리고 관련 의존성 패키지 버전, CHAPTER 11의 `Dockerfile` 베이스 이미지 버전, 그 외 패키지 관련 버스를 수정한 것입니다. 아울러 원서의 CHAPTER 4에서 사용되는 API 및 GraphQL 서버가 사용 종료되어 해당 서버 코드를 로컬에서 테스트할 수 있도록 `api` 페이지에 추가하였습니다.

원서의 저자가 제공하는 코드는 *https://github.com/PacktPublishing/Real-World-Next.js*에서 확인할 수 있습니다.

표기법

명령어, 데이터베이스 테이블 이름, 디렉터리 이름, 파일 이름, 파일 확장자, 경로 이름, URL, 사용자 입력은 다음과 같이 코드 서체로 구분하여 표기합니다.

> Next.js 앱에서 기본 언어를 타입스크립트로 지정하는 방법은 아주 간단합니다. 프로젝트의 최상위 디렉터리 안에 `tsconfig.json`이라는 타입스크립트 설정 파일만 만들면 됩니다. 그리고 `npm run dev` 명령을 실행하면 다음과 같은 메시지를 확인할 수 있습니다.

코드 블록에서 주의 깊게 보아야 하는 부분이나 수정할 부분은 다음과 같이 별도의 색상으로 구분하여 표기합니다.

```
import { useContext } from 'react';
import Link from 'next/link';
import cartContext from '../components/context/cartContext';

function Navbar() {
  const { items } = useContext(cartContext);
  const totalItemsAmount = Object.values(items)
    .reduce((x, y) => x + y, 0);

// ...
```

실전에서 바로 쓰는 Next.js

SSR부터 SEO, 배포까지 확장성 높은 풀스택 서비스 구축 가이드

미셸 리바 지음 박수현 옮김

한빛미디어
Hanbit Media, Inc.

▶▶ 추천사

Next.js는 최근 가장 주목받는 프레임워크입니다. Next.js를 사용하면 일반적으로 구현하기 어려운 서버 사이드 렌더링(SSR)과 다양한 웹 애플리케이션의 기능들을 아주 손쉽게 구현할 수 있습니다. 이 책은 Next.js의 핵심 개념을 자세히 설명할 뿐만 아니라 최신 UI 프레임워크와 테스트 코드 작성 방법까지 다룹니다. Next.js 입문자가 첫걸음을 내딛는 데 좋은 안내서입니다.

이인제(소플), 핫티스트랩 대표

웹 사이트를 만들 때는 서비스의 성격에 적합한 렌더링 전략을 선택해야 합니다. 지금 운영 중인 서비스가 가진 문제점을 서버 사이드 렌더링(SSR)으로 해결하고자 한다면 이 책을 통해 많은 도움을 받을 수 있습니다. 리액트로 만들어진 프로젝트를 Next.js로 전환하거나 점진적으로 Next.js를 적용하려는 개발자와 개발 팀에게 이 책을 추천합니다.

강병진, 퍼즐에이아이 개발리드

Next.js에서는 SSR, CSR, ISR, SSG 개념을 정확히 이해하는 것이 필수입니다. 이 책은 예시를 통해 이러한 개념을 친절하게 설명할 뿐만 아니라 컨벤션, 테스트, SEO, 배포, 실무 코드 예제까지 서비스를 개발하고 운영하는 데 필요한 모든 범위를 다룹니다. 이 책으로 Next.js를 빠르게 익히고, 개발하고, 서비스를 출시해봅시다!

권영재, 스퀘어랩 개발자

SPA로 만들어지는 서비스는 규모가 커짐에 따라 서비스 첫 접속 시 로딩 시간이 길어지고, 이 로딩 시간에 지루함을 느낀 사용자는 웹을 이탈하게 됩니다. 이 책은 이러한 SPA의 문제를 SSR이 어떻게 해결했는지, SSR로 무엇을 할 수 있는지 Next.js 이론부터 실전 프로젝트까지 모두 다루는 좋은 지침서입니다.

노경환, 캐롯손해보험 개발자

▶▶ 목차

CHAPTER 3 Next.js 기초와 내장 컴포넌트

PART 2 Next.js 실전 감각 익히기

CHAPTER 4 코드 구성과 데이터 불러오기

PART 3 Next.js로 상용 애플리케이션 만들기

CHAPTER 12 인증과 사용자 세션 관리

CHAPTER 13 GraphCMS로 온라인 상거래 웹 사이트 만들기

CHAPTER 14 예제 프로젝트로 살펴보는 Next.js의 다음 단계

PART 1

Next.js의 세계로

PART 1에서는 Next.js가 다른 프레임워크와 어떤 차이점을 가지고 있으며 어떤 특별한 기능을 제공하는지 알아봅니다. 그런 다음 새로운 프로젝트를 밑바닥부터 만들어봅니다.

CHAPTER 1

Next.js 알아보기

Next.js는 리액트를 위해 만든 오픈소스 자바스크립트 웹 프레임워크로, 리액트에는 없는 서버 사이드 렌더링server-side rendering(SSR), 정적 사이트 생성static site generation(SSG), 증분 정적 재생성incremental static regeneration(ISR)과 같은 다양하고 풍부한 기능을 제공합니다. 수많은 내장 컴포넌트와 플러그인 덕분에 소규모 웹 사이트뿐만 아니라 거대한 상용 애플리케이션에도 즉시 Next.js를 적용할 수 있습니다.

이 책에서는 온라인 상거래 웹 사이트, 블로그 플랫폼과 같은 실제 애플리케이션을 만들고 사용 사례를 살펴보면서 Next.js 프레임워크에 관해 배웁니다. 기본적인 내용과 더불어 다양한 렌더링 전략 및 개발 방법론, 확장 가능하고 유지 보수가 쉬운 웹 애플리케이션을 만들기 위한 여러 가지 팁과 방법을 알아봅니다.

CHAPTER 1에서는 다음과 같은 내용을 다룹니다.

- Next.js 프레임워크 소개
- Next.js와 다른 유명한 프레임워크 비교
- Next.js와 클라이언트 사이드client-side 리액트의 차이점
- Next.js 프로젝트의 기본 구조
- Next.js에서 타입스크립트TypeScript를 사용하는 방법
- 바벨Babel과 웹팩webpack 설정 커스터마이징

1.1 준비하기

Next.js를 시작하려면 개발 장비에 몇 가지 준비가 필요합니다.

먼저 Node.js와 npm을 설치해야 합니다.[2] 여러분의 개발 장비에 Node.js를 설치하고 싶지 않다면 무료 온라인 IDE[3]에서 예제 코드를 작성하고 실행할 수도 있습니다.

Node.js와 npm을 모두 설치했거나 온라인 환경을 사용하기로 결정했다면 이제부터는 책의 내용을 따라가며 프로젝트별로 필요한 의존성 패키지들만 npm으로 설치하면 됩니다.

이 책의 코드는 GitHub 저장소[4]에서 확인할 수 있습니다. 필요하다면 코드를 마음껏 포크fork하고, 클론clone하고, 편집하고, 실험하기 바랍니다.

1.2 Next.js란?

최근 몇 년 사이 웹 개발 분야에는 많은 변화가 있었습니다. 최신 자바스크립트 프레임워크들이 개발되기 전에는 동적 웹 애플리케이션을 만들기가 어렵고 복잡했습니다. 수없이 많은 라이브러리를 사용해야 했으며 원하는 대로 작동하도록 설정하는 것도 버거웠습니다.

앵귤러Angular, 리액트, 뷰Vue와 같은 프레임워크가 등장하면서 웹 개발 분야는 급속도로 변하기 시작했으며 프런트엔드 웹 개발 분야에서 여러 혁신적인 아이디어를 이끌어냈습니다.

리액트는 페이스북(현재 사명은 메타) 엔지니어 조던 발케Jordan Walke가 만들었으며 XHP Hack 라이브러리에 큰 영향을 주었습니다. 페이스북의 PHP와 Hack 개발자들은 XHP를 통해 자사 애플리케이션의 프런트엔드 부분에서 재사용할 수 있는 컴포넌트를 만들었습니다. 이 자바스크립트 라이브러리는 2013년에 오픈소스가 되었고, 변화를 거듭하며 웹 사이트, 웹 앱, 나중에 다룰 리액트 네이티브를 사용한 네이티브 앱 개발, 심지어는 React VR을 사용한 VR 구현까지 가능하게 했습니다. 그 결과 리액트는 가장 인기 있는 자바스크립트 라이브러리가 되었으며 수백만 개 이상의 웹 사이트에서 다양한 목적으로 사용되고 있습니다.

2 설치 방법을 알고 싶다면 *https://www.nodejsdesignpatterns.com/blog/5-ways-to-install-node-js*를 참고하세요.

3 *https://codesandbox.io* 또는 *https://repl.it*와 같은 무료 IDE를 사용할 수 있습니다.

4 *https://github.com/hanbit/practical-next.js*

다만 리액트에는 한 가지 큰 문제점이 있습니다. 바로 리액트가 기본적으로 클라이언트 사이드에서만 작동한다는 점입니다. 사용자의 웹 브라우저에서만 실행되기 때문에 리액트를 사용한 웹 애플리케이션은 검색 엔진 최적화search engine optimization(SEO)의 효과를 거의 볼 수 없으며, 첫 화면에 웹 애플리케이션을 제대로 표시하기 위해 애플리케이션 실행 초기에 성능 부담이 생깁니다. 웹 앱을 완전히 표시하려면 브라우저가 전체 웹 애플리케이션 번들을 다운로드한 다음 그 내용을 분석하고 코드를 실행해서 결과를 얻어야 하기 때문입니다. 그래서 아주 큰 웹 애플리케이션에서는 첫 화면을 표시하기까지 수 초가 소요되기도 합니다.

이 문제를 해결하기 위해 많은 개발자들이 웹 애플리케이션을 서버에서 미리 렌더링해두는 방법을 연구하기 시작했습니다. 서버 사이드 렌더링을 사용할 수 있다면 리액트 앱을 순수한 HTML 페이지로 미리 렌더링해둔 다음 브라우저가 이를 다운로드하여 즉각 화면에 표시하고, 클라이언트에서 자바스크립트 번들을 다 받으면 사용자가 웹 앱과 상호 작용할 수 있게 됩니다.

이러한 연구의 결과로 Vercel이 Next.js를 만들었습니다. Next.js는 첫 릴리스부터 리액트가 제공하지 않는 다양한 기능을 제공하면서 리액트 웹 앱 개발 분야의 판도를 뒤흔들어 놓았습니다. 코드 분할code splitting, 서버 사이드 렌더링, 파일 기반 라우팅, 경로 기반 프리페칭pre-fetching 등으로 말이죠. 이제 개발자는 Next.js로 클라이언트와 서버 모두에서 아주 복잡한 작업을 별다른 노력 없이 쉽게 구현할 수 있게 되었습니다.

이 외에도 현재 Next.js는 다음과 같은 기능을 제공합니다.

- 정적 사이트 생성
- 증분 정적 콘텐츠 생성
- 타입스크립트에 대한 기본 지원
- 자동 폴리필polyfill 적용
- 이미지 최적화
- 웹 애플리케이션의 국제화 지원
- 성능 분석

이 책에서는 이러한 기능을 포함하여 Next.js가 제공하는 여러 기능을 하나하나 살펴봅니다.

Next.js는 현재 넷플릭스, 트위치, 틱톡, 훌루, 나이키, 우버, 엘라스틱과 같은 유명 기업에서 사용되고 있습니다. 어떤 회사들이 Next.js를 사용하는지 궁금하다면 웹 사이트[5]를 참고하기 바랍니다.

Next.js는 리액트가 규모에 상관없이 다양한 웹 애플리케이션을 만들 수 있는 훌륭한 도구라는 점을 널리 보여주고 있으며, 그 결과 아주 큰 회사든 스타트업이든 가릴 것 없이 Next.js를 사용하고 있습니다. 물론 서버 사이드 렌더링을 지원하는 프레임워크가 Next.js 하나뿐인 것은 아닙니다. 이 부분은 다음 절에서 살펴보겠습니다.

1.3 Next.js와 비슷한 프레임워크

Next.js 외에도 자바스크립트 영역에서 서버 사이드 렌더링을 지원하는 프레임워크들이 있습니다. Next.js가 아닌 다른 프레임워크를 선택한다면 해당 프레임워크가 프로젝트 목적에 얼마나 부합하는지를 고려해야 합니다.

Gatsby

Gatsby는 Next.js 대신 사용할 수 있는 유명한 프레임워크입니다. 특히 정적 웹 사이트를 만들 수 있는 프레임워크를 찾는다면 더할 나위 없이 좋은 선택입니다. Next.js와 달리 Gatsby는 정적 사이트 생성만 지원하는데, 그 때문인지 정말 놀랍도록 잘 만들어냅니다. 모든 페이지를 빌드 시점에 미리 렌더링해서 정적 콘텐츠 형태로 만들기 때문에 어떤 콘텐츠 전송 네트워크content delivery network(CDN)로도 제공할 수 있습니다. 동적 서버 사이드 렌더링을 지원하는 다른 프레임워크와 비교해보면 놀라운 성능을 확인할 수 있습니다. Next.js와 비교했을 때 Gatsby의 가장 큰 단점은 역시 동적 서버 사이드 렌더링을 지원하지 않는다는 점입니다. 따라서 데이터에 따라 동적으로 변하는 복잡한 웹 사이트는 만들 수 없습니다.

Razzle

Razzle은 Next.js만큼 유명하진 않지만 서버 사이드 렌더링이 가능한 자바스크립트 애플리케

5 *https://nextjs.org/showcase*

이션을 만들 수 있습니다. Razzle의 핵심은 create-react-app 도구를 쉽게 사용하면서도 서버와 클라이언트의 복잡한 애플리케이션 설정들을 추상화하고 단순하게 만들 수 있다는 점입니다. Next.js나 다른 프레임워크 대신 Razzle을 썼을 때의 가장 큰 장점은 사용할 프레임워크에 관한 지식이 없어도 된다는 것입니다. 리액트, 뷰, 앵귤러, Elm, Reason-React 등 어떤 프레임워크든 원하는 것을 쓸 수 있습니다.

Nuxt.js

뷰를 사용한 웹 애플리케이션 개발에서 리액트의 Next.js에 해당하는 것은 Nuxt.js입니다. 서버 사이드 렌더링, 정적 사이트 생성, 프로그레시브 웹 앱 관리 등과 같은 기능을 제공하면서도 성능, SEO, 개발 속도 등에서 별다른 차이가 나지 않습니다. Nuxt.js나 Next.js 모두 같은 목표를 갖는 프레임워크지만 Nuxt.js는 좀 더 많은 설정을 필요로 합니다. 하지만 이런 부분은 그다지 큰 문제가 되지 않습니다. Nuxt.js 설정 파일에서는 레이아웃, 전역global 플러그인과 컴포넌트, 라우트 등을 지정할 수 있습니다. 반면 Next.js는 이런 설정을 리액트와 동일하게 처리합니다. 이 부분을 제외하면 Nuxt.js와 Next.js는 많은 기능이 동일합니다. 가장 큰 차이점은 바로 기저의 라이브러리가 무엇이냐는 것입니다. 만약 뷰를 사용한다면 서버 사이드 렌더링을 위해 Nuxt.js를 사용해보는 것도 좋습니다.

Angular Universal

앵귤러는 서버에서 자바스크립트 코드를 실행하고 렌더링하는 기능을 제공하고자 Angular Universal을 세상에 선보였습니다. 이 역시 정적 사이트 생성과 서버 사이드 렌더링을 지원하지만 Nuxt.js나 Next.js와 다른 점은 가장 큰 소프트웨어 회사인 구글에서 만들었다는 점입니다. 앵귤러로 웹 애플리케이션이나 컴포넌트를 만들었다면 자연스럽게 Nuxt.js나 Next.js가 아닌 Angular Universal을 사용하게 될 것입니다.

1.4 왜 Next.js일까?

앞서 Next.js 대신 사용할 수 있는 유명한 프레임워크들의 장단점을 살펴보았습니다.

하지만 필자는 여전히 Next.js를 추천합니다. 바로 Next.js가 제공하는 믿기 힘들 정도로 뛰어난 기능들 때문입니다. Next.js는 리액트에서 제공하지 않는 여러 기능을 지원하며 비단 컴포넌트뿐만 아니라 설정이나 개발 옵션 등 다양한 부분에서도 유용한 기능들을 제공합니다. 필자는 Next.js가 지금껏 보았던 프레임워크 중 가장 완벽한 것이 아닐까 생각합니다.

Next.js는 활동적인 커뮤니티를 가지고 있으며 커뮤니티에서 열렬한 지지도 받고 있습니다. Next.js를 사용해서 애플리케이션을 만들 때 단계별로 많은 지원을 받을 수 있다는 뜻이죠. 이는 정말 큰 장점입니다. 개발하고 있는 웹 애플리케이션 코드에 문제가 생겼을 때 GitHub나 스택 오버플로와 같은 다양한 커뮤니티에서 도움을 받을 수 있기 때문입니다. Next.js를 만든 Vercel 팀에서도 이런 요청이나 토의에 적극 참여하고 있습니다.

지금까지 Next.js와 경쟁 프레임워크를 살펴보았습니다. 이제 기본적으로 클라이언트에서만 실행되는 리액트 앱의 자바스크립트 코드와, 서버 사이드 렌더링을 사용해서 웹 페이지를 빌드 시점에 정적으로 생성하고 사용자 요청을 동적으로 처리하는 자바스크립트 코드가 어떤 차이점을 갖는지 알아보겠습니다.

1.5 리액트에서 Next.js로

리액트를 사용해본 경험이 있다면 Next.js로 웹 사이트를 만드는 것은 어렵지 않습니다. Next.js의 기본 철학은 리액트와 거의 같습니다. '설정보다 관습convention-over-configuration[6]'이라는 취지로 만들어졌기 때문에 Next.js의 특정 기능을 사용하고자 한다면 복잡한 설정 없이도 해당 기능을 사용할 수 있는 쉬운 방법을 찾을 수 있습니다. 예를 들어 단일 Next.js 애플리케이션에서 별도의 설정 파일을 만들지 않고도 어떤 페이지에 서버 사이드 렌더링을 적용하고 어떤 페이지에 정적 페이지 생성을 적용할지 지정할 수 있는 것이죠. 각 페이지에서 특정 함수를 익스포트export하면 Next.js가 나머지 일을 알아서 처리합니다. 이 내용은 〈CHAPTER 2 렌더링 전략〉에서 자세히 살펴보겠습니다.

리액트와 Next.js의 가장 큰 차이점은 무엇일까요? 리액트는 자바스크립트 라이브러리이고 Next.js는 프레임워크라는 점입니다. Next.js는 클라이언트와 서버에서 실행할 수 있는 코드

6 옮긴이_개발자가 해야 할 결정의 수를 줄여주면서도 유연성은 잃지 않도록 하는 소프트웨어 설계 패러다임입니다.

에 풍부하고 다양한 기능을 제공하여 웹 애플리케이션을 만들 수 있게 해줍니다. 서버 사이드 렌더링 페이지나 정적으로 생성된 페이지 모두 Node.js에서 실행되기 때문에 `fetch`, `window`, `document`와 같이 웹 브라우저에서 제공하는 전역 객체나 `canvas` 같은 HTML 요소에는 접근할 수 없습니다. Next.js 페이지를 만들 때는 이 점을 꼭 기억하기 바랍니다. 〈CHAPTER 2 렌더링 전략〉에서 자세히 살펴보겠지만 전역 변수나 HTML 요소를 반드시 사용해야 하는 컴포넌트를 다루는 방법도 Next.js에서 제공합니다.

반면 fs, child_process와 같이 Node.js에서만 사용할 수 있는 라이브러리나 API를 사용하려는 경우, Next.js는 각 요청별 데이터를 클라이언트로 보내기 전에 서버 사이드 코드를 실행하거나 페이지 생성 시점에 해당 코드를 처리하는 방식을 지원합니다. 어떤 방식으로 지원하는지는 각 페이지가 어떤 렌더링 방식을 사용하느냐에 따라 결정됩니다.

클라이언트 사이드 앱을 만들고자 할 경우에도 리액트의 create-react-app 대신 Next.js를 사용할 수 있습니다. Next.js는 프로그레시브 웹 앱이나 오프라인 웹 앱 역시 쉽게 만들 수 있을 뿐만 아니라 많은 내장 컴포넌트와 최적화 기능을 사용할 수 있다는 장점도 있습니다.

1.6 Next.js 시작하기

Next.js에 관한 기본 지식과 클라이언트 사이드 리액트 및 다른 프레임워크의 차이점을 알아보았으니 이제 Next.js 코드를 살펴볼 차례입니다. 우선 새로운 앱을 하나 만들고 웹팩과 바벨 기본 설정을 커스터마이징해보겠습니다. 또한 Next.js 앱을 만들 때 기본 언어로 타입스크립트를 사용하는 방법도 알아보겠습니다.

프로젝트 기본 구조

Next.js는 시작하기 정말 쉽습니다. 개발 환경에 Node.js와 npm만 설치하면 됩니다. 또한 Vercel 팀에서 제공하는 아주 강력하고 직관적인 도구인 create-next-app이 기본적인 Next.js 앱을 시작할 수 있는 코드를 생성해줍니다. 따라서 다음과 같이 터미널에서 Next.js 개발을 간단하게 시작할 수 있습니다.

```
npx create-next-app <app-name>
```

이렇게 하면 필요한 의존성 패키지들이 설치되고 몇 개의 기본 페이지가 생성됩니다. 그런 다음 npm run dev 명령을 실행하면 개발 서버가 시작되며, 3000번 포트로 접근해서 웹 페이지를 볼 수 있습니다.

yarn 패키지가 설치되어 있는 경우 Next.js는 yarn 패키지 관리자를 사용해서 프로젝트를 초기화합니다. 이 경우에도 npm을 기본으로 사용하고 싶다면 다음 명령으로 설정을 덮어쓸 수 있습니다.

```
npx create-next-app <app-name> --use-npm
```

Next.js GitHub 저장소에서 원하는 보일러플레이트 코드를 다운로드해서 새 Next.js 프로젝트를 시작할 수도 있습니다. Next.js 저장소에는 example 디렉터리가 있는데 이곳에는 다양한 기술이 사용된 훌륭한 예제 코드가 있습니다. 만약 Next.js 앱을 도커 환경에서 실행하는 예시를 보고 싶다면 다음과 같이 --example 옵션으로 어떤 보일러플레이트 코드를 사용할 것인지 알려주면 됩니다.

```
npx create-next-app <app-name> --example with-docker
```

그럼 create-next-app이 웹 사이트[7]에서 코드를 다운로드한 다음 필요한 의존성 패키지들을 설치할 것입니다. 이제 다운로드한 파일을 수정하거나 커스터마이징하는 방법으로 개발을 시작할 수 있습니다.

그 외에도 웹 사이트[8]에서 다양한 예제 코드를 살펴볼 수 있습니다. 이미 Next.js를 사용해봤다면 다른 서비스나 도구를 Next.js와 어떻게 함께 사용하는지 살펴보는 것도 도움이 됩니다. 물론 이런 내용 역시 이 책의 후반부에서 다룹니다.

다시 create-next-app 설치 부분으로 돌아가겠습니다. 터미널을 열고 다음 명령을 실행해서 Next.js 앱을 시작해봅시다.

7 *https://github.com/vercel/next.js/tree/canary/examples/with-docker*
8 *https://github.com/vercel/next.js/tree/canary/examples*

```
npx create-next-app my-first-next-app --use-npm
```

기본 코드가 생성되고 나면 다음과 같은 구조의 `my-first-next-app` 디렉터리가 만들어집니다.

```
- README.md
- next.config.js
- node_modules/
- package-lock.json
- package.json
- pages/
  - _app.js
  - api/
    - hello.js
  - index.js
- public/
  - favicon.ico
  - vercel.svg
- styles/
  - Home.module.css
  - globals.css
```

리액트를 사용해본 경험이 있다면 클라이언트에서의 내비게이션을 위한 react-router 또는 이와 비슷한 라이브러리를 사용해보았을 것입니다. Next.js에서의 내비게이션은 `pages/` 디렉터리를 사용하기 때문에 훨씬 쉽습니다. `pages/` 디렉터리 안의 모든 자바스크립트 파일은 퍼블릭public 페이지가 되며, `pages/` 디렉터리의 `index.js` 파일을 복사해서 `about.js`로 이름을 바꾸면 *http://localhost:3000/about* 주소로 접근했을 때 똑같은 페이지를 볼 수 있습니다. 이후에 Next.js가 어떻게 클라이언트와 서버에서 라우트를 다루는지 자세히 살펴볼 것이므로 지금은 `pages/` 디렉터리에 퍼블릭 페이지들이 있다는 사실만 기억하기 바랍니다.

`public/` 디렉터리에는 웹 사이트의 모든 퍼블릭 페이지와 정적 콘텐츠가 있습니다. 이를테면 이미지 파일, 컴파일된 CSS 스타일시트, 컴파일된 자바스크립트 파일, 폰트 등이 있을 수 있습니다.

`styles/` 디렉터리도 기본으로 생성됩니다. 웹 애플리케이션에서 사용하는 스타일시트를 여기에 둘 수 있지만 Next.js 프로젝트에 `styles/` 디렉터리가 꼭 필요한 것은 아닙니다. 반드시 있어야 하고 용도가 정해져 있는 디렉터리는 `public/`과 `pages/`뿐이며, 나머지 디렉터리는 필요에

따라 다른 목적으로 사용하거나 지워도 됩니다. 또한 프로젝트 최상위 디렉터리에 필요한 디렉터리나 파일을 추가해도 Next.js의 빌드 및 개발 프로세스에는 아무런 영향을 주지 않습니다. 컴포넌트를 `components/` 디렉터리 아래에, 유틸리티 기능을 `utilities/` 디렉터리에 두고 사용해도 아무 상관없습니다.

만약 보일러플레이트 코드 생성 방식을 사용하지 않는다면, 모든 의존성 패키지를 따로 추가한 다음 기본적인 디렉터리 구조를 추가하는 것만으로도 새로운 Next.js 애플리케이션을 만들 수 있습니다. 그 외에는 별도로 설정을 할 필요가 없습니다.

타입스크립트 지원

Next.js는 타입스크립트로 작성된 프레임워크라서 태생적으로 고품질의 타입 정의type definition를 지원합니다. 개발자들에게 훨씬 더 좋은 개발 환경을 제공하는 것이죠. Next.js 앱에서 기본 언어를 타입스크립트로 지정하는 방법은 아주 간단합니다. 프로젝트의 최상위 디렉터리 안에 `tsconfig.json`이라는 타입스크립트 설정 파일만 만들면 됩니다. 그리고 `npm run dev` 명령을 실행하면 다음과 같은 메시지를 확인할 수 있습니다.

```
It looks like you're trying to use TypeScript but do not have the required
package(s) installed.

Please install typescript, @types/react, and @types/node by running:

        npm install --save-dev typescript @types/react @types/node

If you are not trying to use TypeScript, please remove the tsconfig.json file from
your package root (and any TypeScript files in your pages directory).
```

보다시피 Next.js가 타입스크립트를 사용한다는 것을 알고 프로젝트가 사용하는 주 언어에 대한 의존성 패키지를 설치해달라고 합니다. 표시된 메시지와 같이 필요한 패키지를 설치하고 나면 자바스크립트 파일을 타입스크립트로 바꾸어서 타입스크립트 앱을 시작할 수 있습니다.

새로 만든 `tsconfig.json` 파일은 아무 내용도 없는 빈 파일이지만 패키지들을 설치하고 나면 Next.js는 기본 설정 내용을 이 파일에 기록합니다. 필요한 경우 이 파일의 내용을 수정해서 타입스크립트 설정을 바꿀 수 있지만 Next.js가 바벨의 `@babel/plugin-transform-typescript`

를 사용해서 설정 파일을 관리하기 때문에 다음 주의사항을 숙지해야 합니다.

- @babel/plugin-transform-typescript 플러그인은 타입스크립트에서 자주 사용하는 const enum을 지원하지 않습니다. const enum을 사용하고 싶다면 바벨 설정에 babel-plugin-const-enum을 추가해야 합니다. 자세한 내용은 〈바벨과 웹팩 설정 커스터마이징〉에서 설명합니다.
- export =와 import = 구문은 사용할 수 없습니다. 두 가지 모두 ECMAScript 코드로 컴파일할 수 없기 때문입니다. babel-plugin-replacets-export-assignment를 설치하거나 import x, {y} from 'same-package' 또는 export default x와 같은 올바른 ECMAScript 구문으로 바꾸어야 합니다.

이 외에도 많은 주의사항이 있습니다. Next.js 앱에서 타입스크립트를 주 언어로 사용하고 싶다면 먼저 공식 바벨 문서[9]를 읽어보기 바랍니다.

또한 몇 가지 컴파일러 옵션이 기본 타입스크립트와 조금 다릅니다. 이 내용 역시 공식 바벨 문서[10]에서 확인할 수 있습니다.

Next.js는 프로젝트 최상위 디렉터리에 next-env.d.ts 파일도 만듭니다. 이 파일은 마음대로 수정해도 되지만 지워서는 안 됩니다.

바벨과 웹팩 설정 커스터마이징

타입스크립트 설정 부분에서도 설명했듯이 **바벨**이나 **웹팩** 설정을 커스터마이징할 수 있습니다. 바벨 설정을 커스터마이징하는 이유는 여러 가지입니다. 바벨은 자바스크립트 트랜스컴파일러transcompiler이며, 최신 자바스크립트 코드를 하위 호환성을 보장하는 스크립트 코드로 변환하는 일을 주로 담당합니다. 하위 호환성이 보장된다면 어떤 웹 브라우저에서든 자바스크립트 코드를 실행할 수 있습니다.

만약 웹 앱이 반드시 인터넷 익스플로러 10, 11과 같은 오래된 브라우저를 지원해야 한다면 바벨이 큰 도움을 줄 수 있습니다. 바벨을 사용해서 ES6 또는 ESNext의 기능을 사용한 자바스크립트 코드를 빌드 시점에 인터넷 익스플로러와 호환되는 코드로 바꿀 수 있습니다. 별다른 노력 없이도 뛰어난 기능을 구식 브라우저에서 계속 사용할 수 있는 것이죠.

9 *https://babeljs.io/docs/en/babel-plugin-transform-typescript#caveats*
10 *https://babeljs.io/docs/en/babel-plugin-transform-typescript#typescript-compiler-options*

또한 ECMAScript 명세를 따르는 자바스크립트 코드는 급속도로 발전하고 있습니다. 사용해 보고 싶은 훌륭한 기능이 발표되더라도 이를 실행할 웹 브라우저나 Node.js가 해당 기능을 지원하기까지 수년이 걸릴 수 있습니다. 그래서 ECMA 위원회에서 새로운 기능을 적용한다는 사실을 발표할 때마다 웹 브라우저를 만드는 회사나 Node.js 커뮤니티에서 해당 기능을 어떤 식으로 도입할지 계획을 세우고 사용자에게 로드맵을 공유하는 것이죠. 바벨을 사용하면 브라우저나 Node.js 등에서 지원하지 않는 새롭고 훌륭한 기능을 현재의 환경에서도 실행할 수 있습니다.

예를 들어 다음과 같은 코드를 생각해봅시다.

```
export default function() {
  console.log("Hello, World!");
}
```

이 코드를 Node.js에서 실행하면 문법 오류 메시지가 출력됩니다. 자바스크립트 엔진이 아직 `export default`라는 키워드를 모르기 때문이죠. 이럴 때 바벨을 사용하면 다음과 같이 동일한 기능을 실행할 수 있는 ECMAScript 코드로 바꿔줍니다. Node.js가 `export default` 키워드를 지원할 때까지는 이렇게 쓸 수 있겠죠.

```
"use strict";
Object.defineProperty(exports, "__esModule", {
  value: true
});
exports.default = _default;
function _default() {
  console.log("Hello, World!");
}
```

이렇게 바뀐 코드는 Node.js에서 아무런 문제 없이 실행됩니다.

Next.js의 바벨 설정을 커스터마이징하고 싶다면 프로젝트 최상위 디렉터리에 `.babelrc` 파일을 새로 만들면 됩니다. 해당 파일이 비어있으면 Next.js의 빌드 또는 개발 과정에서 에러가 발생하기 때문에 이 파일에는 최소한 다음과 같은 내용을 저장해두어야 합니다.

```
{
  "presets": ["next/babel"]
}
```

이 내용은 Vercel 팀에서 Next.js 애플리케이션을 빌드하고 개발할 때 사용할 수 있는 설정을 미리 저장해둔 바벨 설정값입니다. 이제 ECMAScript 기능 중 파이프라인 연산자와 같은 실험적인 기능을 사용할 수 있도록 설정해봅시다. 파이프라인 연산자는 기본적으로 다음과 같이 코드를 작성할 수 있도록 해줍니다.

```
console.log(Math.random() * 10);
// 파이프라인 연산자를 사용하면 위 코드를 아래와 같이 바꿀 수 있습니다.
Math.random()
  |> x => x * 10
  |> console.log;
```

ECMAScript 내의 기술 위원회인 TC39에서 이 연산자를 공식적으로 채택하지는 않았지만 바벨 덕분에 지금 당장 사용해볼 수 있습니다. Next.js 앱에서 파이프라인 연산자를 사용하고 싶다면 먼저 다음과 같이 npm으로 바벨 플러그인을 설치해야 합니다.

```
npm install --save-dev @babel/plugin-proposal-pipeline-operator @babel/core
```

그리고 `.babelrc` 파일을 다음과 같이 수정합니다.

```
{
  "presets": ["next/babel"],
  "plugins": [
    [
      "@babel/plugin-proposal-pipeline-operator",
      { "proposal": "fsharp" }
    ]
  ]
}
```

이제 개발 서버를 재시작하면 실험적인 기능을 사용해볼 수 있습니다.

Next.js 앱 개발 시 타입스크립트를 주 언어로 쓰고 싶다면 앞서 살펴본 것과 같은 방법으로 타입스크립트 전용 플러그인을 바벨 설정에 추가하면 됩니다.

개발하다 보면 바벨과 마찬가지로 기본 웹팩 설정을 커스터마이징해야 하는 경우도 생깁니다. 바벨이 최신 자바스크립트 코드를 받아서 하위 호환성을 보장하는 코드로 바꾸어준다면 웹팩은 특정 라이브러리, 페이지, 기능에 대해 컴파일된 코드를 전부 포함하는 번들을 만들어줍니다. 예를 들어 서로 다른 라이브러리에서 각각 한 개씩 세 개의 컴포넌트를 불러오는 페이지를 만들었다면 웹팩은 이들을 클라이언트가 받아서 실행할 수 있는 하나의 번들로 합쳐줍니다. 웹팩은 자바스크립트 파일, CSS, SVG 등 웹에서 사용하는 모든 자원에 대한 각기 다른 컴파일, 번들, 최소화 작업을 조율하고 처리해주는 일종의 인프라infrastructure라고 볼 수 있습니다.

SASS나 LESS 같은 CSS 전처리기preprocessor를 사용해서 애플리케이션의 스타일을 만들고 싶다면 웹팩 설정을 수정해서 SASS나 LESS 파일들을 분석 및 처리하여 CSS 파일들을 만들도록 해야 합니다. 이 과정은 바벨을 트랜스파일러transpiler로 사용해서 자바스크립트 코드를 변환하는 것과 비슷합니다. CSS 전처리는 이후에 자세히 알아볼 것이며 우선은 Next.js에서 기본 웹팩 설정을 자유롭게 바꿀 수 있다는 점만 기억하기 바랍니다.

Next.js가 '설정보다 관습'이라는 취지 아래 만들어졌기 때문에 실제 애플리케이션 개발 과정에서 설정을 바꿀 일은 그렇게 많지 않습니다. 그보다는 적절한 코드 컨벤션을 따라서 개발하는 일이 더 많습니다. 애플리케이션 빌드 과정을 꼭 수정해야 한다면 대부분 `next.config.js` 파일의 기본값을 변경하는 것으로도 충분합니다. 이 파일을 프로젝트의 최상위 디렉터리에 만들고 객체를 익스포트하면 해당 내용은 Next.js의 기본 설정값을 덮어씁니다.

```
module.exports = {
  // 변경할 설정값을 여기에 저장합니다.
}
```

기본 웹팩 설정을 바꾸고 싶다면 앞서 만든 객체의 `webpack`이라는 키에 새로운 속성값을 지정합니다. 예를 들어 웹팩 로더에 `my-custom-loader`라는 가상의 로더를 추가하고 싶다면 다음과 같이 설정을 변경하면 됩니다.

```
module.exports = {
  webpack: (config, options) => {
    config.module.rules.push({
      test: /\.js/,
      use: [
        options.defaultLoaders.babel,
        // 이 부분의 내용은 예시이기 때문에
        // 실제로 사용하면 애플리케이션이 작동하지 않습니다.
        {
          loader: "my-custom-loader", // 사용할 로더 지정
          options: loaderOptions,     // 로더의 옵션 지정
        },
      ],
    });
    return config;
  },
}
```

이런 식으로 웹팩 설정을 추가하면 나중에 Next.js의 기본 설정과 합쳐집니다. 기본 설정을 지우거나 직접 바꾸는 것은 좋지 않습니다. 나중에 어떤 문제가 생길지 모르기 때문이죠. 그보다는 이렇게 기본 설정은 그대로 두고 추가로 설정값을 확장하거나 덮어쓰는 것이 훨씬 좋습니다.

정리하기

CHAPTER 1에서는 리액트 앱과 Next.js의 차이점, Next.js와 다른 유명한 프레임워크의 장단점을 살펴보았습니다. 또한 바벨과 웹팩 설정을 수정하고 커스터마이징하는 방법과 자바스크립트 대신 타입스크립트로 애플리케이션을 개발하는 방법도 배웠습니다.

CHAPTER 2에서는 렌더링 전략인 클라이언트 사이드 렌더링, 서버 사이드 렌더링, 정적 사이트 생성에 관해 알아보겠습니다.

CHAPTER 2

렌더링 전략

렌더링 전략이란 웹 페이지 또는 웹 애플리케이션을 웹 브라우저에 제공하는 방법을 의미합니다. Gatsby와 같은 프레임워크는 정적으로 생성한 페이지를 제공하기에 안성맞춤입니다. 다른 프레임워크들은 서버에서 렌더링한 페이지를 만들고 제공하기에 좋죠.

Next.js에서는 이 모든 방법을 완전히 새로운 수준으로 제공합니다. 어떤 페이지를 빌드 시점에 정적으로 생성하고 어떤 페이지를 실행 시점에 동적으로 제공할 것인지 쉽게 정할 수 있습니다. 애플리케이션의 특정 페이지에 대한 요청이 있을 때마다 페이지를 다시 생성할 수도 있습니다. 또한 반드시 클라이언트에서 렌더링해야 할 컴포넌트도 지정할 수 있어서 개발이 훨씬 쉽습니다.

CHAPTER 2에서는 다음과 같은 내용을 다룹니다.

- 서버 사이드 렌더링을 사용해서 각 요청별로 페이지를 동적으로 렌더링하는 방법
- 특정 컴포넌트를 클라이언트에서만 렌더링하는 다양한 방법
- 빌드 시점에 정적 페이지를 생성하는 방법
- 증분 정적 재생성으로 정적 페이지를 재생성하는 방법

2.1 서버 사이드 렌더링(SSR)

서버 사이드 렌더링(SSR)이 생소할 수도 있지만 사실 SSR은 웹 페이지를 제공하는 가장 흔한 방법입니다. PHP, 루비, 파이썬과 같은 언어의 경우에는 HTML 페이지를 웹 브라우저로 전송하기 전에 서버에서 전부 렌더링합니다. 그리고 해당 페이지의 모든 자바스크립트 코드가 적재되면 동적으로 페이지 내용을 렌더링합니다.

Next.js도 마찬가지로 각 요청에 따라 서버에서 HTML 페이지를 동적으로 렌더링하고 웹 브라우저로 전송할 수 있습니다. 또한 서버에서 렌더링한 페이지에 스크립트 코드를 집어넣어서 나중에 웹 페이지를 동적으로 처리할 수도 있는데 이를 **하이드레이션**hydration[11]이라고 합니다.

블로그 사이트를 만들어서 어떤 사람이 작성한 모든 글을 한 페이지에 렌더링한다고 생각해봅시다. 이런 페이지야말로 SSR을 적용하기 좋습니다. 사용자가 페이지에 접근하면 서버는 페이지를 렌더링해서 결과로 생성한 HTML 페이지를 클라이언트로 전송합니다. 그리고 브라우저는 페이지에서 요청한 모든 스크립트를 다운로드한 다음 DOM 위에 각 스크립트 코드를 하이드레이션합니다. 그래서 페이지를 새로 고치지 않고도 아무 문제 없이 사용자와 웹 페이지가 상호 작용할 수 있게 만듭니다. 리액트 하이드레이션에 관한 자세한 내용은 웹 사이트[12]에서 확인할 수 있습니다. 리액트 하이드레이션 덕분에 이 상태에서 웹 앱은 **싱글 페이지 애플리케이션**single-page application(SPA)처럼 작동할 수 있습니다. **클라이언트 사이드 렌더링**client-side rendering(CSR)과 SSR의 장점을 모두 가지는 것이죠.

특정 렌더링 전략만 사용한다고 가정하면 SSR은 리액트의 CSR에 비해 여러 가지 장점이 있습니다. SSR의 장점 몇 가지를 살펴봅시다.

더 안전한 웹 애플리케이션

페이지를 서버에서 렌더링한다는 것은 쿠키 관리, 주요 API, 데이터 검증 등과 같은 작업을 서

11 옮긴이_하이드레이션은 화학 용어로 수화 작용, 즉 어떤 물질이 물을 흡수하거나 물에 어떤 물질이 녹아서 마치 하나의 분자 상태처럼 바뀌는 현상을 의미합니다. 리액트에서의 하이드레이션은 서버 측에서 생성한 HTML 페이지에 클라이언트 측에서 실행하는 자바스크립트 코드를 추가해서 애플리케이션 상태를 관리하고 렌더링하는 기법을 의미합니다. 즉, 서버 측에서 생성한 HTML 페이지를 구성하는 각각의 DOM 객체에 필요한 자바스크립트 코드를 추가해서 클라이언트가 동적으로 렌더링할 수 있는 것입니다. 서버 측에서 렌더링한 DOM과 클라이언트가 렌더링한 DOM이 한데 섞여 싱글 페이지 애플리케이션처럼 보인다는 점이 물과 물에 섞인 물질이 한데 어우러져 하나의 분자처럼 보이는 것과 비슷합니다.

12 https://reactjs.org/docs/react-dom.html#hydrate

버에서 처리한다는 뜻이며, 중요한 데이터를 클라이언트에 노출할 필요가 없기 때문에 더 안전합니다.

더 뛰어난 웹 사이트 호환성

클라이언트 환경이 자바스크립트를 사용하지 못하거나 오래된 브라우저를 사용하더라도 웹 페이지를 제공할 수 있습니다.

더 뛰어난 SEO

클라이언트에서 서버가 렌더링한 HTML 콘텐츠를 받기 때문에 봇이나 웹 크롤러 같은 검색 엔진 웹 문서 수집기가 페이지를 렌더링할 필요가 없습니다. 그 결과로 웹 애플리케이션의 SEO 점수가 높아집니다.

이런 뛰어난 장점에도 불구하고 SSR이 최적의 렌더링 전략이 아닌 경우가 있습니다. SSR을 사용하면 클라이언트가 요청할 때마다 페이지를 다시 렌더링할 수 있는 서버가 필요합니다. 반면 CSR이나 정적 사이트 생성 방식을 사용한다면 정적 HTML 파일을 Vercel이나 Netlify와 같은 클라우드 서비스에 배포하고 클라이언트에 제공할 수 있습니다. 웹 앱을 서버에 배포한다면 다른 방식보다 SSR 애플리케이션이 더 많은 자원을 소모하고 더 많은 부하를 보이며 유지 보수 비용도 증가한다는 점을 명심해야 합니다.

SSR을 사용할 경우 페이지에 대한 요청을 처리하는 시간이 길어진다는 점도 알아두어야 합니다. 페이지가 외부 API 또는 데이터 소스에 접근해야 한다면 해당 페이지를 렌더링할 때마다 API나 데이터 소스를 다시 요청하게 됩니다. 서버에서 렌더링한 페이지 간의 이동은 클라이언트에서 렌더링한 페이지 혹은 정적으로 생성한 페이지 간의 이동보다 느립니다. 다행히도 Next.js는 네비게이션 성능을 향상시킬 수 있는 좋은 기능을 제공합니다. 이 부분은 〈CHAPTER 3 Next.js 기초와 내장 컴포넌트〉에서 자세히 알아보겠습니다.

항상 염두에 둘 점은 Next.js가 기본적으로 빌드 시점에 정적으로 페이지를 만든다는 점입니다. 페이지에서 외부 API를 호출하거나 데이터베이스에 접근하는 등 동적 작업을 해야 한다면 해당 함수를 페이지에서 익스포트해야 합니다.

```
function IndexPage() {
  return <div>This is the index page.</div>;
}

export default IndexPage;
```

이 페이지는 div 요소 안에 'This is the index page.'라는 문자열만 표시합니다. 페이지가 외부 API를 호출하거나 데이터 소스에 접근하지 않으며 각 요청에 대한 내용은 항상 같은 문자열입니다. 이번에는 페이지를 요청할 때마다 사용자 환영 문구를 표시한다고 가정해봅시다. 페이지에서 서버의 REST API를 호출하여 특정 사용자 정보를 가져온 다음 클라이언트에 전달해서 사용할 수 있도록 해야 합니다. 이 경우에는 미리 예약된 getServerSideProps 함수를 사용하면 됩니다.

```
export async function getServerSideProps() {
  const userRequest = await fetch('https://example.com/api/user');
  const userData = await userRequest.json();

  return {
    props: {
      user: userData,
    },
  };
}

function IndexPage(props) {
  return <div>Welcome, {props.user.name}!</div>;
}

export default IndexPage;
```

이 예제에서는 Next.js의 getServerSideProps 예약 함수를 사용합니다. 페이지에 대한 요청이 들어오면 서버가 REST API를 호출해서 필요한 사용자 정보를 가져옵니다. 이 과정은 다음과 같이 세부 단계로 나눌 수 있습니다.

1 getServerSideProps라는 비동기[async] 함수를 익스포트합니다. 빌드 과정에서 Next.js는 이 함수를 익스포트하는 모든 페이지를 찾아서 서버가 페이지 요청을 처리할 때

getServerSideProps 함수를 호출하도록 만듭니다. 해당 함수 내의 코드는 항상 서버에서만 실행됩니다.

2 getServerSideProps 함수는 props라는 속성값을 갖는 객체를 반환합니다. Next.js는 이 props를 컴포넌트로 전달하여 서버와 클라이언트 모두가 props에 접근하고 사용할 수 있습니다. fetch API는 Next.js를 통해 서버에서 실행되기 때문에 fetch API를 별도의 폴리필로 끼워넣을 필요는 없습니다.

3 IndexPage 함수를 수정해서 props를 인자로 받습니다. 이 props는 getServerSideProps 함수에서 반환한 props의 모든 내용을 가지고 있습니다.

이제 코드를 배포하고 실행하면 Next.js는 외부 API를 호출해서 필요한 데이터를 가져온 다음 IndexPage를 서버에서 동적으로 렌더링합니다. 그럼 사용자별로 서로 다른 페이지를 볼 수 있게 됩니다.

SSR은 이점이 많지만 주의해야 할 점도 있습니다. 브라우저 전용 API를 사용해야 하는 컴포넌트가 있다면 해당 컴포넌트를 반드시 브라우저에서 렌더링하도록 명시적으로 지정해야 합니다. Next.js는 페이지를 기본적으로 서버에서 렌더링하기 때문에 window, document와 같은 객체나 API를 제공하지 않습니다. 이런 부분에서는 CSR이 필요합니다.

2.2 클라이언트 사이드 렌더링(CSR)

표준 리액트 앱은 서버에서 자바스크립트 번들을 클라이언트로 전송한 다음 렌더링을 시작합니다. create-react-app(CRA)을 사용해봤다면 웹 앱이 렌더링을 시작하기 전에 웹 브라우저 화면이 텅텅 비어 있는 것을 본 적이 있을 것입니다. 서버가 웹 애플리케이션이 필요로 하는 스크립트와 스타일만 포함된 기본 HTML 마크업만 전송하기 때문입니다. 실제 렌더링은 클라이언트로 전송한 웹 애플리케이션에서 이루어집니다. CRA로 생성한 HTML 마크업이 어떻게 생겼는지 살펴봅시다.

```
<!DOCTYPE html>
<html lang="en">
  <head>
```

```
    <meta charset="utf-8" />
    <link rel="icon" href="%PUBLIC_URL%/favicon.ico" />
    <meta
      name="viewport"
      content="width=device-width, initial-scale=1"
    />
    <meta name="theme-color" content="#000000" />
    <meta
      name="description"
      content="Web site created using create-react-app"
    />
    <link rel="apple-touch-icon"
      href="%PUBLIC_URL%/logo192.png" />
    <link rel="manifest" href="%PUBLIC_URL%/manifest.json" />
    <title>React App</title>
  </head>
  <body>
    <noscript>
      You need to enable JavaScript to run this app.
    </noscript>
    <div id="root"></div>
  </body>
</html>
```

여기서 볼 수 있는 것이라고는 body 태그 안에 있는 <div id="root"></div>, 즉 div 요소 하나밖에 없습니다. 빌드 과정 동안 create-react-app은 컴파일한 자바스크립트와 CSS 파일을 HTML 페이지에서 불러오도록 만들고 root div 요소에 전체 애플리케이션을 렌더링합니다. 그래서 이 페이지를 Vercel, Netlify, Google Cloud, AWS와 같은 호스팅 서비스 제공자에 배포한 다음 해당 URL로 접근하면 브라우저는 HTML 마크업을 받아서 화면에 렌더링합니다. 그 후에 CRA가 빌드 과정 동안 주입한 script, link 태그의 자바스크립트 번들과 CSS 파일을 다운로드하며 브라우저가 이를 통해 전체 애플리케이션을 렌더링합니다. 그럼 사용자는 애플리케이션과 상호 작용할 수 있게 됩니다.

CSR을 사용할 때의 주요 이점은 다음과 같습니다.

네이티브 애플리케이션처럼 느껴지는 웹 애플리케이션

전체 자바스크립트 번들을 다운로드한다는 것은 웹 애플리케이션이 렌더링할 모든 페이지가 이미 브라우저에 다운로드되어 있다는 뜻입니다. 다른 페이지로 이동하면 서버에서 그 페이지에 해당하는 새로운 콘텐츠를 다운로드하지 않고 그냥 페이지의 콘텐츠를 새로운 것으로 바꿉니다. 콘텐츠를 바꾸기 위해 페이지를 새로 고칠 필요가 없는 것이죠.

쉬운 페이지 전환

클라이언트에서의 내비게이션은 브라우저 화면을 새로 고칠 필요 없이 다른 페이지로의 이동을 가능하게 만듭니다. 그래서 페이지 간 전환에 멋진 효과를 쉽게 넣을 수 있습니다. 애니메이션을 방해할 요소가 없기 때문이죠.

지연된 로딩lazy loading과 성능

CSR을 사용하면 웹 앱에서는 최소로 필요한 HTML 마크업만 렌더링합니다. 사용자가 버튼을 클릭하면 보이는 모달의 경우 실제 HTML 페이지에서는 HTML 마크업으로 존재하지 않습니다. 버튼을 클릭해야만 리액트가 동적으로 생성하기 때문입니다.

서버 부하 감소

전체 렌더링 과정이 브라우저에서 일어나기 때문에 서버가 할 일이라고는 아주 간단한 HTML 페이지를 클라이언트에 전송하는 것뿐입니다. 강력한 서버가 필요 없죠. AWS Lamda나 Firebase와 같은 **서버리스** 환경에서 웹 앱을 제공할 수도 있습니다.

물론 이런 장점은 곧 단점이 될 수 있습니다. 서버는 간단한 HTML 페이지만 보내기 때문에 네트워크 속도가 느린 환경에서는 전체 자바스크립트 코드와 CSS 파일을 받는 것에만 수 초가 소요될 수 있습니다. 그러면 사용자는 그 시간 동안 빈 페이지를 바라보고 있어야 합니다. 또한 웹 앱의 SEO에도 영향을 줍니다. 검색 엔진 봇들이 웹 앱의 페이지를 수집해도 그 내용은 빈 것으로 보입니다. 구글 봇의 경우 자바스크립트 번들이 전송될 때까지 기다리겠지만 이 대기 시간으로 말미암아 여러분의 웹 사이트에 낮은 성능 점수를 줄 것입니다.

Next.js는 기본적으로 특정 페이지 내의 모든 리액트 컴포넌트를 서버에서 렌더링하거나 빌드 시점에 미리 렌더링합니다. 〈CHAPTER 1 Next.js 알아보기〉에서 리액트를 Next.js로 바꾸는 방법을 설명할 때 Node.js 런타임이 `window`, `document` 같은 브라우저 전용 API나 `canvas` 같은 HTML 요소를 제공하지 않는다고 설명한 바 있습니다. 그래서 서버에서 렌더링할 때 이런 브라우저 전용 컴포넌트나 API에 접근하면 렌더링에 실패합니다. Next.js를 사용할 때 발생할 수 있는 이런 문제는 다양한 방법으로 해결할 수 있지만 대개 브라우저에 특정 컴포넌트를 렌더링하도록 지정하는 방식으로 처리합니다.

React.useEffect 훅

16.8.0 이전 버전의 리액트를 사용했다면 아마 `React.Component` 클래스의 `componentDidMount` 메서드를 사용해봤을 것입니다. 최근 리액트는 **함수형 컴포넌트** functional component 사용을 강조하고 있으며, `componentDidMount` 대신 `React.useEffect` 훅 hook 을 사용해도 똑같은 기능을 구현할 수 있습니다. 함수형 컴포넌트 내에서 DOM 조작이나 데이터 불러오기 같은 사이드 이펙트 기능을 구현하면 `useEffect` 함수를 사용해서 컴포넌트가 마운트 mount 된 후 해당 기능을 실행하도록 만들 수 있습니다. 즉, Next.js가 `useEffect`를 리액트 하이드레이션 이후 브라우저에서 실행하도록 만들어야 합니다. 이렇게 하면 특정 작업을 반드시 클라이언트에서 실행하도록 강제할 수 있습니다.

예를 들어 웹 페이지의 코드 부분을 더 읽기 쉽게 만들기 위해 Highlight.js 라이브러리를 사용해서 코드 구문에 강조 표시를 한다고 생각해봅시다. 이 경우에는 다음과 같이 `Highlight` 컴포넌트를 만들 수 있습니다.

```
import Head from 'next/head';
import hljs from 'highlight.js';
import javascript from 'highlight.js/lib/languages/javascript';

function Highlight({ code }) {
  hljs.registerLanguage('javascript', javascript);
  hljs.initHighlighting();

  return (
    <>
      <Head>
        <link rel='stylesheet' href='/highlight.css' />
      </Head>
      <pre>
        <code className='js'>{code}</code>
      </pre>
    </>
  );
```

```
}

export default Highlight;
```

클라이언트에서 실행되는 리액트 앱에서는 이 코드가 문제 없이 작동하지만 Next.js의 빌드 과정에서는 문제가 생깁니다. Highlight.js 라이브러리가 `document`라는 전역 변수를 사용하는데, 이 변수는 Node.js에서 제공하지 않으며 오직 브라우저에서만 접근할 수 있기 때문이죠.

이 문제는 `hljs` 호출을 `useEffect` 훅으로 감싸서 해결할 수 있습니다.

```
import { useEffect } from 'react';
import Head from 'next/head';
import hljs from 'highlight.js';
import javascript from 'highlight.js/lib/languages/javascript';

function Highlight({ code }) {

  useEffect(() => {
    hljs.registerLanguage('javascript', javascript);
    hljs.initHighlighting();
  }, []);

  return (
    <>
      <Head>
        <link rel='stylesheet' href='/highlight.css' />
      </Head>
      <pre>
        <code className='js'>{code}</code>
      </pre>
    </>
  );
}

export default Highlight;
```

이렇게 하면 Next.js는 컴포넌트가 반환하는 HTML 마크업을 렌더링하고 Highlight .js 스크립트를 페이지에 끼워 넣습니다. 그리고 해당 컴포넌트가 브라우저에 마운트되면 라이브러리 함수를 클라이언트에서 호출하고 실행하도록 만듭니다.

다음과 같이 React.useEffect와 React.useState를 함께 써서 특정 컴포넌트를 정확히 클라이언트에서만 렌더링하도록 지정할 수도 있습니다.

```
import {useEffect, useState} from 'react';
import Highlight from '../components/Highlight';

function UseEffectPage() {
  const [isClient, setIsClient] = useState(false);

  useEffect(() => {
    setIsClient(true);
  }, []);

  return (
    <div>
      {isClient &&
        (<Highlight
          code={"console.log('Hello, world!')"}
          language='js'
        />)
      }
    </div>
  );
}

export default UseEffectPage;
```

이제 Highlight 컴포넌트는 브라우저에서만 렌더링됩니다.

process.browser 변수

서버에서 렌더링할 때 브라우저 전용 API로 인한 문제를 다른 방법으로 해결할 수도 있습니다. process.browser값에 따라서 스크립트와 컴포넌트를 조건별로 실행하는 것입니다. 이 변수는 불린boolean값으로, 코드를 클라이언트에서 실행하면 true, 서버에서 실행하면 false값을 가집니다. 다음 코드를 살펴봅시다.

```
function IndexPage() {
  const side = process.browser ? 'client' : 'server';

  return <div>You're currently on the {side}-side.</div>;
}

export default IndexPage;
```

이 코드를 실행하면 처음에는 브라우저에 'You're currently running on the server-side.'라는 문자열이 표시되다가 리액트 하이드레이션이 끝나면 바로 'You're currently running on the client-side.'라는 문자열로 바뀝니다.

하지만 process.browser에 대한 Vercel 팀의 지원은 곧 중단될 예정입니다.[13] 대신 좀 더 정확한 의미를 갖는 typeof window를 사용할 수 있습니다.

```
function IndexPage() {
  const side = typeof window === "undefined" ? 'server' : 'client';

  return <div>You're currently on the {side}-side.</div>;
}

export default IndexPage;
```

typeof window를 서버에서 실행하면 그 값은 문자열 "undefined"가 되며, 그렇지 않으면 클라이언트에서 실행하는 것임을 알 수 있습니다.

동적 컴포넌트 로딩

Next.js는 리액트가 제공하지 않는 기능을 내장 컴포넌트와 유틸리티 함수 형태로 제공합니다. 이 중 하나가 바로 dynamic인데 아마도 Next.js가 제공하는 가장 재미있는 모듈이 아닐까 싶습니다.

13 https://github.com/vercel/next.js/pull/7651

앞서 React.useEffect 훅을 사용하여 브라우저에서 코드를 실행하는 경우에만 컴포넌트를 렌더링한 적이 있습니다. Next.js의 dynamic 함수로도 똑같이 할 수 있습니다.

```
import dynamic from 'next/dynamic';

const Highlight = dynamic(
  () => import('../components/Highlight'),
  { ssr: false }
);

import styles from '../styles/Home.module.css';

function DynamicPage() {
  return (
    <div className={styles.main}>
      <Highlight code={`console.log('Hello, world! ')`} language="js" />
    </div>
  );
}

export default DynamicPage;
```

이 코드를 실행하면 Highlight 컴포넌트를 **동적 임포트**dynamic import로 불러옵니다. 즉, ssr:false 옵션으로 클라이언트에서만 코드를 실행한다고 명시하는 것입니다. 이렇게 동적 임포트를 사용하면 Next.js는 해당 컴포넌트를 서버에서 렌더링하지 않습니다. 따라서 사용자는 리액트 하이드레이션이 끝날 때까지 기다려야 해당 컴포넌트를 사용할 수 있게 됩니다.

CSR은 동적 웹 페이지를 만들 때 SSR보다 더 좋은 선택이 될 수 있습니다. 검색 엔진에 노출될 필요가 없는 페이지를 만드는 경우에는 웹 애플리케이션의 자바스크립트 코드를 먼저 다운로드한 다음 클라이언트에서 필요한 데이터를 직접 가져가도록 만듭니다. 이렇게 하면 서버 부하를 줄이고 애플리케이션을 더 쉽게 확장할 수 있습니다.

그렇다면 관리자 페이지나 비공개 프로필 페이지 같이 검색 엔진을 신경 쓸 필요가 없는 동적 웹 페이지를 만들고 싶을 때는 어떻게 해야 할까요? 클라이언트에 정적 페이지를 전달하면서 필요한 데이터도 한꺼번에 브라우저로 전송하는 것이 가능할까요? 다음 절에서 이 상황에 알맞은 렌더링 전략을 살펴봅니다.

2.3 정적 사이트 생성(SSG)

지금까지 웹 애플리케이션 렌더링 방법 중 SSR과 CSR을 살펴보았습니다. 이번에는 Next.js에서 제공하는 세 번째 방법인 **정적 사이트 생성(SSG)**을 살펴볼 차례입니다. SSG는 일부 또는 전체 페이지를 빌드 시점에 미리 렌더링합니다. 웹 애플리케이션을 빌드할 때 내용이 거의 변하지 않는 페이지는 정적 페이지 형태로 만들어서 제공하는 것이 더 좋습니다. Next.js는 이런 페이지를 빌드 과정에서 정적 페이지로 미리 렌더링해서 HTML 마크업 형태로 제공합니다. SSR과 비슷하게 말이죠. 또한 리액트 하이드레이션 덕분에 이런 정적 페이지에서도 여전히 사용자와 웹 페이지 간의 상호 작용이 가능합니다. SSG는 SSR 및 CSR과 비교했을 때 다음과 같은 이점이 있습니다.

쉬운 확장

정적 페이지는 단순 HTML 파일이므로 CDN을 통해 파일을 제공하거나 캐시에 저장하기 쉽습니다. 직접 웹 서버에서 웹 애플리케이션을 제공하는 경우에도 정적 페이지는 별도의 연산 없이 정적 자원 형태로 제공되기 때문에 서버에 부하를 거의 주지 않습니다.

뛰어난 성능

빌드 시점에 HTML 페이지를 미리 렌더링하기 때문에 페이지를 요청해도 클라이언트나 서버가 무언가를 처리할 필요가 없습니다. 웹 서버는 정적 파일을 보내기만 하고 클라이언트 브라우저는 파일을 받아서 표시만 하면 됩니다. 서버 쪽에 데이터를 요구하지도 않습니다. 정적 HTML 마크업 내에 미리 렌더링한 내용만 있으면 됩니다. 따라서 각 요청별로 발생할 수 있는 지연 시간을 최소화할 수 있습니다.

더 안전한 API 요청

페이지 렌더링을 위해 웹 서버가 민감하고 중요한 데이터를 클라이언트로 보낼 필요가 없습니다. 악의적인 사용자가 이상한 행동을 할 여지가 없어지는 것이죠. 외부 API를 호출하거나, 데이터베이스에 접근하거나, 보호해야 할 데이터에 접근할 일이 없습니다. 필요한 모든 정보가 빌드 시점에 미리 페이지로 렌더링되어 있기 때문입니다.

SSG는 높은 확장성과 뛰어난 성능을 보이는 프런트엔드 애플리케이션을 만들고 싶을 때 가장 좋은 방법입니다. 한 가지 문제점은 일단 웹 페이지를 만들고 나면 다음 배포 전까지 내용이 변하지 않는다는 것입니다. 예를 들어 블로그에 새로운 글을 올렸는데 제목에 오타가 있는 경우를 생각해봅시다. Gatsby나 Jekyll과 같은 정적 사이트 생성기를 사용해서 블로그 페이지를 제공한다면 블로그 제목의 단어 하나를 수정하기 위해 필요한 데이터를 가져오고 정적 페이지를 다시 생성하는 과정을 반복해야 합니다. 정적으로 생성한 페이지는 빌드 시점에 미리 렌더링되어 정적 자원처럼 제공되기 때문이죠.

이런 문제는 다른 정적 사이트 생성기에서도 발생할 수 있는데 Next.js는 이 문제를 해결할 수 있는 독특한 방법을 제공합니다. 바로 **증분 정적 재생성(ISR)**입니다. ISR을 사용하면 Next.js가 어느 정도의 주기로 정적 페이지를 다시 렌더링하고 해당 내용을 업데이트할지 정할 수 있습니다.

예를 들어 동적 콘텐츠를 제공하지만 해당 콘텐츠 데이터를 가져오는 데 아주 오랜 시간이 걸리는 웹 페이지를 떠올려봅시다. 이 페이지를 SSR 또는 CSR 형태로 제공하면 사용자는 이 데이터를 보기 위해 오래 기다려야 하므로 끔찍한 사용자 경험이 초래됩니다. 이때 SSG와 ISR을 함께 사용하면 이 문제를 해결할 수 있습니다. SSR과 SSG를 섞어서 쓰는 것과 비슷하죠.

엄청나게 많은 데이터를 가져와야 하는 복잡한 대시보드를 만든다고 가정해봅시다. 이 데이터를 불러오기 위한 REST API 호출에는 수 초가 소요됩니다. 만약 데이터가 자주 변하지 않는다면 SSG와 ISR을 사용해서 데이터를 10분 동안 캐싱할 수 있습니다.

```
import fetch from 'isomorphic-unfetch';
import Dashboard from './components/Dashboard';

export async function getStaticProps() {
  const userReq = await fetch('/api/user');
  const userData = await userReq.json();

  const dashboardReq = await fetch('/api/dashboard');
  const dashboardData = await dashboardReq.json();

  return {
    props: {
      user: userData,
```

```
      data: dashboardData,
    },
    revalidate: 600 // 시간을 초 단위로 나타낸 값(10분)
  };
}

function IndexPage(props) {
  return (
    <div>
      <Dashboard
        user={props.user}
        data={props.data}
      />
    </div>
  );
}

export default IndexPage;
```

여기서는 이전 절에서 사용했던 getServerSideProps와 비슷한 getStaticProps 함수를 사용합니다. 이름에서 짐작할 수 있듯이, Next.js는 빌드 과정에서 페이지를 렌더링할 때 이 함수를 호출해서 필요한 데이터 등을 가져오며 다음 번 빌드 시점까지 더 이상 호출하지 않습니다. 물론 강력한 만큼 페이지 콘텐츠를 바꾸려면 전체 웹 사이트를 새로 빌드해야 한다는 단점도 있습니다.

전체 웹 사이트를 다시 빌드하는 일을 피하기 위해 Next.js는 최근 revalidate라는 옵션을 추가했습니다. 이 옵션은 getStaticProps 함수가 반환하는 객체 내에 지정할 수 있습니다. 이 값은 페이지에 대한 요청이 발생할 때 어느 정도의 주기로 새로 빌드해야 하는지를 나타냅니다. 앞서 코드에서 revalidate값을 10분으로 지정했기 때문에 Next.js는 다음과 같이 정적 페이지를 다시 빌드하고 제공합니다.

1 Next.js는 빌드 과정에서 페이지의 내용을 getStaticProps 함수가 반환한 객체의 값으로 채웁니다. 그리고 이 페이지는 빌드를 거쳐 정적 페이지로 만들어집니다.

2 처음 10분간 해당 페이지를 요청하는 모든 사용자는 동일한 정적 페이지를 제공받습니다.

3 10분이 지나고 해당 페이지에 대한 새로운 요청이 들어오면 Next.js는 이 페이지를 서버에서 다시 렌더링하고 getStaticProps 함수를 다시 호출합니다. 그리고 렌더링한 페

이지를 저장해서 새로운 정적 페이지로 만들고 이전에 만든 정적 페이지를 새로 만든 페이지로 덮어씁니다.

4 이후 10분간 동일한 페이지에 대한 모든 요청에 대해 새로 만든 정적 페이지를 제공합니다.

Next.js는 ISR을 최대한 지연시켜서 처리하려고 합니다. 따라서 10분이 지난 후에 페이지에 대한 새로운 요청이 없다면 Next.js는 페이지를 새로 빌드하지 않습니다.

현재까지는 ISR의 페이지 재생성을 API 등을 통해 강제로 시작할 수 있는 방법이 없습니다. 웹사이트를 배포하고 나면 ISR이 페이지를 새로 만들 때까지 `revalidate`값에 지정된 시간만큼 기다리는 수밖에 없습니다.

SSG로 빠르고 안전한 웹 페이지를 만들 수 있지만 여기에 동적 콘텐츠를 제공하고 싶을 때도 있을 것입니다. Next.js에서는 어떤 페이지를 빌드 시점에 정적 페이지로 만들지(SSG) 또는 페이지 요청 시점에 만들지(SSR) 지정할 수 있습니다. SSG와 ISR 기법을 사용하면 SSR과 SSG를 함께 사용할 수 있으며 웹 애플리케이션 개발에 있어서 그야말로 혁신적인 효과를 가져올 수 있습니다.

정리하기

CHAPTER 2에서는 세 가지 렌더링 전략과 Next.js에서 하이브리드 렌더링 방식을 제공하는 이유를 알아보았습니다. 또한 각 방식의 장단점이 무엇인지, 어떤 경우에 사용하면 좋은지, 사용자 경험이나 서버 부하에 어떤 영향을 미치는지도 살펴보았습니다. 우리는 이후에도 다양한 렌더링 방법을 여러 사용 사례와 함께 살펴볼 것입니다. 다양한 렌더링 방법을 선택하고 사용할 수 있다는 점은 Next.js를 선택하는 중요한 이유이기도 합니다.

CHAPTER 3에서는 Next.js가 제공하는 유용한 내장 컴포넌트, 라우팅 시스템, 사용자 경험 향상과 SEO를 위한 동적 메타데이터 관리 방법을 배워보겠습니다.

CHAPTER 3

Next.js 기초와 내장 컴포넌트

Next.js는 단순히 서버 사이드 렌더링만 제공하는 프레임워크가 아닙니다. 그 외에도 훌륭한 내장 컴포넌트와 함수를 제공하여 성능이 뛰어난 동적 웹 사이트를 쉽게 만들 수 있습니다.

CHAPTER 3에서는 라우팅 시스템, 클라이언트에서의 내비게이션, 이미지 최적화, 메타데이터 처리 등 Next.js의 핵심 개념을 알아봅니다. 이런 개념은 Next.js 프레임워크로 실제 애플리케이션을 만들 때 큰 도움이 됩니다. 또한 `_app.js`와 `_document.js` 페이지를 자세히 살펴봅니다. 이 페이지들은 웹 앱의 작동을 세부적으로 조정할 수 있는 다양한 방법을 제공합니다.

구체적으로 알아볼 내용은 다음과 같습니다.

- 클라이언트와 서버에서의 라우팅 시스템 작동 방식
- 페이지 간 이동 최적화
- Next.js가 정적 자원을 제공하는 방법
- 자동 이미지 최적화와 새로운 `Image` 컴포넌트를 사용한 이미지 제공 최적화 기법
- 컴포넌트에서 HTML 메타데이터를 처리하는 방법
- `_app.js`와 `_document.js` 파일 내용 및 커스터마이징 방법

3.1 라우팅 시스템

클라이언트에서 실행되는 리액트 앱을 개발해봤다면 React Router, Reach Router, Wouter와 같은 라이브러리를 사용해보았을 것입니다. 이러한 라이브러리를 사용하면 클라이언트에서의 라우팅만 구현할 수 있습니다. 모든 페이지가 클라이언트에서만 만들어지고 렌더링되는 것이죠. 서버 사이드 렌더링은 개입하지 않습니다.

Next.js는 다른 방법을 사용합니다. 바로 **파일시스템 기반 페이지**와 **라우팅**이죠. 〈CHAPTER 2 렌더링 전략〉에서 간단하게 소개한 바와 같이 Next.js 프로젝트는 기본적으로 `pages/` 디렉터리[14]를 가지고 있습니다. 이 디렉터리 안의 모든 파일은 곧 애플리케이션의 페이지와 라우팅 규칙을 의미합니다. 따라서 페이지라는 것은 `pages/` 디렉터리 안의 `.js`, `.jsx`, `.ts`, `.tsx` 파일에서 익스포트한 리액트 컴포넌트라고 볼 수 있습니다.

좀 더 정확히 이해하기 위해 두 개의 페이지로만 구성된 간단한 웹 사이트를 만든다고 가정해봅시다. 첫 번째 페이지는 홈 페이지이고, 두 번째 페이지는 간단한 연락처 정보를 보여주는 페이지입니다. 이 경우 웹 애플리케이션에는 `pages` 디렉터리 안에 `index.js`와 `contacts.js`라는 두 개의 파일만 만들면 됩니다. 두 파일 모두 JSX를 반환하는 함수를 익스포트해야 합니다. 그래야 서버에서 해당 함수를 실행하고 렌더링한 HTML 내용을 브라우저로 전송할 수 있습니다.

페이지가 JSX 코드를 반환한다는 점을 명심하고 다음과 같이 간단한 `index.js` 페이지를 만들어봅시다.

```
function Homepage() {
  return <div> This is the homepage </div>;
}

export default Homepage;
```

`yarn dev` 또는 `npm run dev` 명령을 실행하면 브라우저에서 *http://localhost:3000* 주소로 접근했을 때 'This is the homepage'라는 메시지를 볼 수 있습니다.

14 옮긴이_Next.js는 2022년 10월 26일 13 버전을 출시하면서 새로운 파일시스템 기반 라우팅인 app 디렉터리를 베타 기능으로 포함했습니다. app 디렉터리를 사용하면 레이아웃, 리액트 서버 컴포넌트, 스트리밍과 같은 새로운 기능을 사용할 수 있습니다. pages 디렉터리는 app 디렉터리와 병행 사용할 수 있으며, 점진적으로 업그레이드가 가능하기 때문에 app 디렉터리 사용 여부를 고민할 필요는 없습니다. 자세한 내용은 *https://nextjs.org/blog/next-13#new-app-directory-beta*에서 확인할 수 있습니다.

같은 방법으로 연락처 페이지도 만듭니다.

```
function ContactPage() {
  return (
    <div>
      <ul>
        <li> Email: myemail@example.com</li>
        <li> Twitter: @myusername </li>
        <li> Instagram: myusername </li>
      </ul>
    </div>
  );
}

export default ContactPage;
```

이 코드를 `contacts.js`라는 이름으로 저장하면 *http://localhost:3000/contacts* 주소로 접근했을 때 연락처 정보가 표시됩니다. 해당 페이지 주소를 *http://localhost:3000/contact-us*로 바꾸고 싶은 경우 `contacts.js` 파일 이름을 `contact-us.js`로 변경하면 Next.js가 자동으로 해당 페이지를 다시 만들고 새로운 라우팅 이름을 부여합니다.

이번에는 좀 더 어려운 걸 해봅시다. 블로그를 만든 다음 각 게시글별로 라우팅 규칙을 만들어 보겠습니다. 그리고 `/posts` 페이지를 만들어서 웹 사이트의 모든 게시글을 보여주도록 합니다.

우선 다음과 같이 동적 라우팅 규칙을 만듭니다.

```
pages/
  - index.js
  - contact-us.js
  - posts/
    - index.js
    - [slug].js
```

`pages/` 디렉터리 내부에 계층적 구조로 라우팅 규칙을 만들 수 있습니다. 예를 들어 `/posts`에 대한 라우팅 규칙을 추가하고 싶다면 `pages/posts/` 디렉터리 안에 `index.js` 파일을 만들어서 JSX 함수를 반환하도록 만듭니다. 그리고 *http://localhost:3000/posts* 주소로 접근하면 해당 페이지를 볼 수 있습니다.

다음으로 모든 블로그 게시글에 대한 **동적 라우팅 규칙**을 생성해서 웹 사이트에 새로운 글을 쓸 때마다 수동으로 새 페이지를 만들지 않도록 해보겠습니다. 동적 라우팅 규칙을 생성하기 위해 pages/posts/ 디렉터리 안에 [slug].js 파일을 만듭니다. [slug]는 **경로 매개변수**route variable로, 사용자가 브라우저 주소창에 입력하는 값은 모두 가질 수 있습니다. 다시 말해 [slug]로 각 블로그 게시글을 구분할 수 있는 것이죠. [slug].js 파일에서 JSX 코드를 반환하는 간단한 함수를 익스포트하도록 만들면 *http://localhost:3000/posts/my-firstpost*나 *http://localhost:3000/posts/foo-bar-baz*와 같이 *http://localhost:3000/posts/** 주소로 접근할 수 있습니다. 어떤 경로로 접근하든 동일한 JSX 코드를 렌더링합니다.

pages/ 디렉터리 내부에 동적 라우팅 규칙을 중첩할 수도 있습니다. 이를테면 블로그 게시글에 접근하는 경로를 /posts/[date]/[slug]와 같이 만들 수 있습니다. pages/ 디렉터리 내에 [date] 디렉터리를 만들고 그 안에 [slug].js 파일을 저장하면 됩니다.

```
pages/
  - index.js
  - contact-us.js
  - posts/
    - index.js
    - [date]/
      - [slug].js
```

이제 *http://localhost:3000/posts/2021-01-01/my-firstpost* 주소로 접근하면 이전과 같은 JSX 콘텐츠를 볼 수 있습니다. [date]나 [slug] 변수는 어떤 값이든 가질 수 있기 때문에 브라우저 주소창에 아무 주소나 입력해서 해당 변수값이 어떻게 할당되는지 살펴보는 것도 좋은 경험이 될 것입니다.

지금까지는 경로 매개변수를 사용하여 똑같은 페이지만을 렌더링했지만 실제 애플리케이션에서는 경로 매개변수에 따라 서로 다른 동적 페이지를 렌더링해야 합니다. 이제부터는 경로 매개변수값에 따라 다른 콘텐츠를 렌더링하는 방법을 알아봅시다.

페이지에서 경로 매개변수 사용하기

경로 매개변수를 사용해서 동적 페이지 콘텐츠를 쉽게 만들 수 있습니다. 아주 간단한 환영 문구를 표시하는 페이지를 만들어봅시다. 이전에 만든 프로젝트에 pages/greet/[name].js 파일을 추가해보겠습니다. 이 페이지는 Next.js의 내장 getServerSideProps 함수를 통해 URL에서 동적으로 [name] 변수값을 가져와서 해당 사용자를 환영한다는 문구를 표시합니다.

```
export async function getServerSideProps({ params }) {
  const { name } = params;
  return {
    props: {
      name,
    },
  };
}

function Greet(props) {
  return (
    <h1> Hello, {props.name}! </h1>
  );
}

export default Greet;
```

브라우저에서 *http://localhost:3000/greet/Mitch* 주소로 가면 'Hello, Mitch!'라는 문구를 확인할 수 있습니다. name 경로 매개변수를 사용하고 있으므로 다른 이름을 넣어보고 어떻게 표시되는지 확인해봅시다.

> ⚠ getServerSideProps나 getStaticProps 함수는 반드시 객체를 반환해야 한다는 점을 명심하세요. 그리고 이러한 함수가 반환한 값을 페이지에서 사용할 때는 함수가 반환한 객체의 props 속성값을 사용해야 한다는 점도 잊지 마세요.

URL에서 값을 가져올 수 있는 것은 여러모로 핵심적인 기능이라 할 수 있습니다. 예제에서는 [name] 변수로 간단한 환영 문구만 표시했지만 그 외에도 다양한 목적으로 사용할 수 있습니다. 이를테면 사용자 프로필을 표시하기 위해 데이터베이스에서 해당 사용자의 데이터를 불러올 때 [name] 변수를 사용할 수 있습니다. 이렇게 데이터를 불러오는 것은 〈CHAPTER 4 코드 구성과 데이터 불러오기〉에서 더 자세히 알아보겠습니다.

어떤 경우에는 페이지가 아닌 컴포넌트 안에서 경로 매개변수값을 가져와야 합니다. Next.js에서는 리액트 훅 덕분에 이 경우에도 쉽게 경로 매개변수값을 가져올 수 있습니다.

컴포넌트에서 경로 매개변수 사용하기

지금까지 페이지 내에서 경로 매개변수를 어떻게 사용하는지 알아보았습니다. Next.js에서는 페이지 밖에서 `getServerSideProps`와 `getStaticProps` 함수를 사용하지 못하는데 어떻게 경로 매개변수를 컴포넌트 안에서 사용할 수 있을까요?

Next.js에서는 `useRouter` 훅 덕분에 별다른 어려움 없이 컴포넌트 안에서 경로 매개변수를 사용할 수 있습니다. `useRouter` 훅은 다음과 같이 `next/router`에서 가져다 쓸 수 있습니다.

```
import { useRouter } from 'next/router';
```

리액트 훅은 리액트 상태state나 함수형 컴포넌트의 라이프 사이클을 다룰 수 있는 함수이며 `useRouter` 역시 다른 리액트 훅과 동일하게 작동합니다. 그리고 어떤 컴포넌트 안에서도 사용할 수 있죠. 이전에 살펴본 페이지 코드를 다음과 같이 수정해봅시다.

```
import { useRouter } from 'next/router';

function Greet() {
  const { query } = useRouter();
  return <h1>Hello {query.name}!</h1>;
}

export default Greet;
```

보다시피 `useRouter` 훅을 사용해서 `query` 매개변수를 가져옵니다. 이 매개변수에는 경로 매개변수와 분석된 쿼리 매개변수 문자열값이 있습니다. 수정한 코드의 경우 경로 매개변수에 `name` 변수만 있습니다. 다음과 같이 `query` 변수값을 콘솔에 로그로 출력하면 Next.js가 경로 매개변수와 쿼리 문자열들을 `useRouter` 훅을 통해 어떻게 전달하는지 알 수 있습니다.

```
import { useRouter } from 'next/router';

function Greet() {
  const { query } = useRouter();
  console.log(query);
  return <h1>Hello {query.name}!</h1>;
}

export default Greet;
```

이제 *http://localhost:3000/greet/Mitch?learning_nextjs=true*라는 주소로 접근하면 다음과 같은 객체 정보가 콘솔 로그로 출력됩니다.

```
{learning_nextjs: "true", name: "Mitch"}
```

> ⚠ 경로 매개변수와 같은 이름의 키로 질의 문자열을 지정해서 사용해도 Next.js에는 오류가 생기지 않습니다. 예를 들어 ***http://localhost:3000/greet/Mitch?name=Christine***라는 URL로 접근하면 Next.js에서는 쿼리 매개변수보다 경로 매개변수를 우선하기 때문에 '**Hello, Mitch!**'라는 문구를 화면에 표시합니다.

클라이언트에서의 내비게이션

Next.js는 단순히 리액트 웹 애플리케이션을 서버에서 렌더링하려고 만든 프레임워크가 아닙니다. 다양한 기능을 비롯하여 웹 사이트 성능을 최적화할 수 있는 많은 방법을 제공하는데, 그중 하나가 바로 클라이언트에서 내비게이션을 처리하는 것입니다. HTML의 표준 `<a>` 태그를 사용해서 페이지들을 연결할 수도 있지만 `Link` 컴포넌트를 통해 서로 다른 라우트 간의 이동을 최적화할 수도 있습니다. 다른 표준 리액트 컴포넌트처럼 다른 페이지 또는 웹 사이트의 일부를 연결할 때 `Link` 컴포넌트를 불러와서 사용합니다. 간단한 예를 살펴보죠.

```
import Link from 'next/link';

function Navbar() {
  return (
    <div>
      <Link href='/about'>Home</Link>
      <Link href='/about'>About</Link>
      <Link href='/about'>Contacts</Link>
    </div>
  );
}

export default Navbar;
```

Next.js는 기본적으로 현재 화면에 표시되는 페이지의 모든 `Link`에 대해 연결된 부분 또는 페이지를 미리 읽어옵니다. 다시 말해, 페이지의 링크를 클릭했을 때 브라우저는 해당 페이지를 화면에 표시하기 위해 필요한 모든 데이터를 이미 불러온 상태라는 뜻입니다. 미리 불러오는 기능은 `Link` 컴포넌트에 `preload={false}`라는 속성을 전달해서 비활성화할 수 있습니다.

```
import Link from 'next/link';

function Navbar() {
  return (
    <div>
      <Link href='/about' preload={false}>Home</Link>
      <Link href='/about' preload={false}>About</Link>
      <Link href='/about' preload={false}>Contacts</Link>
    </div>
  );
}

export default Navbar;
```

Next.js 10부터는 **동적 경로 매개변수**를 통해 페이지를 더 쉽게 연결할 수 있습니다. 예를 들어 `/blog/[date]/[slug].js`라는 페이지를 연결한다고 생각해봅시다. 이전 버전의 Next.js에서는 두 가지 속성값(`href`, `as`)을 전달해야 합니다.

```
<Link href='/blog/[date]/[slug]' as='/blog/2021-01-01/happy-new-year'>
  Read post
</Link>
```

`href` 속성은 Next.js가 어떤 페이지를 렌더링해야 하는지 알려주고, `as` 속성은 브라우저의 주소창에 표시할 값을 나타냅니다. 하지만 Next.js 10부터는 `as` 속성값을 `href` 속성값처럼 사용해도 충분합니다. 그것만으로도 Next.js가 어떤 페이지를 렌더링하고 주소창에 어떤 값을 표시해야 하는지 알 수 있기 때문입니다. 다음 코드처럼 말이죠.

```
<Link href='/blog/2021-01-01/happy-new-year'> Read post </Link>
<Link href='/blog/2021-03-05/match-update'> Read post </Link>
<Link href='/blog/2021-04-23/i-love-nextjs'> Read post </Link>
```

⚠ Next.js 10 또는 상위 버전에서 예전 방식의 동적 페이지 연결을 사용할 수는 있지만 새 기능이 훨씬 더 편리합니다. 예전 버전의 Next.js만 사용해보았거나 버전 10 이상으로 프레임워크를 업그레이드할 계획이 있다면 프레임워크의 새로운 기능을 꼭 기억해두기 바랍니다. 동적 링크 외에도 다양한 부분에서 컴포넌트 개발이 훨씬 간단하고 쉬워집니다.

복잡한 URL을 사용한다면 `href` 속성에 객체를 전달할 수도 있습니다.

```
<Link
  ref={{
    pathname: '/blog/[date]/[slug]'
    query: {
      date: '2020-01-01',
      slug: 'happy-new-year',
      foo: 'bar'
    }
  }}
>
  Read post
</Link>
```

이 링크를 클릭하면 Next.js는 *http://localhost:3000/blog/2020-01-01/happy-new-year?foo=bar*라는 주소로 연결할 것입니다.

router.push 메서드

Next.js에서는 `Link` 컴포넌트 대신 `useRouter` 훅을 사용해서 다른 페이지로 이동할 수 있습니다. 예를 들어 로그인한 사용자만 접근할 수 있는 페이지가 있으며 이를 위해 이미 `useAuth`라는 훅을 만들었다고 가정해봅시다. 만약 사용자가 로그인하지 않았다면 `useRouter` 훅을 사용해서 로그인 페이지로 이동시킵니다.

```
import { useEffect } from 'react';
import { useRouter } from 'next/router';
import PrivateComponent from '../components/Private';
import useAuth from '../hooks/auth';

function MyPage() {
  const router = useRouter();
```

```
  const { loggedIn } = useAuth();

  useEffect(() => {
    if (!loggedIn) {
      router.push('/login');
    }
  }, [loggedIn]);

  return loggedIn
    ? <PrivateComponent />
    : null;
}

export default MyPage;
```

이 코드에서는 useEffect 훅을 사용해서 코드가 클라이언트에서만 실행되도록 만들었습니다. 사용자가 로그인하지 않은 상태라면 router.push 메서드를 사용해서 로그인 페이지로 이동합니다.

Link 컴포넌트와 마찬가지로 push 메서드를 사용할 때 객체를 전달해서 더 복잡한 URL로 이동할 수도 있습니다.

```
router.push({
  pathname: '/blog/[date]/[slug]',
  query: {
    date: '2021-01-01',
    slug: 'happy-new-year',
    foo: 'bar'
  }
});
```

router.push를 호출하면 브라우저는 *http://localhost:3000/blog/2020-01-01/happy-new-year?foo=bar* 로 이동합니다.

⚠ router.push를 사용하는 경우 Next.js는 Link 컴포넌트를 사용할 때와 다르게 연결된 페이지를 미리 불러오지 못합니다. 특정 상황이나 이벤트가 발생한 경우 클라이언트에서 사용자를 특정 페이지로 보낼 때는 router.push 메서드를 사용하는 것이 좋지만 클라이언트에서의 내비게이션 구현에 router.push 메서드를 주로 사용하는 것은 별로 좋은 생각이 아닙니다.

지금까지 Next.js가 정적 또는 동적 라우팅을 처리하는 방법, 클라이언트와 서버에서 페이지 간 이동과 강제 페이지 이동을 구현하는 방법을 알아보았습니다.

다음 절에서는 Next.js가 정적 자원을 제공하는 방법과 더 향상된 SEO 점수를 위해 이미지를 그때그때 최적화하는 방법에 관해 살펴보겠습니다.

3.2 정적 자원 제공

정적 자원static asset은 이미지, 폰트, 아이콘, 컴파일한 CSS 또는 JS 파일과 같이 동적으로 변하지 않는 모든 종류의 파일을 의미합니다. 이런 정적 자원은 `/public` 디렉터리 안에 저장하는 방식으로 클라이언트에 쉽게 제공됩니다. `/public` 디렉터리 안에 있는 모든 파일은 Next.js가 정적 자원으로 간주하고 제공합니다. 다음과 같이 `/public` 디렉터리에 `index.txt` 파일을 만들어봅시다.

```
echo "Hello, world!" >> ./public/index.txt
```

그런 다음 브라우저에서 *http://localhost:3000/index.txt* 주소로 접근하면 'Hello, world!'라는 `index.txt` 파일 내용을 볼 수 있습니다. 공통 CSS나 JS 파일, 이미지, 아이콘, 그 외 모든 유형의 정적 파일을 `/public` 디렉터리 안에 구성하고 제공하는 방법은 〈CHAPTER 4 코드 구성과 데이터 불러오기〉에서 살펴보겠습니다.

정적 자원을 관리하고 제공하는 것은 생각보다 쉽지만 특정 유형의 파일은 웹 사이트의 성능과 SEO 점수에 큰 영향을 미칩니다. 바로 이미지 파일이죠.

일반적으로 최적화되지 않은 이미지를 제공하는 것은 사용자 경험에 나쁜 영향을 줍니다. 이미지를 불러오는 데 시간이 오래 걸리고, 이미지를 불러온 후에도 이미지 주변의 레이아웃이 변경되는 등 UX 관점에서도 좋지 않습니다. 이를 **누적 레이아웃 이동**Cumulative Layout Shift(CLS)이라고 합니다. [그림 3-1]은 간단한 CLS 현상을 나타냅니다.

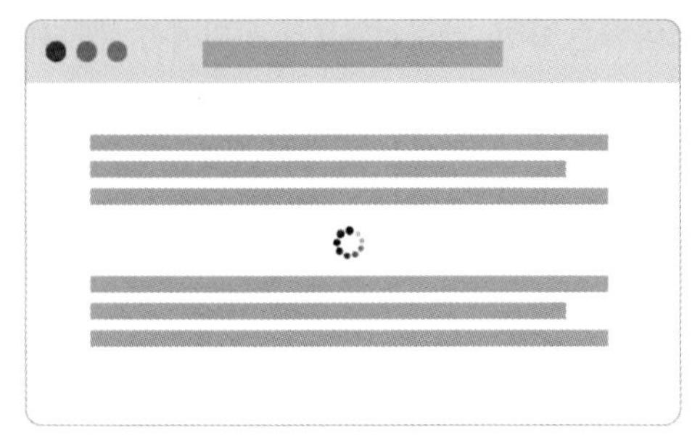

그림 3-1 CLS 현상

왼쪽 브라우저 탭은 아직 이미지를 불러오지 못한 상태입니다. 그래서 첫 번째 문자 영역과 두 번째 문자 영역이 서로 가까이 있습니다. 이미지를 불러오고 나면 두 번째 문자 영역이 아래로 밀려납니다. 사용자가 두 번째 문자 영역을 읽고 있었다면 영역이 이동하면서 어느 부분을 읽고 있었는지 놓칠 수도 있겠죠.

Next.js에서는 내장 `Image` 컴포넌트를 사용해서 CLS 문제를 해결합니다. CLS에 관한 자세한 내용은 웹 페이지[15]에서 확인할 수 있습니다.

자동 이미지 최적화

Next.js 10부터는 `Image` 컴포넌트를 사용해서 이미지를 자동으로 최적화할 수 있습니다. Next.js가 이 기능을 제공하기 전에는 외부 도구를 사용해서 모든 이미지를 최적화하고 HTML의 모든 `<img>` 태그에 복잡한 `srcset` 속성값을 지정해서 화면 크기별로 이미지를 조정했습니다. **이미지 최적화 기능**을 사용하면 이미지를 WebP와 같은 최신 이미지 포맷으로 제공할 수 있습니다. 물론 브라우저가 해당 이미지 포맷을 지원해야 하지만요. 지원하지 않는 브라우저의 경우 png나 jpeg와 같은 예전 이미지 포맷도 제공하니 걱정할 필요가 없습니다. 필요한 경우 이미지 크기를 조절해서 클라이언트가 아주 큰 이미지를 다운로드하느라 속도가 느려지는 상황도 피할 수 있습니다.

자동 이미지 최적화의 장점은 바로 클라이언트가 이미지를 요구할 때 최적화한다는 점입니다.

15 *https://web.dev/cls*

브라우저가 이미지를 요청하면 이미지를 최적화하고, 크기를 조절하고, 렌더링합니다. 따라서 Unplash나 Pexel과 같은 외부 이미지 서비스로 이미지를 제공할 수 있으며 빌드 시간도 길어지지 않습니다.

간단한 테스트 코드를 작성하여 이미지 최적화 기능이 어떻게 작동하는지 살펴보겠습니다. [그림 3-2]와 같은 이미지를 제공하는 서비스를 생각해봅시다.

그림 3-2 Unplash 우카시 라바Lukasz Rawa의 사진[16]

표준 HTML 태그를 사용하면 이미지를 다음과 같이 처리할 수 있습니다.

```
<img
  src='https://images.unsplash.com/photo-1605460375648-278bcbd579a6'
  alt='A beautiful English Setter'
/>
```

화면 크기별로 이미지를 조절하고 싶다면 `srcset` 속성값을 사용해서 최적화할 수 있습니다. 이를 위해서는 정적 자원을 제공할 때 몇 가지 작업을 추가해야 하는데 Next.js에서는 쉽게 처리할 수 있습니다. 바로 `next.config.js` 파일에 설정을 추가하고 `Image` 컴포넌트를 사용하는 것

16 *https://unsplash.com/@lukasz_rawa*

입니다. Unsplash에서 이미지를 바로 제공할 수 있도록 next.config.js 파일의 images 속성에 다음과 같이 서비스 호스트명을 추가합니다.

```
module.exports = {
  images: {
    domains: ['images.unsplash.com']
  }
};
```

설정을 추가하면 Image 컴포넌트 안에서 해당 도메인의 이미지를 불러올 때마다 Next.js가 자동으로 해당 이미지를 최적화합니다.

이제 페이지에서 이미지를 불러옵시다.[17]

```
import Image from 'next/image';

function IndexPage() {
  return (
    <div>
      <Image
        src='https://images.unsplash.com/photo-1605460375648-278bcbd579a6'
        width={500}
        height={200}
        alt='A beautiful English Setter'
      />
    </div>
  );
}

export default IndexPage;
```

브라우저로 접속하면 Image 컴포넌트의 width와 height 속성값에 따라서 사진이 늘어난 형태로 표시됩니다.

17 옮긴이_예시로 사용하는 이미지는 삭제되거나 주소가 변경될 수 있기 때문에 사진이 표시되지 않는다면 Unplash에 있는 다른 사진의 주소를 사용하기 바랍니다.

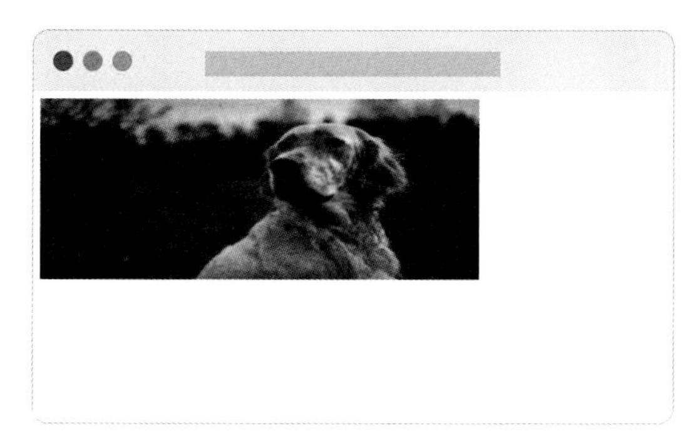

그림 3-3 Image 컴포넌트 속성값에 따라 늘어나 보이는 사진

layout 속성값을 지정해서 이미지를 원하는 대로 자를 수 있습니다. layout 속성에는 fixed, responsive, intrinsic, fill 이렇게 네 개의 값을 지정할 수 있습니다.

fixed

HTML img 태그와 같습니다. 이미지 크기를 지정하면 더 크거나 작은 화면에서도 이미지 크기를 조절하지 않고 지정한 대로 유지합니다.

responsive

fixed와 반대 방식으로 작동합니다. 화면 크기를 조절하면 그에 따라 이미지를 최적화해서 제공합니다.

intrinsic

fixed와 responsive를 절반씩 수용합니다. 크기가 작은 화면에서는 이미지 크기를 조절하지만 이미지보다 큰 화면에서는 이미지 크기를 조절하지 않습니다.

fill

부모 요소의 가로와 세로 크기에 따라 이미지를 늘립니다. layout에 fill을 지정한 경우 width와 height 속성값을 함께 지정할 수 없습니다. fill을 사용하는 것과 width/height 속성을 지정하는 것 중 하나만 가능합니다.

이미지 크기를 화면 크기에 따라 조절하고 싶다면 다음과 같이 Image 컴포넌트를 수정합니다.

```
import Image from 'next/image';

function IndexPage() {
  return (
    <div>
      <div
        style={{
          width: 500,
          height: 200,
          position: 'relative'
        }}>
        <Image
          src='https://images.unsplash.com/photo-1605460375648-278bcbd579a6'
          layout='fill'
          objectFit='cover'
          alt='A beautiful English Setter'
        />
      </div>
    </div>
  );
}

export default IndexPage;
```

Image 컴포넌트를 고정된 크기의 div로 감쌌습니다. 감싸고 있는 div는 CSS의 position 속성을 relative로 지정하였습니다. 또한 Image 컴포넌트의 width와 height 속성을 제거하고 layout 속성을 fill로 지정하였기 때문에 이제 Image 컴포넌트의 이미지 크기는 부모 요소인 div의 크기에 따라 늘어납니다. 그리고 objectFit 속성값을 cover로 지정하여 부모 요소인 div의 크기에 따라 잘라냅니다. 결과는 [그림 3-4]와 같습니다.

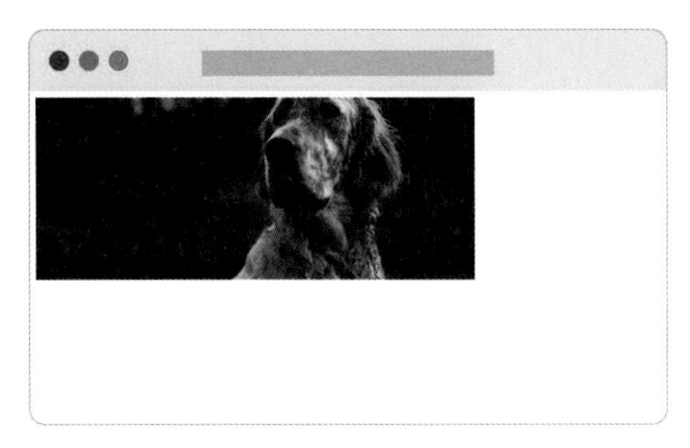

그림 3-4 수정한 Image 컴포넌트의 이미지 렌더링

브라우저에서 HTML 페이지의 소스를 확인해보면 `Image` 컴포넌트가 표준 HTML `img` 태그의 `srcset` 속성을 사용하여 여러 가지 크기의 이미지를 생성한 것을 볼 수 있습니다.

```
<div style="..."
<img alt="A beautiful English Setter"src="/_next/
image?url=https%3A%2F%2Fimages.unsplash.com%2Fphoto-
1605460375648-278bcbd579a6&w=3840&q=75" decoding="async"
sizes="100vw" srcset="/_next/image?url=https%3A%2F%2Fimages.
unsplash.com%2Fphoto-1605460375648-278bcbd579a6&w=640&q=75
640w, /_next/image?url=https%3A%2F%2Fimages.unsplash.
com%2Fphoto-1605460375648-278bcbd579a6&w=750&q=75 750w, /_
next/image?url=https%3A%2F%2Fimages.unsplash.com%2Fphoto-
1605460375648-278bcbd579a6&w=828&q=75 828w, /_next/
image?url=https%3A%2F%2Fimages.unsplash.com%2Fphoto-
1605460375648-278bcbd579a6&w=1080&q=75 1080w, /_next/
image?url=https%3A%2F%2Fimages.unsplash.com%2Fphoto-
1605460375648-278bcbd579a6&w=1200&q=75 1200w, /_next/
image?url=https%3A%2F%2Fimages.unsplash.com%2Fphoto-
1605460375648-278bcbd579a6&w=1920&q=75 1920w, /_next/
image?url=https%3A%2F%2Fimages.unsplash.com%2Fphoto-
1605460375648-278bcbd579a6&w=2048&q=75 2048w, /_next/
image?url=https%3A%2F%2Fimages.unsplash.com%2Fphoto-
1605460375648-278bcbd579a6&w=3840&q=75 3840w" style="..."
</div>
```

또한 구글 크롬 또는 파이어폭스 브라우저에서 해당 이미지 정보를 확인하거나 다른 이름으로 저장해보면 이미지를 WebP 포맷으로 제공한다는 점도 알 수 있습니다. Unsplash에서 제공하는 원래 이미지가 jpeg임에도 말이죠. iOS의 사파리 브라우저에서 같은 이미지를 확인해보면 Next.js가 이 이미지를 jpeg 포맷으로 제공한다는 점을 확인할 수 있습니다. iOS 사파리 브라우저가 아직 WebP 포맷을 지원하지 않기 때문입니다.

이전에도 설명했다시피 Next.js는 이미지 요청이 있을 때만 자동 이미지 최적화를 적용합니다. 이미지를 요청하지 않으면 최적화도 하지 않습니다. 이미지 최적화 과정은 Next.js가 실행되는 서버에서 일어납니다. 웹 애플리케이션이 아주 많은 이미지를 사용한다면 서버 성능에 영향을 미칠 수 있겠죠. 이번에는 이미지 최적화를 서버가 아닌 외부 서비스에서 처리하는 방법을 살펴봅시다.

외부 서비스를 통한 자동 이미지 최적화

Next.js는 기본으로 실행되고 있는 서버에서 자동 이미지 최적화 작업을 처리합니다. 웹 사이트가 컴퓨팅 자원이 충분하지 않은 작은 서버에서 실행된다면 이미지 최적화로 인해 성능에 영향을 미칠 수 있습니다. 그래서 Next.js에서는 `next.config.js` 파일 내에 `loader` 속성을 지정하여 외부 서비스를 통해 자동 이미지 최적화 작업을 처리합니다.

```
module.exports = {
  images: {
    loader: 'akamai',
    domains: ['images.unsplash.com']
  }
};
```

웹 앱을 Vercel로 배포하는 경우에는 `loader` 속성을 지정할 필요가 없습니다. Vercel이 알아서 이미지 파일을 최적화하고 제공해주기 때문이죠. Vercel 외에도 Akamai[18], Imgix[19], Cloudinary[20]와 같은 외부 서비스를 사용할 수 있습니다. 그 밖의 서비스를 사용하거나 별도의 이미지 최적화 서버를 사용하고 싶다면 해당 정보를 컴포넌트 내에서 `loader` 속성으로 전달하면 됩니다.

```
import Image from 'next/image';

const loader = ({src, width, quality}) => {
  return `https://example.com/${src}?w=${width}&q=${quality || 75}`;
}

function CustomImage() {
  return (
    <Image
      loader={loader}
      src="/myimage.png"
      alt="My image alt text"
      width={350}
      height={540}
    />
  );
}
```

이렇게 별도로 만든 이미지 최적화 서버나 Imgproxy[21], Thumbor[22] 같이 오픈소스 프로젝트를 이용한 이미지 최적화 서버를 외부 서비스로 연결해서 사용할 수 있습니다.

> ⚠ 별도의 이미지 최적화 서버를 사용한다면 각 서비스별로 이미지 크기 조절과 제공을 위한 고유 API가 있다는 점을 명심하기 바랍니다. 예를 들어 Imgproxy의 경우 `https://imgproxy.example.com/<auth-key>/fill/500/500/sm/0/plain/https://example.com/images/myImage.jpg`라는 URL 형태로 API를 호출합니다. Thumbor은 다른 URL 형태를 사용하지 않고 이미지 경로를 `https://thumbor.example.com/500x500/smart/example.com/images/myImage.jpg`와 같은 형태로 지정할 수 있습니다. 그 밖에 다른 서비스를 사용할 경우 반드시 해당 서비스의 이미지 최적화 서버 문서를 잘 숙지하고 따르기 바랍니다.

최근 몇 년 사이 웹 애플리케이션에서 이미지를 제대로 제공하기가 급격히 어려워지고 복잡해졌지만 이미지 제공은 사용자 경험에 큰 영향을 주기 때문에 충분한 시간을 투자해서 잘 만드는 것이 좋습니다. Next.js의 내장 컴포넌트와 최적화 기능 덕분에 이런 수고를 덜 수 있어서 천만다행입니다.

웹 애플리케이션을 만들 때 추가로 생각해야 할 부분은 바로 웹 스크래퍼, 봇, 웹 스파이더와 같은 웹 문서 수집기입니다. 이런 수집기는 웹 페이지의 메타데이터를 통해 색인을 만들고 페이지를 연결하며 웹 애플리케이션이나 사이트를 평가하고 점수를 매깁니다. 다음 절에서는 이런 메타데이터를 어떻게 다루는지 살펴봅니다.

18 *https://www.akamai.com*

19 *https://www.imgix.com*

20 *https://cloudinary.com*

21 *https://github.com/imgproxy/imgproxy*

22 *https://github.com/thumbor/thumbor*

3.3 메타데이터

웹 애플리케이션에서는 메타데이터를 제대로 다루는 것이 정말 중요합니다. 이해를 돕기 위해 페이스북이나 트위터의 링크를 공유하는 경우를 생각해봅시다. 페이스북에서 리액트 웹 사이트[23]를 공유하면 게시글에 [그림 3-5]와 같은 카드가 표시됩니다.

그림 3-5 리액트 웹 사이트의 오픈 그래프 데이터

페이스북에서는 **오픈 그래프**Open Graph[24]라는 프로토콜을 사용해서 어떤 데이터를 카드에 표시할지 파악합니다. 소셜 네트워크나 웹 사이트에 필요한 정보를 주려면 웹 사이트에서 페이지에 몇 가지 메타데이터를 추가해야 합니다.

오픈 그래프 데이터나 HTML 제목, HTML 메타데이터를 동적으로 처리하는 방법은 아직 이 책에서 다루지 않았습니다. 웹 사이트 자체는 이런 종류의 데이터가 없어도 잘 작동하지만 메타데이터를 제공하지 않으면 웹 사이트가 꼭 필요한 정보를 제공하지 않는다고 생각해서 검색 엔진이 해당 페이지의 점수를 낮게 매길 것입니다. 또한 메타 태그를 이용해서 브라우저가 사용자 경험을 최적화할 수 있는데, 당연히 메타데이터가 없다면 사용자 경험 또한 좋아질 수 없습니다.

Next.js는 내장 `Head` 컴포넌트를 제공하여 이러한 데이터를 쉽게 다룰 수 있게 도와줍니다. 이 컴포넌트는 어떤 컴포넌트에서든 HTML 페이지의 `<head>` 내부 데이터를 변경할 수 있도록 해

23 https://reactjs.org
24 https://ogp.me

줍니다. 즉, 동적으로 메타데이터, 링크, 스크립트 등의 정보를 변경하고, 추가하고, 삭제할 수 있습니다.

가장 쉬운 메타데이터인 HTML `<title>` 태그부터 시작해봅시다. Next.js 프로젝트를 새로 만들고 두 개의 새 페이지를 만듭니다. 첫 번째 페이지는 `index.js`입니다.

```
import Head from 'next/head';
import Link from 'next/link';

function IndexPage() {
  return (
    <>
      <Head>
        <title> Welcome to my Next.js website </title>
      </Head>
      <div>
        <Link href='/about' passHref>
          About us
        </Link>
      </div>
    </>
  );
}

export default IndexPage;
```

두 번째 페이지는 `about.js`입니다.

```
import Head from 'next/head';
import Link from 'next/link';

function AboutPage() {
  return (
    <>
      <Head>
        <title> About this website </title>
      </Head>
      <div>
        <Link href='/'passHref>
          Back to home
        </Link>
```

```
      </div>
    </>
  );
}

export default AboutPage;
```

서버를 실행하고 브라우저에서 두 페이지를 각각 방문하면 <title> 태그의 내용이 어떤 페이지를 방문하느냐에 따라 바뀌는 것을 볼 수 있습니다.

이번에는 좀 더 복잡한 예시입니다. 화면에 버튼만 표시하는 컴포넌트를 하나 만듭니다. 이 버튼을 클릭하면 방문하는 페이지에 따라 페이지 제목이 바뀝니다. 원래 제목으로 돌아가려면 버튼을 다시 클릭합니다. 우선 프로젝트의 최상위 디렉터리에 components/ 디렉터리를 만들고 그 안에 다음과 같이 Widget.js 파일을 만듭니다. 파일 경로는 components/Widget.js가 됩니다.

```
import { useState } from 'react';
import Head from 'next/head';

function Widget({pageName}) {
  const [active, setActive] = useState(false);

  if (active) {
    return (
      <>
        <Head>
          <title> You're browsing the {pageName} page </title>
        </Head>
        <div>
          <button onClick={() =>setActive(false)}>
            Restore original title
          </button>
          Take a look at the title!
        </div>
      </>
    );
  }

  return (
    <>
      <button onClick={() =>setActive(true)}>
        Change page title
```

```
      </button>
    </>
  );
}

export default Widget;
```

이제 index.js와 about.js 페이지를 수정하여 앞서 만든 컴포넌트를 렌더링하도록 합니다. index.js 파일의 경우 Widget 컴포넌트를 불러와서 새 <div> 안에서 컴포넌트를 렌더링합니다.

```
import Head from 'next/head';
import Link from 'next/link';
import Widget from '../components/Widget';

function IndexPage() {
  return (
    <>
      <Head>
        <title> Welcome to my Next.js website </title>
      </Head>
      <div>
        <Link href='/about' passHref>
          About us
        </Link>
      </div>
      <div>
        <Widget pageName='index' />
      </div>
    </>
  );
}

export default IndexPage;
```

about.js 파일도 똑같이 수정합니다.

```
import Head from 'next/head';
import Link from 'next/link';
import Widget from '../components/Widget';

function AboutPage() {
```

```
  return (
    <>
      <Head>
        <title> About this website </title>
      </Head>
      <div>
        <Link href='/'passHref>
          Back to home
        </Link>
      </div>
      <div>
        <Widget pageName='about' />
      </div>
    </>
  );
}

export default AboutPage;
```

페이지 파일들을 수정한 다음 [Change page title] 버튼을 클릭하면 Next.js가 HTML의 `<title>` 요소값을 변경합니다.

> ⚠ 여러 컴포넌트에서 같은 메타 태그를 수정하는 경우 Next.js는 같은 태그를 서로 다른 내용으로 여러 개 만듭니다. 예를 들어 두 개의 컴포넌트가 동시에 `<title>` 태그를 수정하면 HTML 페이지의 `<head>` 요소 안에 두 개의 서로 다른 `<title>` 태그가 생기는 것을 볼 수 있습니다. 이 문제는 HTML 태그에 다음과 같이 `key` 속성을 추가해서 해결할 수 있습니다.
>
> ```
> <title key='htmlTitle'>some content</title>
> ```
>
> 그러면 Next.js는 새로운 태그를 추가하지 않으며 지정한 키를 갖는 HTML 태그가 있는지 찾게 됩니다.

지금까지 페이지나 컴포넌트에서 메타데이터를 다루는 방법을 살펴보았는데, 웹 애플리케이션을 개발하다 보면 서로 다른 컴포넌트에서 같은 메타 태그를 사용하는 경우가 종종 생깁니다. 이 경우 각 컴포넌트마다 모든 메타데이터와 관리 코드를 일일이 만들기에는 작업의 양이 너무 많고 불편합니다. 대신 메타데이터를 그룹화하여 특정 HTML 태그를 다루는 컴포넌트를 만들고 사용하는 것이 좋습니다.

공통 메타 태그 그룹

이번에는 SEO를 위해 웹 사이트에 많은 메타 태그를 추가하고 다루어보겠습니다. 이때 자주 발생하는 문제는 같은 태그를 다루는 페이지나 컴포넌트를 여러 개 만드는 것입니다. 이 경우에는 공통 `head` 메타 태그를 다루는 하나 또는 여러 개의 컴포넌트를 만드는 것이 좋습니다.

이해를 돕기 위해 웹 사이트에 블로그 기능을 추가한다고 가정해보겠습니다. 블로그 게시글에 대한 오픈 그래프 데이터와 트위터 카드 메타데이터 등 다양한 메타데이터를 제공하고자 합니다. 여기서 사용하는 메타데이터 중 공통인 데이터들을 묶어 `PostHead` 컴포넌트에서 처리하도록 만들 것입니다. 우선 다음과 같이 `components/PostHead.js` 파일을 만듭니다.

```
import Head from 'next/head';

function PostMeta(props) {
  return (
    <Head>
      <title> {props.title} </title>
      <meta name="description" content={props.subtitle} />

      {/* 오픈 그래프 메타데이터 */}
      <meta property="og:title" content={props.title} />
      <meta property="og:description" content={props.subtitle} />
      <meta property="og:image" content={props.image} />

      {/* 트위터 카드 메타데이터 */}
      <meta name="twitter:card" content="summary" />
      <meta name="twitter:title" content={props.title} />
      <meta name="twitter:description" content={props.description} />
      <meta name="twitter:image" content={props.image} />
    </Head>
  );
}

export default PostMeta;
```

그리고 블로그 게시글을 흉내낼 테스트용 데이터도 만듭니다. `data`라는 디렉터리를 만들고 그 안에 `posts.js` 파일을 만듭니다.

```
export default [
  {
    id: 'qWD3Pzce',
    slug: 'dog-of-the-day-the-english-setter',
    title: 'Dog of the day: the English Setter',
    subtitle: 'The English Setter dog breed was named
      for these dogs\' practice of "setting", or crouching
      low, when they found birds so hunters could throw
      their nets over them',
    image: 'https://images.unsplash.com/photo-
      1605460375648-278bcbd579a6'
  },
  {
    id: 'yI6BK404',
    slug: 'about-rottweiler',
    title: 'About Rottweiler',
    subtitle:
      "The Rottweiler is a breed of domestic dog, regarded
      as medium-to-large or large. The dogs were known in
      German as Rottweiler Metzgerhund, meaning Rottweil
      butchers' dogs, because their main use was to herd
      livestock and pull carts laden with butchered meat
      to market",
    image: 'https://images.unsplash.com/photo-
      1567752881298-894bb81f9379'
  },
  {
    id: 'VFOyZVyH',
    slug: 'running-free-with-collies',
    title: 'Running free with Collies',
    subtitle:
      'Collies form a distinctive type of herding dogs,
      including many related landraces and standardized
      breeds. The type originated in Scotland and Northern
      England. Collies are medium-sized, fairly lightlybuilt
      dogs, with pointed snouts. Many types have a
      distinctive white color over the shoulders',
    image: 'https://images.unsplash.com/photo-
      1517662613602-4b8e02886677'
  }
];
```

이제 [slug] 페이지를 만들어서 블로그 게시글을 표시해봅시다. 전체 경로는 /blog/[slug]가 되며, 이를 처리할 수 있는 [slug].js 파일을 만들어서 pages/blog/ 아래에 저장합니다.

```
import PostHead from '../../components/PostHead';
import posts from '../../data/posts';

export function getServerSideProps({ params }) {
  const { slug } = params;
  const post = posts.find((p) => p.slug === slug);

  return {
    props: {
      post,
    },
  };
}

function Post({ post }) {
  return (
    <div>
      <PostHead {...post} />
      <h1>{post.title}</h1>
      <p>{post.subtitle}</p>
    </div>
  );
}

export default Post;
```

이제 브라우저에서 *http://localhost:3000/blog/dog-of-the-day-theenglish-setter* 주소로 간 다음 HTML 페이지 소스를 보면 다음과 같은 태그를 확인할 수 있습니다.

```
<head>
  ...
  <title> Dog of the day: the English Setter </title>
  <meta name="description" content="The English Setter dog
    breed was named for these dogs' practice of "setting",
    or crouching low, when they found birds so hunters could
    throw their nets over them">
  <meta property="og:title" content="Dog of the day: the
    English Setter">
```

```
    <meta property="og:description" content="The English
      Setter dog breed was named for these dogs' practice of
      "setting", or crouching low, when they found birds so
      hunters could throw their nets over them">
    <meta property="og:image" content=
      "https://images.unsplash.com/photo-1605460375648-
      278bcbd579a6">
    <meta name="twitter:card" content="summary">
    <meta name="twitter:title" content="Dog of the day: the
      English Setter">
    <meta name="twitter:description">
    <meta name="twitter:image" content=
      "https://images.unsplash.com/photo-1605460375648-
      278bcbd579a6">
    ...
  </head>
```

다른 블로그 게시글로 이동해서 HTML 페이지의 태그 내용이 어떻게 변하는지도 살펴보기 바랍니다. 반드시 이런 방식으로 공통 메타데이터를 다룰 필요는 없습니다. 다만 공통 메타데이터와 관련한 코드를 별도의 컴포넌트로 구현해서 다른 컴포넌트와 분리하면 코드를 더 잘 구조화할 수 있다는 점을 잊지 마세요.

만약 모든 페이지에서 동일한 메타 태그나 데이터를 처리해야 한다면 어떻게 해야 할까요? 각 페이지별로 태그를 처리하는 코드를 작성하거나 모든 페이지에서 해당 데이터를 관리하는 컴포넌트를 불러올 필요는 없습니다. 바로 _app.js 파일을 커스터마이징해서 구현할 수 있으니까요.

3.4 _app.js와 _document.js 페이지 커스터마이징

웹 애플리케이션에 따라 페이지 초기화 과정을 조절해야 하는 경우가 있습니다. 이 경우 페이지를 렌더링할 때마다 렌더링한 HTML을 클라이언트에 보내기 전에 특정 작업을 처리해야 합니다. Next.js에서는 pages/ 디렉터리 안의 _app.js와 _document.js로 이런 작업을 지정하고 처리합니다.

_app.js 페이지

Next.js는 프로젝트를 생성하면 기본으로 다음과 같은 `pages/_app.js` 파일을 만듭니다.

```
import '../styles/globals.css';

function MyApp({ Component, pageProps }) {
  return <Component {...pageProps} />;
}

export default MyApp;
```

`MyApp` 함수는 `Component`라는 Next.js 페이지 컴포넌트와 그 속성(`pageProps`)을 반환합니다. 이 함수를 어디에서 쓸 수 있을까요? 예를 들면 각 페이지마다 별도의 컴포넌트를 불러오지 않고도 모든 페이지에서 같은 내비게이션 바를 사용할 수 있습니다. 우선 다음과 같이 `components/Navbar.js` 파일에서 내비게이션 바 컴포넌트를 정의합니다.

```
import Link from 'next/link';

function Navbar() {
  return (
    <div
      style={{
        display: 'flex',
        flexDirection: 'row',
        justifyContent: 'space-between',
        marginBottom: 25,
      }}>
      <div>My Website</div>
      <div>
        <Link href="/">Home </Link>
        <Link href="/about">About </Link>
        <Link href="/contacts">Contacts </Link>
      </div>
    </div>
  );
}

export default Navbar;
```

페이지 이동을 위해 세 개의 링크를 갖는 간단한 내비게이션 바를 만들었습니다. 그리고 이 컴포넌트를 다음과 같이 _app.js 파일에서 불러옵니다.

```
import Navbar from '../components/Navbar';

function MyApp({ Component, pageProps }) {
  return (
    <>
      <Navbar />
      <Component {...pageProps} />
    </>
  );
}

export default MyApp;
```

이제 about.js와 contacts.js 같은 두 개의 페이지를 더 만들어보면 해당 페이지에도 똑같이 내비게이션 바가 표시된다는 것을 알 수 있습니다.

이번에는 어두운 테마와 밝은 테마를 지원할 수 있는 좀 더 복잡한 기능을 구현해보겠습니다. 리액트 콘텍스트를 만들고 _app.js 파일의 <Component /> 컴포넌트를 이 콘텍스트로 감쌉니다. 우선 다음과 같이 components/themeContext.js 파일을 만들어서 콘텍스트를 정의합니다.

```
import { createContext } from 'react';

const ThemeContext = createContext({
  theme: 'light',
  toggleTheme: () => null
});

export default ThemeContext;
```

그런 다음 _app.js 파일을 수정해서 테마 상태값과 인라인 CSS 스타일을 만들고 콘텍스트 제공자provider로 페이지의 컴포넌트를 감쌉니다.

```
import { useState } from 'react';
import ThemeContext from '../components/themeContext';
import Navbar from '../components/Navbar';
```

```
const themes = {
  dark: {
    background: 'black',
    color: 'white'
  },
  light: {
    background: 'white',
    color: 'black'
  }
};

function MyApp({ Component, pageProps }) {
  const [theme, setTheme] = useState('light');
  const toggleTheme = () => {
    setTheme(theme === 'dark' ? 'light' : 'dark');
  };

  return (
    <ThemeContext.Provider value={{ theme, toggleTheme }}>
      <div
        style={{
          width: '100%',
          minHeight: '100vh',
          ...themes[theme]
        }}>
        <Navbar />
        <Component {...pageProps} />
      </div>
    </ThemeContext.Provider>
  );
}

export default MyApp;
```

마지막으로 테마 간 전환을 위한 버튼을 추가합니다. 이 버튼은 내비게이션 바에 추가될 것이므로 components/Navbar.js 파일에 다음 코드를 추가합니다.

```
import { useContext } from 'react';
import Link from 'next/link';
import themeContext from '../components/themeContext';

function Navbar() {
```

```
  const { toggleTheme, theme } = useContext(themeContext);
  const newThemeName = theme === 'dark' ? 'light' : 'dark';

  return (
    <div
      style={{
        display: 'flex',
        flexDirection: 'row',
        justifyContent: 'space-between',
        marginBottom: 25
      }}>
      <div>My Website</div>
      <div>
        <Link href="/">Home </Link>
        <Link href="/about">About </Link>
        <Link href="/contacts">Contacts </Link>
        <button onClick={toggleTheme}>
          Set {newThemeName} theme
        </button>
      </div>
    </div>
  );
}

export default Navbar;
```

이제 어두운 테마를 적용하고 웹 사이트의 다른 페이지로 이동해보면 Next.js가 페이지 간 상태를 같은 상태로 계속 유지한다는 것을 알 수 있습니다.

_app.js 파일을 커스터마이징할 때는 이 페이지를 다른 페이지처럼 getServer SideProps 또는 getStaticProps와 같은 함수를 사용해서 데이터를 불러오는 용도로 사용할 수 없다는 점을 기억해야 합니다. _app.js 파일의 주된 사용 목적은 페이지 이동 시 서로 다른 페이지 간 상태 유지(테마나 장바구니 등), 전역 스타일 추가, 페이지 레이아웃 관리, 페이지 속성에 데이터를 추가하는 것 등입니다.

모든 페이지를 렌더링할 때마다 서버에서 특정 데이터를 불러와야 한다면 getInitialProps 함수를 사용할 수 있습니다. 물론 여기에는 대가가 따릅니다. 이 함수를 사용하면 Next.js가 모든 페이지를 서버에서 렌더링하기 때문에 동적 페이지에 대한 정적 최적화를 하지 않습니다. 그래도 이 함수를 사용하고 싶다면 다음 예제 코드를 따라해보기 바랍니다.

```
import App from 'next/app';

function MyApp({ Component, pageProps }) {
  return <Component {...pageProps} />;
}

MyApp.getInitialProps = async (appContext) => {
  const appProps = await App.getInitialProps(appContext);
  const additionalProps = await fetch(...);
  return {
    ..appProps,
    ...additionalProps,
  };
}

export default MyApp;
```

_app.js 파일을 커스터마이징해서 페이지 컴포넌트 렌더링을 수정할 수 있지만 <html>이나 <body>와 같은 HTML 태그는 커스터마이징할 수 없습니다. 이 경우에는 _document.js 페이지를 대신 사용합니다.

_document.js 페이지

Next.js 페이지 컴포넌트에서는 <head>, <html>, <body>와 같은 기본적인 HTML 태그를 정의할 필요가 없습니다. 앞서 Head 컴포넌트를 사용하여 어떻게 <head> 태그 내용을 수정하는지 살펴보았으니 이번에는 <html>과 <body> 태그를 수정해볼 차례입니다. Next.js에서는 이 두 가지 핵심 태그를 렌더링하기 위해 내장 클래스인 Document를 사용합니다. 그리고 _app.js 파일과 비슷하게 pages/ 디렉터리 안의 _document.js 파일로 기능을 확장할 수 있습니다.

```
import Document,{
    Html,
    Head,
    Main,
    NextScript
} from 'next/document';
```

```
class MyDocument extends Document {
  static async getInitialProps(ctx) {
    const initialProps = await Document.getInitialProps(ctx);
    return { ...initialProps };
  }

  render() {
    return (
      <Html>
        <Head />
        <body>
          <Main />
          <NextScript />
        </body>
      </Html>
    );
  }
}

export default MyDocument;
```

_document.js 페이지의 내용을 하나씩 살펴봅시다. 우선 커스텀 스크립트를 추가할 Document 클래스를 불러옵니다. 그리고 Next.js 애플리케이션이 작동하기 위해 꼭 필요한 네 개의 컴포넌트를 순서대로 불러옵니다. 다음은 이 네 가지 컴포넌트(Html, Head, Main, NextScript)를 간단히 설명한 것입니다.

Html

Next.js 애플리케이션의 <html> 태그에 해당합니다. 여기에 lang과 같은 표준 HTML 속성들을 전달할 수 있습니다.

Head

애플리케이션의 모든 페이지에 대한 공통 태그를 정의할 때 이 컴포넌트를 사용할 수 있습니다. 이 Head 컴포넌트는 이전에 살펴본 Head 컴포넌트와 다릅니다. 개념은 비슷하지만 여기서의 Head는 반드시 웹 사이트의 모든 페이지에서 공통으로 사용되는 코드가 있을 때만 사용할 수 있습니다.

Main

Next.js가 페이지 컴포넌트를 렌더링하는 곳입니다. <Main> 외부의 컴포넌트는 브라우저에서 초기화되지 않기 때문에 페이지 간에 공통으로 사용되는 컴포넌트가 있다면 반드시 _app.js 파일에서 해당 컴포넌트를 사용해야 합니다.

NextScript

Next.js는 클라이언트에 전송할 페이지를 렌더링하고, 클라이언트에서 실행할 코드나 리액트 하이드레이션과 같은 작업을 처리할 수 있는 커스텀 스크립트를 끼워넣습니다. NextScript는 이런 커스텀 자바스크립트가 위치하는 곳입니다.

_document.js 페이지를 수정할 때 이 네 가지를 반드시 불러와야 합니다. 이 중에서 하나라도 빠지면 Next.js 애플리케이션은 제대로 작동하지 않습니다.

_app.js와 마찬가지로 _document.js 페이지에서도 getServerSideProps나 getStaticProps 같이 서버에서 데이터를 불러오는 함수를 사용할 수 없습니다. getInitialProps 메서드를 사용할 수는 있지만 이 함수를 쓰면 사이트 최적화 기능을 사용할 수 없으며 무조건 서버에서 모든 페이지를 렌더링하게 된다는 점을 기억하기 바랍니다.

정리하기

CHAPTER 3에서는 Next.js가 제공하는 중요한 개념을 알아보았습니다. 이미지를 정확하게 제공하는 방법이나 이동할 페이지에 필요한 데이터를 미리 불러오는 방법, 커스텀 메타데이터를 동적으로 생성하고 삭제하는 방법, 동적 라우트를 만들어서 사용자 경험을 향상시키는 방법 등을 살펴보았습니다. 그리고 _app.js 파일과 _document.js 파일을 커스터마이징해서 별다른 노력 없이도 전체 애플리케이션에 사용자 인터페이스 등을 추가하고 상태를 유지하는 방법도 배웠습니다.

지금까지는 외부 REST API를 호출해보지 않았습니다. 애플리케이션에 복잡한 레이어를 추가해야 하기 때문이죠. CHAPTER 4에서는 클라이언트와 서버에서 어떻게 REST API와 GraphQL API를 다루는지 알아보겠습니다.

PART 2

Next.js 실전 감각 익히기

PART 2에서는 작은 Next.js 애플리케이션을 직접 구현해봅니다. 주로 어떤 UI 프레임워크를 사용할지 결정하는 방법과 스타일링 메서드, 테스트 전략을 다룹니다.

CHAPTER 4

코드 구성과 데이터 불러오기

Next.js가 인기를 끌 수 있었던 한 가지 요인은 간단한 방법으로 리액트 페이지를 클라이언트가 아닌 서버에서 렌더링할 수 있다는 점에 있습니다. 하지만 서버에서 페이지를 렌더링하더라도 특정 컴포넌트의 경우 여전히 렌더링을 위해 API나 데이터베이스 같은 외부 소스에서 데이터를 가져와야 합니다.

CHAPTER 4에서는 애플리케이션의 디렉터리 구조를 어떻게 구성하는지 알아봅니다. 디렉터리 구성은 Next.js가 애플리케이션 상태를 관리할 때 데이터 흐름을 잘 유지할 수 있는지를 결정하는 중요한 요인입니다. 또한 클라이언트와 서버에서 외부 REST API 및 GraphQL API를 사용하는 방법도 배웁니다.

애플리케이션이 확장됨에 따라 필연적으로 복잡도 역시 증가합니다. 따라서 프로젝트를 시작할 때 애플리케이션의 확장과 복잡도 증가에 대비해야 합니다. 새 기능을 추가하면 아마도 새로운 컴포넌트, 유틸리티, 스타일, 페이지가 추가될 것이므로 이러한 경우에 대비해서 일관된 디자인 원칙, 유틸리티 함수, 스타일로 컴포넌트를 구성하는 방법과 애플리케이션 상태를 빠르고 간결하게 관리할 수 있는 코드 구성 방법을 배워보겠습니다.

구체적으로 알아볼 내용은 다음과 같습니다.

- 아토믹 디자인 원칙atomic design principle에 따른 컴포넌트 구성
- 유틸리티 구성
- 정적 자원 구성

- 스타일 파일 구성
- lib 파일 구성
- 서버에서 REST API를 사용하는 방법
- 클라이언트에서 REST API를 사용하는 방법
- 클라이언트 및 서버에서 Apollo를 이용하여 GraphQL API를 사용하는 방법

학습을 마치면 애플리케이션의 컴포넌트에 아토믹 디자인 원칙을 적용해서 프로젝트 코드를 구성하고 컴포넌트 파일과 유틸리티 파일을 나눌 수 있습니다. 또한 REST API 및 GraphQL API 사용법에도 익숙해질 수 있습니다.

4.1 디렉터리 구조 구성

애플리케이션의 코드를 쉽게 유지 보수하고 확장하려면 프로젝트의 디렉터리 구조를 간결하고 분명하게 구성하고 유지하는 것이 무엇보다 중요합니다. 앞서 살펴본 바와 같이 Next.js에서는 특정 파일과 디렉터리가 지정된 위치에 있어야 합니다. `_app.js`나 `_document.js` 파일, `pages/`와 `public/` 디렉터리 등이 그렇습니다. 물론 그 외의 디렉터리나 파일들은 프로젝트 내에서 원하는 대로 구성하고 관리할 수 있습니다. 우선 Next.js 애플리케이션을 처음 만들면 생기는 디렉터리의 구조를 다시 떠올려봅시다.

```
next-js-app
  - node_modules/
  - package.json
  - pages/
  - public/
  - styles/
```

`create-next-app` 명령으로 Next.js 애플리케이션을 처음 만들면 다음과 같은 구조로 디렉터리가 만들어집니다. 하나하나 다시 살펴보겠습니다.

- **`node_modules/`**: Next.js 프로젝트의 의존성 패키지를 설치하는 디렉터리
- **`pages/`**: 웹 애플리케이션의 페이지 파일을 저장하고 라우팅 시스템을 만드는 디렉터리

- `public/`: 컴파일된 CSS 및 자바스크립트 파일, 이미지, 아이콘 등의 정적 자원을 저장하고 제공하는 디렉터리
- `styles/`: 스타일링 포맷(CSS, SASS, LESS 등)과 관계없이 스타일링 모듈을 저장하는 디렉터리

이제 이 프로젝트 구조를 수정해서 관리와 페이지 이동을 좀 더 쉽게 만들어보겠습니다. 먼저 알아야 할 점은 Next.js에서는 `pages/` 디렉터리를 `src/` 디렉터리 안으로 옮길 수 있다는 점입니다. 그 외에도 `public/`과 `node_modules/` 디렉터리를 제외한 다른 디렉터리를 모두 `src/` 디렉터리 아래로 옮길 수 있습니다. 이렇게 옮기면 프로젝트의 최상위 디렉터리가 좀 더 간결해집니다. 다만 프로젝트 내에 `pages/`와 `src/pages` 디렉터리가 둘 다 있는 경우 Next.js가 `src/pages/` 디렉터리를 무시한다는 점을 꼭 기억하기 바랍니다. 최상위에 있는 `pages/` 디렉터리의 우선순위가 더 높기 때문입니다.

먼저 리액트 컴포넌트를 기준으로 많이 사용되는 코드 구성 방법을 살펴보겠습니다.

컴포넌트 구성

우선 실제로 사용하는 애플리케이션의 디렉터리 구조를 살펴보겠습니다. CHAPTER 6의 스타일 파일과 CHAPTER 9의 테스트 파일도 먼저 사용해볼 것입니다. 여기서는 디렉터리를 어떤 구조로 구성해야 설정, 컴포넌트, 테스트, 스타일 파일 등을 만들고 찾기 쉬운지 알아봅니다. 나머지 내용은 이후에 더 자세히 살펴보겠습니다.

일단 컴포넌트들을 세 가지로 분류하고 각 컴포넌트와 관련된 스타일 및 테스트 파일을 같은 곳에 두어야 합니다. 이를 위해 다음과 같이 `components/` 디렉터리를 만들고 그 안에 추가 디렉터리를 만듭니다.

```
mkdir components && cd components
mkdir atoms
mkdir molecules
mkdir organisms
mkdir templates
```

코드를 더 효율적으로 구성하기 위해 **아토믹 디자인 원칙**에 따라 각 컴포넌트를 서로 다른 수준의 디렉터리에 둡니다. 이는 많이 사용되는 방식이며, 이 외에도 다양한 방법으로 코드를 구성할 수 있습니다. 여기서는 컴포넌트를 다음과 같이 네 가지 종류로 나눕니다.

`atoms`

코드에서 사용되는 가장 기본적인 컴포넌트들입니다. `button`, `input`, `p`와 같은 표준 HTML 요소를 감싸는 용도로 사용되거나, 애니메이션 또는 컬러 팔레트 등과 같은 용도로 사용되는 컴포넌트를 이곳에 저장합니다.

`molecules`

`atoms`에 속한 컴포넌트 여러 개를 조합하여 좀 더 복잡한 구조를 만드는 컴포넌트들입니다. 유틸리티 기능들은 많이 사용되지 않습니다. 예를 들어 `input`과 `label` 컴포넌트를 가져와서 새로운 컴포넌트를 만들면 이 컴포넌트는 `molecules`에 속합니다.

`organisms`

`molecules`와 `atoms`를 섞어서 더 복잡한 구조의 컴포넌트를 만듭니다. 예를 들면 회원 가입 양식이나 푸터footer, 캐러셀carousel 등이 이에 속합니다.

`templates`

일종의 페이지 스켈레톤으로, 어디에 `organisms`, `atoms`, `molecules`를 배치할지 결정해서 사용자가 접근할 수 있는 페이지를 만듭니다.

아토믹 디자인에 관한 더 자세한 내용은 웹 사이트[25]를 참고하기 바랍니다.

이번에는 `Button` 컴포넌트를 만들어보겠습니다. 새 컴포넌트를 만들 때는 최소한 세 개의 파일을 만들어야 합니다. 바로 컴포넌트 파일, 스타일 파일, 테스트 파일입니다. `components/atoms/` 디렉터리 아래에 `Button/`이라는 디렉터리를 만들고 이 세 개의 파일을 추가합니다.

---

25 *https://bradfrost.com/blog/post/atomic-web-design*

```
mkdir components/atoms/Button
cd components/atoms/Button
touch index.js
touch button.test.js
touch button.styled.js # 또는 style.module.css
```

이런 식으로 컴포넌트를 구성하면 필요할 때 컴포넌트를 찾고 수정하기 쉽습니다. 만약 배포한 앱에서 Button 컴포넌트와 관련된 버그가 발견되었다면 코드에서 Button 컴포넌트에 해당하는 컴포넌트와 스타일, 테스트 파일을 쉽게 찾아서 수정할 수 있습니다.

물론 반드시 아토믹 디자인 원칙을 따라야 하는 것은 아닙니다. 하지만 프로젝트 구조를 간결하게 유지하고 유지 보수하기 쉽다는 점에서 추천합니다.

유틸리티 구성

컴포넌트를 만들지 않는 코드 파일도 있습니다. 이런 파일을 흔히 **유틸리티 스크립트**라고 하며 다양한 목적으로 사용할 수 있습니다. 특정 정보를 표시하기 위해 몇몇 컴포넌트에서 하루 중 지정된 시각이 지났는지를 확인해야 한다고 가정해봅시다. 이 기능을 사용하는 모든 컴포넌트에 동일한 코드를 구현하는 대신 유틸리티 함수를 만들고 컴포넌트가 함수를 호출할 수 있도록 하는 것이 좋습니다.

이런 유틸리티 함수는 utility/ 디렉터리 아래 저장하고, 함수 각각을 목적에 맞게 서로 다른 파일로 구분하는 것이 좋습니다. 이해를 돕기 위해 네 가지 유틸리티 함수를 예로 들어보겠습니다. 첫 번째 함수는 현재 시각을 계산하고 두 번째 함수는 localStroage에 특정 작업을 처리합니다. 세 번째 함수는 JWT^JSON web token^를 처리하며 네 번째 함수는 애플리케이션의 로그를 기록합니다. 우선 각 함수를 저장할 파일을 utilities/ 디렉터리에 만듭니다.

```
cd utilities/
touch time.js
touch localStorage.js
touch jwt.js
touch logs.js
```

그리고 각 함수에 맞는 테스트 파일도 만듭니다.

```
touch time.test.js
touch localStorage.test.js
touch jwt.test.js
touch logs.test.js
```

이제 유틸리티 함수들을 각각의 목적에 맞게 서로 다른 파일로 구분할 수 있습니다. 이렇게 하면 개발할 때 필요한 유틸리티 함수를 불러와서 사용하기도 쉽습니다.

물론 유틸리티 파일들을 다른 방식으로 구성할 수도 있습니다. 이를테면 유틸리티별로 디렉터리를 만들고 그 안에 유틸리티 파일과 테스트 파일 등을 저장하는 것도 한 가지 방법입니다. 어떤 방식으로 코드를 구성하는 것이 더 효과적인지는 개발자와 애플리케이션에 따라 다릅니다.

정적 자원 구성

Next.js에서는 정적 파일을 쉽게 제공할 수 있습니다. 제공할 파일을 `public/` 디렉터리 아래에 두면 나머지는 프레임워크가 알아서 해주기 때문입니다.

정적 자원을 구성하기 전에 Next.js 애플리케이션에서 어떤 정적 파일을 제공해야 할지 파악할 필요가 있습니다. 일반적인 웹 사이트에서는 다음과 같은 정적 자원을 사용합니다.

- 이미지
- 컴파일한 자바스크립트 파일
- 컴파일한 CSS 파일
- 아이콘(favicon 및 웹 앱 아이콘)
- `manifest.json`, `robot.txt` 등의 정적 파일

우선 다음과 같이 `public/` 디렉터리로 이동한 다음 `assets/` 디렉터리를 만들고 그 아래에 정적 파일 유형별 디렉터리를 만듭니다.

```
cd public && mkdir assets
cd assets
mkdir js
```

```
mkdir css
mkdir icons
mkdir images
```

컴파일한 자바스크립트 파일은 `js/` 디렉터리에, 컴파일한 CSS 파일은 `css/` 디렉터리에 저장합니다. 그리고 Next.js 서버를 실행하면 *http://localhost:3000/assets/js/<any-js-file>* 또는 *http://localhost:3000/assets/css/<any-css-file>* 경로로 자바스크립트 및 CSS 파일에 접근할 수 있습니다. 이미지 파일 역시 *http://localhost:3000/assets/css/<any-image-file>* 경로로 직접 접근할 수 있지만 이미지는 내장 `Image` 컴포넌트를 사용해서 처리하는 것이 좋습니다.

`icons/` 디렉터리는 주로 **웹 앱 매니페스트**web app manifest 아이콘을 제공할 용도로 사용됩니다. 웹 앱 매니페스트는 JSON 파일로, 앱의 이름이나 모바일 기기에 앱을 설치할 때 표시할 아이콘과 같이 프로그레시브 웹 앱에 관한 유용한 정보를 가지고 있습니다. 웹 앱 매니페스트에 관한 자세한 내용은 웹 사이트[26]를 참고하기 바랍니다.

매니페스트 파일은 `public/` 디렉터리 아래에 `manifest.json` 파일을 만들어서 추가할 수 있습니다.

```
cd public/ && touch manifest.json
```

파일 내용은 JSON 형식을 따릅니다. 다음 내용을 예시로 작성해봅시다.

```
{
  "name": "My Next.js App",
  "short_name": "Next.js App",
  "description": "A test app made with next.js",
  "background_color": "#a600ff",
  "display": "standalone",
  "theme_color": "#a600ff",
  "icons": [
    {
      "src": "/assets/icons/icon-192.png",
      "type": "image/png",
```

26 *https://web.dev/add-manifest*

```
      "sizes": "192x192"
    },
    {
      "src": "/assets/icons/icon-512.png",
      "type": "image/png",
      "sizes": "512x512"
    }
  ]
}
```

그리고 〈CHAPTER 3 Next.js 기초와 내장 컴포넌트〉에서 살펴본 바와 같이 HTML 메타 태그를 사용해 매니페스트 정보를 불러옵니다.

```
<link rel="manifest" href="/manifest.json">
```

이렇게 하면 사용자가 모바일 기기에서 Next.js 앱을 검색하고 설치할 수 있게 됩니다.

스타일 파일 구성

스타일 파일은 Next.js 애플리케이션에서 어떤 스타일 관련 기술을 사용하는가에 따라 그 구성이 달라집니다. Emotion, styled-components, JSS와 같은 **CSS-in-JS** 프레임워크의 경우 컴포넌트별로 스타일 파일을 만듭니다. 그래서 스타일을 변경하기도 쉽습니다.

이렇게 컴포넌트별로 스타일 파일을 따로 만들어서 코드를 구성하는 것도 좋지만 컬러 팔레트, 테마, 미디어 쿼리와 같이 여러 곳에서 사용하는 공통 스타일이나 유틸리티 기능을 관리할 필요도 있습니다. 이때는 Next.js가 기본으로 만들어주는 `styles/` 디렉터리를 사용하는 것이 좋습니다. 이 디렉터리 안에 공통 스타일 파일들을 저장하고 필요할 때마다 원하는 스타일 파일을 불러와서 사용할 수 있습니다.

사실 스타일 파일을 구성하는 데 표준화된 방법은 없습니다. 스타일 파일과 관련된 내용은 〈CHAPTER 6 CSS와 내장 스타일링 메서드〉와 〈CHAPTER 7 UI 프레임워크〉에서 더 자세히 살펴보겠습니다.

lib 파일 구성

lib 파일은 서드파티third-party 라이브러리를 감싸는 스크립트를 지칭하는 말입니다. 유틸리티 스크립트는 범용이기 때문에 컴포넌트나 라이브러리에서 가져다 쓸 수 있지만 lib 파일은 특정 라이브러리에 특화된 것입니다. 이해를 돕기 위해 GraphQL을 예로 들어보겠습니다.

다음 절에서 알아볼 것이지만 GraphQL을 사용하기 위해서는 GraphQL 클라이언트를 초기화하고 몇몇 GraphQL 질의문과 뮤테이션mutation을 저장하는 등의 작업이 필요합니다. 우선 이런 스크립트들을 좀 더 모듈화modular하기 위해 프로젝트의 최상위 디렉터리에 있는 `lib/` 디렉터리 안에 `graphql/` 디렉터리를 만듭니다. 예시를 따라가다 보면 다음과 같은 디렉터리 계층이 만들어집니다.

```
next-js-app
  - lib/
    - graphql/
      - index.js
      - queries/
        - query1.js
        - query2.js
      - mutations/
        - mutation1.js
        - mutation2.js
```

이와 비슷하게 레디스Redis 같은 데이터베이스 또는 래빗MQ RabbitMQ 등의 메시지 큐에 접속하고 질의를 보낼 수 있는 스크립트를 lib 파일로 만들거나 외부 라이브러리 전용 함수들을 lib 파일로 만들 수도 있습니다.

사실 이렇게 디렉터리 구조를 정의하는 것은 Next.js의 데이터 흐름과 아무런 관련이 없어 보일 수 있습니다. 하지만 좋은 디렉터리 구조는 실제 애플리케이션 상태를 관리할 때 큰 도움이 됩니다(〈CHAPTER 5 지역 및 전역 상태 관리〉 참고). 애플리케이션 상태 관점에서 애플리케이션의 컴포넌트는 대부분 동적입니다. 컴포넌트는 애플리케이션의 전역 상태 또는 외부 서비스에서 가져온 데이터에 따라 다르게 작동하기도 하고 다른 콘텐츠를 렌더링하기도 합니다. 사실 웹 앱 콘텐츠를 동적으로 렌더링하는 경우에는 대부분 외부 API를 호출합니다. 따라서 다음 절에서는 GraphQL과 REST API를 통해 클라이언트와 서버에서 데이터를 불러오는 방법에 관해 알아보겠습니다.

4.2 데이터 불러오기

Next.js에서는 클라이언트와 서버 모두에서 데이터를 불러올 수 있습니다. 서버는 두 가지 상황에서 데이터를 불러올 수 있습니다. 정적 페이지를 만들 때 `getStaticProps` 함수를 사용해서 빌드 시점에 데이터를 불러올 수 있으며 서버가 페이지를 렌더링할 때 `getServerSideProps`를 통해 실행 도중 데이터를 불러올 수도 있습니다.

애플리케이션은 데이터베이스, 검색 엔진, 외부 API, 파일시스템 등과 같이 수많은 외부 소스에서 데이터를 가져올 수 있습니다. 물론 Next.js에서 데이터베이스에 직접 접근하고 특정 데이터를 가져오기 위해 질의문을 던질 수도 있겠지만 권하고 싶은 방법은 아닙니다. Next.js는 전체 애플리케이션의 프런트엔드 영역만 담당하는 것이 좋습니다. 블로그 사이트를 예로 들자면 저자 소개 페이지를 표시할 때 저자의 이름, 직업, 약력 등의 데이터가 필요합니다. 이러한 데이터를 MySQL 데이터베이스에 저장했다면 Node.js의 MySQL 클라이언트 라이브러리 등을 이용해서 쉽게 데이터를 가져올 수 있습니다. 하지만 Next.js가 데이터베이스에 직접 접근해서 데이터를 가져오는 것은 좋지 않습니다. 안전하지 않기 때문입니다. 악의적인 사용자가 프레임워크의 알려지지 않은 보안 취약점을 이용해서 데이터에 마음대로 접근하거나 악성 코드를 실행할 수 있습니다.

이런 이유로 데이터베이스에 대한 접근 및 질의는 워드프레스, Strapi, Contentful과 같은 외부 시스템 또는 스프링, 루비 온 레일즈 등의 백엔드 프레임워크에서 처리하는 것이 좋습니다. 원하는 데이터가 믿을 수 있는 곳에서 온다는 것을 확인시켜줄 수 있고, 사용자가 입력한 데이터나 값에서 잠재적인 악성 코드나 위협을 미리 탐지하고 제거할 수 있으며, Next.js 애플리케이션과 API 간에 안전한 연결을 제공할 수도 있습니다.

따라서 이번 절에서는 Next.js가 클라이언트와 서버에서 어떻게 REST 및 GraphQL API를 사용하는지 살펴볼 것입니다.

서버가 데이터 불러오기

Next.js에서는 서버가 내장 `getStaticProps`와 `getServerSideProps` 함수를 사용해서 데이터를 불러올 수 있습니다. Node.js는 웹 브라우저와 달리 자바스크립트 fetch API를 제공하지 않기 때문에 서버에서는 두 가지 방법으로 HTTP 요청request을 만들고 처리할 수 있습니다.

1 Node.js의 내장 HTTP 라이브러리를 사용할 수 있습니다. 별도의 의존성 라이브러리를 설치할 필요 없이 바로 불러와서 쓸 수 있습니다. 간단하며 잘 만들어진 라이브러리지만 서드파티 HTTP 클라이언트와 비교해보았을 때 설정하고 처리해야 할 작업이 더 많은 편입니다.

2 HTTP 클라이언트 라이브러리를 사용할 수 있습니다. Next.js에서 쓸 수 있는 좋은 HTTP 클라이언트가 많이 있습니다. 이런 라이브러리는 서버에서 HTTP 요청을 더 쉽게 만들 수 있는 편입니다. 널리 사용되는 라이브러리로는 자바스크립트 fetch API를 Node.js에서 사용할 수 있도록 만든 isomorphic-unfetch, 공식 Node.js HTTP 1.1 클라이언트인 Undici, 클라이언트 및 서버에서 동일한 API를 사용할 수 있는 유명한 HTTP 클라이언트인 Axios가 있습니다.

여기서는 **Axios**를 사용해서 REST API에 대한 요청을 만들어보겠습니다. Axios를 사용하는 이유는 클라이언트와 서버 모두에서 동일하게 사용할 수 있고, npm을 통한 다운로드가 한 주에 약 1,700만 회에 달할 정도로 많이 사용되기 때문입니다. 그리고 여러분은 지금 여기가 아니더라도 Axios를 곧 사용하게 될 것입니다.

서버에서 REST API 사용하기

REST API를 호출할 때는 퍼블릭 API를 호출할 것인지 아니면 프라이빗private API를 호출할 것인지를 먼저 알아야 합니다. 퍼블릭 API는 어떤 인증이나 권한도 필요 없으며 누구나 호출할 수 있습니다. 반면 프라이빗 API는 호출 전 반드시 인증과 권한 검사 과정을 거쳐야 합니다. 이때 인증 방식은 항상 다를 수 있습니다. 각 API가 서로 다른 인증 방식을 사용할 수 있기 때문이죠. 예를 들어 구글 API를 사용하고 싶다면 거의 산업 표준이라 할 수 있는 **OAuth 2.0**을 사용해야 합니다. OAuth 2.0에 관한 자세한 내용은 구글 문서[27]를 참고하기 바랍니다.

Pexels API[28]에서는 API 키를 사용해서 API를 호출할 수 있습니다. API는 인증 토큰의 일종으로 볼 수 있으며 API를 호출할 때마다 키값을 같이 보내야 합니다.

---

27 https://developers.google.com/identity/protocols/oauth2

28 https://www.pexels.com/api/documentation

이 외에도 많은 인증 방법이 있지만 OAuth 2.0, JWT, API 키가 가장 많이 사용됩니다. 다른 API와 인증 방식을 경험해보고 싶다면 GitHub 저장소[29]를 참고하기 바랍니다.

여기서 호출하는 API들은 GitHub 저장소 코드에 구현되어 있으므로 저장소에서 가져온 코드를 직접 만든 프로젝트 디렉터리의 코드와 반드시 비교하면서 따라하기 바랍니다. 다음 명령으로 새로운 Next.js 프로젝트를 만듭니다.

```
npx create-next-app ssr-rest-api
```

Next.js 초기화 스크립트 실행이 끝나면 REST 요청을 처리할 수 있는 Axios 패키지를 추가합니다.

```
cd ssr-rest-api
yarn add axios
```

이렇게 하면 Next.js의 기본 페이지를 수정할 수 있는 상태가 됩니다. 여기에서 퍼블릭 API를 호출하여 몇몇 사용자의 이름과 ID를 표시해봅시다. 사용자 이름을 클릭하면 세부 페이지로 이동해서 사용자 정보를 자세히 볼 수 있도록 만듭니다. 먼저 다음과 같이 `pages/index.js` 페이지 레이아웃을 수정합니다.

```
import { useEffect } from 'react';
import Link from 'next/link';

export async function getServerSideProps() {
  // 여기에서 REST API를 호출합니다.
}

function HomePage({ users }) {
  return (
    <ul>
      {users.map((user) => (
        <li key={user.id}>
          <Link href={`/users/${user.username}`} passHref>
            {user.username}
```

29 *https://github.com/public-apis/public-apis*

```
          </Link>
        </li>
      ))}
    </ul>
  );
}

export default HomePage;
```

이 코드를 실행하면 에러가 발생합니다. 아직 사용자 데이터를 불러오지 못하기 때문이죠. 내장 `getServerSideProps` 함수를 사용해서 REST API를 호출하고 결과 데이터를 `HomePage` 컴포넌트로 전달해야 합니다.

```
import { useEffect } from 'react';
import Link from 'next/link';
import axios from 'axios';

export async function getServerSideProps() {
  const usersReq =
    await axios.get('http://localhost:3000/api/04/users');
  return {
    props: {
      users: usersReq.data,
    },
  };
}

function HomePage({ users }) {
  return (
    <ul>
      {users.map((user) => (
        <li key={user.id}>
          <Link href={`/users/${user.username}`} passHref>
            {user.username}
          </Link>
        </li>
      ))}
    </ul>
  );
}

export default HomePage;
```

이제 서버를 실행하고 *http://localhost:3000* 주소로 접속하면 [그림 4-1]과 같은 화면을 볼 수 있습니다.

- mkastel0
- dskivington1
- ldugmore2
- fonion3
- amccarron4
- nlofts5
- tmistry6
- asilverman7
- mspadelli8
- bullyott9
- eplumera
- ecaspellb
- wbraleyc
- dgiggd
- gpepperralle

그림 4-1 불러온 사용자 정보를 브라우저에 렌더링한 결과

지금은 페이지를 만들지 않았기 때문에 사용자 이름을 클릭하면 404 페이지가 표시됩니다. 사용자 세부 정보를 표시할 수 있는 pages/users/[username].js 파일을 만들고 여기에서 다른 REST API를 호출해서 지정한 사용자 데이터를 불러오도록 만듭니다. 단일 사용자 데이터는 *http://localhost:3000/api/04/users/[username]* URL로 가져올 수 있는데, 여기서 [username]은 가져올 사용자 이름이 있는 경로 매개변수입니다. 우선 pages/users/[username].js 파일을 열어서 다음 내용을 추가합니다. getServerSideProps 함수부터 시작해봅시다.

```
import Link from 'next/link';
import axios from 'axios';

export async function getServerSideProps(ctx) {
  const { username } = ctx.query;
  const userReq =
    await axios.get(`http://localhost:3000/api/04/users/${username}`);

  return {
    props: {
      user: userReq.data,
    },
  };
}
```

같은 파일에 UserPage 함수를 추가합니다. 이 함수는 /users/[username] 페이지 템플릿으로 사용됩니다.

```
function UserPage({ user }) {
  return (
    <div>
      <div>
        <Link href="/" passHref>
          Back to home
        </Link>
      </div>
      <hr />
      <div style={{ display: 'flex' }}>
        <img
          src={user.profile_picture}
          alt={user.username}
          width={150}
          height={150}
        />
        <div>
          <div>
            <b>Username:</b> {user.username}
          </div>
          <div>
            <b>Full name:</b>
              {user.first_name} {user.last_name}
          </div>
          <div>
            <b>Email:</b> {user.email}
          </div>
          <div>
            <b>Company:</b> {user.company}
          </div>
          <div>
            <b>Job title:</b> {user.job_title}
          </div>
        </div>
      </div>
    </div>
  );
}

export default UserPage;
```

이렇게 코드를 구현해도 사용자 이름을 클릭해서 세부 정보 페이지로 이동하면 아무것도 표시되지 않습니다. 대신 API 호출 서버에서 인증되지 않았다는 오류 메시지를 받게 됩니다. 앞부분에서도 설명했듯이 모든 API가 퍼블릭 API인 것은 아닙니다. 조직이나 회사에서 중요하고 보호해야 할 데이터에 인증받은 사람만 접근할 수 있도록 하는 것은 당연한 조치입니다. 이 경우 HTTP 헤더로 올바른 인증 토큰을 함께 전송해서 API를 호출해야 하며, 서버는 이 토큰을 검사하여 API를 호출하는 쪽이 인증을 받았는지 확인합니다.

```
export async function getServerSideProps(ctx) {
  const { username } = ctx.query;
  const userReq = await axios.get(
    `http://localhost:3000/api/04/users/${username}`,
    {
      headers: {
        authorization: process.env.API_TOKEN
      }
    }
  );

  return {
    props: {
      user: userReq.data,
    },
  };
}
```

Axios를 사용하면 HTTP 요청 시 아주 쉽게 헤더를 추가할 수 있습니다. 코드를 보면 알 수 있듯이 `get` 메서드의 두 번째 인자로 `headers` 속성을 가진 객체를 전달하면 됩니다. 그럼 Axios는 서버에 요청을 보낼 때 이 객체에 있는 모든 정보를 헤더로 추가합니다.

여기서 `process.env.API_TOKEN`을 왜 사용했는지 의아할 수도 있습니다. 헤더로 보낼 인증 토큰을 코드에 직접 쓸 수도 있지만 다음과 같은 이유로 권장하지 않습니다.

1 Git 또는 그 외의 버전 관리 시스템에 코드를 올리면 해당 저장소에 접근할 수 있는 모든 사용자가 인증 토큰 등의 민감한 정보를 읽을 수 있습니다. 인증 토큰은 비밀번호와 같이 반드시 지켜야 할 비밀 정보로 간주해야 합니다.

2 대부분의 경우 인증 토큰은 애플리케이션이 작동하는 단계에 따라 달라집니다. 애플리케이션을 로컬에서 실행하면 테스트 토큰을 사용해서 API에 접근하며, 배포한 후에는

다른 토큰을 사용할 것입니다. 이때 환경 변수를 사용하면 서로 다른 배포 및 실행 환경에서 다른 토큰을 더 쉽게 사용할 수 있습니다. 같은 방식으로 API 엔드포인트도 관리할 수 있는데 이는 나중에 자세히 다루겠습니다.

3 API 토큰값이 바뀌면 개별 코드나 각 HTTP 요청 부분을 일일이 수정하지 않고 전체 애플리케이션에서 공유되는 환경 변수나 설정 파일의 값을 바꾸는 것으로 쉽게 적용할 수 있습니다.

이런 이유로 여기서는 파일에 API 토큰과 같은 중요한 데이터를 직접 쓰기보다는 프로젝트의 최상위 디렉터리에 `.env`라는 새로운 파일을 만들어서 애플리케이션 실행에 필요한 정보를 추가하는 방식으로 구현하겠습니다.

> ⚠ `.env` 파일은 절대 커밋하면 안 됩니다. `.env` 파일에는 중요한 개인 정보가 들어있는 경우가 많기 때문에 버전 관리 시스템 등에 이 파일을 업로드하지 않아야 합니다. 특정 파일이 시스템에 업로드되지 않도록 관리해주는 **`.gitignore`**, **`.dockerignore`**과 같은 파일을 통해 중요한 파일이 배포되거나 커밋되지 않도록 미리 설정해두기 바랍니다.

`.env` 파일을 만들고 다음 내용을 입력합니다.

```
API_TOKEN=realworldnextjs
API_ENDPOINT=http://localhost:3000
```

Next.js는 별다른 설정 없이도 `.env`나 `.env.local` 파일을 지원하기 때문에 이 파일들에 지정한 환경 변수에 접근하기 위한 별도의 외부 라이브러리를 사용할 필요가 없습니다. `.env` 파일을 추가하고 Next.js 서버를 재시작한 다음 브라우저에서 사용자 이름을 클릭하면 API를 통해 사용자 정보를 가져와서 [그림 4-2]와 같이 화면에 표시합니다.

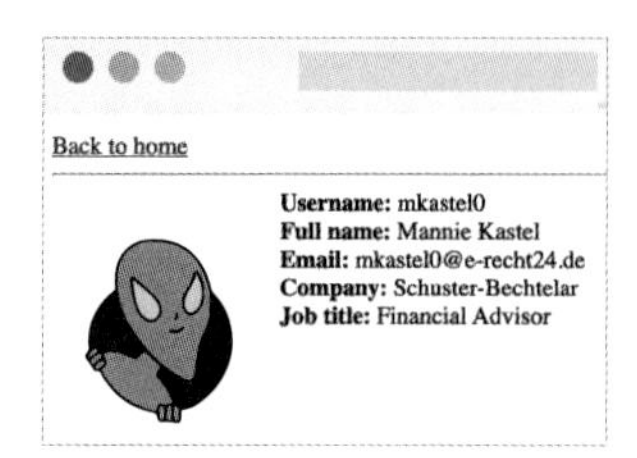

그림 4-2 사용자 정보 페이지

*http://localhost:3000/users/mitch*와 같은 페이지에 접근하면 에러가 발생하는데, 이는 'mitch' 라는 이름을 가진 사용자가 없어서 REST API가 404 코드를 반환하기 때문입니다. 이런 에러가 발생하는 경우 Next.js가 기본 404 처리 페이지를 표시할 수 있도록 다음과 같이 getServerSideProps 함수에 간단한 코드를 추가합니다.

```
export async function getServerSideProps(ctx) {

  const { username } = ctx.query;
  const userReq = await axios.get(
    `${process.env.API_ENDPOINT}/api/04/users/${username}`,
    {
      headers: {
        authorization: process.env.API_TOKEN
      }
    }
  );

  if (userReq.status === 404) {
    return {
      notFound: true
    };
  }

  return {
    props: {
      user: userReq.data,
    },
  };
}
```

이렇게 하면 별다른 설정 없이도 Next.js가 알아서 기본 404 페이지를 표시해줍니다.

지금까지 내장 getServerSideProps 함수를 사용해서 서버가 데이터를 불러오는 방법에 관해 배웠습니다. 대신 getStaticProps 함수를 사용할 수도 있지만 이 경우에는 Next.js가 빌드 시점에 정적으로 페이지를 렌더링한다는 사실을 기억하기 바랍니다.

다음으로 클라이언트가 데이터를 불러오는 방법에 관해 알아보겠습니다.

클라이언트가 데이터 불러오기

동적 웹 애플리케이션에서는 클라이언트가 데이터를 불러오는 경우가 많습니다. 하지만 서버가 데이터를 불러오는 것이 좀 더 안전합니다. 서버에서 HTTP 요청을 보내면 요청을 보내는 API 엔드포인트 주소가 외부에 알려지지 않으며 그 외에 전송하는 매개변수값이나 HTTP 헤더, 심지어 사용자의 인증 토큰값도 외부에 노출하지 않기 때문이죠. 하지만 이런 작업을 브라우저에서 처리하면 중요한 정보가 외부에 노출될 수 있으며, 악의적인 사용자가 이 정보를 가로채 데이터를 훔치거나 조작할 위험성도 있습니다.

이런 이유로 브라우저에서 HTTP 요청을 보낼 때는 반드시 다음 사항을 지켜야 합니다.

1 믿을 수 있는 곳에만 HTTP 요청을 보내야 합니다. 누가 API를 개발하고 제공하는지, 적용된 보안 규칙이나 표준이 무엇인지를 꼭 확인해야 합니다.

2 SSL 인증서를 통해 안전하게 접근할 수 있는 곳의 HTTP API만 사용해야 합니다. 원격 API 제공 측이 HTTPS를 사용하지 않는다면 중간자 공격man-in-the-middle과 같은 다양한 보안 공격에 노출될 수 있으며 악의적인 사용자가 이를 이용해 사용자와 서버 간 데이터를 가로채거나 훔쳐볼 수 있습니다.

3 브라우저에서 원격 데이터베이스에 직접 연결해서는 안 됩니다. 당연히 연결할 수 없다고 생각할 수도 있지만 자바스크립트 코드로 원격 데이터베이스에 연결하는 것이 기술적으로 가능합니다. 브라우저가 데이터베이스에 직접 연결되면 악의적인 사용자가 이를 이용해 원격 데이터베이스에 접근할 수 있는 위험성이 증가합니다.

클라이언트에서 REST API 사용하기

서버가 데이터를 불러오는 것만큼 클라이언트가 데이터를 불러오는 것도 쉽습니다. 리액트 또는 그 외의 자바스크립트 프레임워크와 비슷한 방법으로 브라우저에서 REST API 요청을 주고받을 수 있습니다.

Next.js에서는 내장 `getServerSideProps`나 `getStaticProps` 함수 내에서 REST API를 호출하면 서버가 데이터를 가져오지만 그 외의 컴포넌트 내에서 데이터를 불러오는 작업은 클라이언트가 실행합니다. 클라이언트는 주로 두 가지 시점에 데이터를 불러옵니다. 바로 컴포넌트가 마운트된 후와 특정 이벤트가 발생한 후입니다. Next.js라고 해서 리액트와 다른 특별한 방법을 사용해야 할 필요는 없으며, 브라우저의 내장 fetch API나 Axios와 같은 외부 라이브러리를 사용해서 HTTP 요청을 보내면 됩니다. 이번에는 지금까지 만든 Next.js 애플리케이션과 동일하게 새로운 Next.js 프로젝트를 만들되 클라이언트가 API를 호출하도록 변경해보겠습니다.

먼저 새로운 Next.js 프로젝트를 만들고 `pages/index.js` 파일을 다음과 같이 수정합니다.

```
import { useEffect, useState } from 'react';
import Link from 'next/link';

function List({users}) {
  return (
    <ul>
      {
        users.map((user) =>
          <li key={user.id}>
            <Link href={`/users/${user.username}`} passHref>
              {user.username}
            </Link>
          </li>
        )
      }
    </ul>
  );
}

function Users() {

  const [loading, setLoading] = useState(true);
  const [data, setData] = useState(null);

useEffect(() => {

  async function fetchData(){
    const req = await fetch('/api/04/users');
    const users = await req.json();

    setLoading(false);
    setData(users);
  }

  fetchData();
}, []);
```

```
  return (
    <div>
      {loading &&<div>Loading users...</div>}
      {data &&<List users={data} />}
    </div>
  );
}

export default Users;
```

서버에서 API를 호출할 때와 다른 부분을 눈치챘나요? 첫 번째는 서버에서 생성한 HTML 파일이 'Loading users...' 문자열만 가지고 있다는 것입니다. 바로 HomePage 컴포넌트의 초기 상태라 할 수 있죠. 두 번째는 리액트 하이드레이션이 일어난 후에야 사용자 목록을 볼 수 있다는 것입니다. 우선 클라이언트가 컴포넌트를 마운트할 때까지 기다리고 그 후에 브라우저의 fetch API를 사용해서 HTTP 요청을 보냅니다.

이번에는 사용자 정보 페이지를 다음 순서대로 만들어봅시다. 먼저 pages/users/[username].js 파일을 생성하고 getServerSideProps 함수를 만듭니다. 이 함수에서는 경로 매개변수 [username]과 .env 파일의 인증 토큰값을 가져옵니다.

```
import { useEffect, useState } from 'react';
import Link from 'next/link';

export async function getServerSideProps({ query }) {
  const { username } = query;

  return {
    props: {
      username,
      authorization: process.env.API_TOKEN,
    },
  };
}
```

그리고 같은 페이지 파일에 UserPage 컴포넌트를 만듭니다. 이 컴포넌트는 클라이언트에서 데이터를 불러옵니다.

```
function UserPage({ username, authorization }) {

  const [loading, setLoading] = useState(true);
  const [data, setData] = useState(null);

useEffect(() => {

  async function fetchData(){
    const req = await fetch(
      `/api/04/users/${username}`,
      { headers: { authorization } }
    );
    const reqData = await req.json();

    setLoading(false);
    setData(users);
  }

  fetchData();
}, []);

  return (
    <div>
      <div>
        <Link href="/" passHref>
          Back to home
        </Link>
      </div>
      <hr />
      {loading && <div>Loading user data...</div>}
      {data && <UserData user={data} />}
    </div>
  );
}

export default UserPage;
```

UserPage 컴포넌트는 setData 훅 함수로 변수에 값을 할당하면 <UserData/> 컴포넌트를 렌더링합니다. 이제 같은 페이지 pages/users/[username].js 파일에 마지막 컴포넌트를 만듭니다.

```
function UserData({ user }) {
  return (
    <div style={{ display: 'flex' }}>
      <img
        src={user.profile_picture}
        alt={user.username}
        width={150}
        height={150}
      />
      <div>
        <div>
          <b>Username:</b> {user.username}
        </div>
        <div>
          <b>Full name:</b> {user.first_name} {user.last_name}
        </div>
        <div>
          <b>Email:</b> {user.email}
        </div>
        <div>
          <b>Company:</b> {user.company}
        </div>
        <div>
          <b>Job title:</b> {user.job_title}
        </div>
      </div>
    </div>
  );
}
```

첫 페이지를 만들 때와 비슷하게 컴포넌트가 마운트된 직후 클라이언트에서 HTTP 요청을 보냅니다. 또한 getServerSideProps를 통해 API_TOKEN값을 서버에서 받아와서 인증이 필요한 요청에 사용합니다.

하지만 이 코드에는 두 가지 문제가 있습니다. 첫 번째 문제는 **교차 출처 리소스 공유**cross-origin resource sharing (CORS)입니다. CORS는 브라우저에서 제공하는 보안 기능으로, 서로 다른 도메인에 API 요청을 보낼 때 발생할 수 있는 여러 가지 보안 위험을 제어합니다. 서버가 데이터를 불러오는 HomePage 컴포넌트의 경우 실행 환경에 따라 달라질 수 있는 localhost, replit.co, CodeSandbox 등의 여러 도메인에서 원격 서버의 API를 호출해도 문제가 생기지 않습니다.

서버가 따로 도메인에 대한 접근을 막지 않기 때문이죠. 하지만 브라우저에서 다른 원격 서버의 엔드포인트로 API 요청을 보내면 실패하는데, 이는 클라이언트가 CORS 정책에 따라 이 요청을 막기 때문입니다. 여기서 호출하는 API는 로컬에서 실행되므로 CORS 문제가 발생하지 않지만 다른 원격 서버에서 데이터를 가져오는 경우 CORS 문제가 쉽게 발생합니다. CORS는 어렵고 까다로운 내용이므로 모질라 개발자 네트워크 페이지[30]에서 자세히 살펴보길 권합니다.

두 번째 문제는 클라이언트에 인증 토큰을 노출한다는 점입니다. 구글 크롬 브라우저의 개발자 도구를 열어서 Network 탭을 보면 특정 엔드포인트로 보낸 HTTP 요청을 볼 수 있습니다. 이 요청의 헤더 정보를 보면 평문plain text으로된 인증 토큰값을 확인할 수 있습니다.

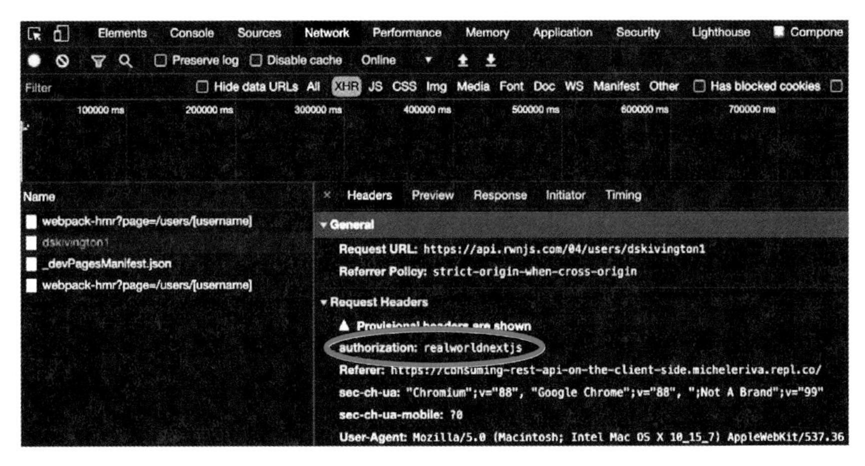

그림 4-3 HTTP 요청 헤더

이것이 무슨 문제가 되는 걸까요? API를 통해 실시간 날씨 정보를 제공하는 서비스가 있다고 가정해봅시다. 이 서비스는 100번의 요청당 1달러의 비용을 청구합니다. 만약 악의적인 사용자가 다른 사용자의 인증 토큰을 가로채면 비용을 지불하지 않고도 날씨 정보 서비스를 마음껏 사용할 수 있게 됩니다. 인증 토큰을 가로챈 사용자가 1,000번의 요청을 보내면 인증 토큰을 빼앗긴 사용자는 별다른 행동을 하지 않았는데도 10달러를 지불해야 하는 것이죠.

30 `https://developer.mozilla.org/en-US/docs/Web/HTTP/CORS`

이런 문제는 Next.js의 API 페이지를 사용해서 쉽게 해결할 수 있습니다. API 페이지로 REST API를 만들고 서버가 HTTP 요청을 보내서 그 결과만 클라이언트로 전송합니다. 먼저 pages/ 디렉터리 안에 api/ 디렉터리를 만들고 pages/api/singleUser.js 파일을 다음과 같이 만듭니다.

```
import axios from 'axios';

export default async function handler(req, res) {
  const username = req.query.username;
  const API_ENDPOINT = process.env.API_ENDPOINT;
  const API_TOKEN = process.env.API_TOKEN;

  const userReq = await axios.get(
    `${API_ENDPOINT}/api/04/users/${username}`,
    { headers: { authorization: API_TOKEN } }
  );

  res.status(200).json(userReq.data);
}
```

여기서는 두 개의 인자만 받는 간단한 함수를 정의합니다.

- req는 Node.js의 http.IncomingMessage[31] 인스턴스이며, 여기에는 req.cookies, req.query, req.body와 같이 미리 만들어진 미들웨어가 포함되어 있습니다.
- res는 Node.js의 http.serverResponse[32] 인스턴스이며, 여기에는 상태 코드를 나타내는 res.status(code), JSON 응답을 위한 res.json(json), 그리고 string, object, Buffer 등과 같은 형태의 HTTP 응답을 보내기 위한 res.send(body), 상태 코드에 따라 특정 페이지로 리다이렉트하기 위한 res.redirect([status,] path) 등의 미들웨어가 포함되어 있습니다.

pages/api/ 디렉터리 안의 모든 파일은 Next.js가 API 라우트로 처리합니다.

이제 UserPage 컴포넌트를 수정해서 새로 만든 API 엔드포인트를 사용하도록 만들어봅시다.

```
function UserPage({ username }) {

  const [loading, setLoading] = useState(true);
  const [data, setData] = useState(null);
```

31 https://nodejs.org/api/http.html#http_class_http_incomingmessage

32 https://nodejs.org/api/http.html#http_class_http_serverresponse

```
  useEffect(async () => {
    const req = await fetch(
      `/api/singleUser?username=${username}`,
    );
    const data = await req.json();

    setLoading(false);
    setData(data);
  }, []);

  return (
    <div>
      <div>
        <Link href="/" passHref>
          Back to home
        </Link>
      </div>
      <hr />
      {loading && <div>Loading user data...</div>}
      {data && <UserData user={data} />}
    </div>
  );
}
```

서버를 다시 실행해보면 모든 문제가 해결됐음을 알 수 있습니다. 하지만 몇 가지 주의할 점이 남아있습니다. 사용자 정보를 가져오는 API를 일종의 프록시 형태로 만들어 API 토큰을 숨겼지만 여전히 악의적인 사용자가 `/api/singleUser` 경로로 접근하여 사용자 개인 정보를 쉽게 얻을 수 있습니다. 이 문제는 다음과 같이 다양한 방법으로 해결할 수 있습니다.

- 컴포넌트 목록을 오직 서버에서만 렌더링하도록 만듭니다. 그러면 악의적인 사용자가 프라이빗 API를 호출할 수 없으며 비밀 API 토큰값도 알아낼 수 없습니다. 물론 사용자가 클라이언트에서 버튼을 클릭했을 때 REST API 요청을 보내는 것과 같이 서버에서 렌더링할 수 없는 경우에는 이 방법을 쓸 수 없습니다.
- JWT, API 키 등과 같은 인증 기법을 사용하여 인증되고 권한이 있는 사용자만 특정 API를 사용할 수 있도록 만듭니다.
- 루비 온 레일즈, 스프링, Laravel, Nest.js, Strapi와 같은 백엔드 프레임워크를 사용합니다. 이런 백엔드 프레임워크는 클라이언트에서 호출할 수 있는 API의 안전성을 높이는 여러 가지 기법을 지원하여 Next.js 애플리케이션을 더 안전하게 만들 수 있게 해줍니다.

〈CHAPTER 13 GraphCMS로 온라인 상거래 웹 사이트 만들기〉에서 Next.js를 다양한 CMS 또는 온라인 상거래 플랫폼의 프런트엔드 개발에 활용해볼 것입니다. 이때 사용자 인증과 안전한 API 호출에 관해 더 자세히 알아보겠습니다.

GraphQL API 사용하기

2012년에 페이스북에서 개발한 GraphQL은 사용하기 쉽고 유연하며 뛰어난 모듈성을 제공하기 때문에 최근 API 분야의 판도를 뒤흔들고 있다고 봐도 무방할 정도로 많은 인기를 얻고 있습니다. 간단히 설명하자면 GraphQL은 API에서 사용할 수 있는 질의 언어로, REST나 SOAP 같은 방식과는 다른 새로운 관점으로 API 데이터를 다룹니다. GraphQL을 사용하면 꼭 필요한 데이터만 불러오도록 지정할 수 있으며 한 번의 요청으로 여러 곳의 데이터를 불러올 수 있습니다. 또한 사용할 데이터에 대해 정적이면서도 강력한 타입 시스템을 제공하는 등 여러 가지 장점을 지니고 있습니다.

여기서는 Apollo 클라이언트[33]를 사용합니다. Apollo는 널리 사용되는 GraphQL 클라이언트로, 리액트와 Next.js를 기본으로 지원합니다. 새로운 프로젝트로 간단한 방명록을 만들어 봅시다.

```
npx create-next-app signbook
```

필요한 의존성 패키지를 추가합니다.

```
yarn add @apollo/client graphql isomorphic-unfetch
```

이제 Next.js 애플리케이션에서 사용할 Apollo 클라이언트를 만듭니다. 우선 `lib/apollo/index.js` 파일을 다음과 같은 내용으로 만듭니다.

```
import { useMemo } from 'react';
import {
  ApolloClient,
  HttpLink,
```

33 https://www.apollographql.com/docs/react

```
  InMemoryCache
} from '@apollo/client';

let uri = '/api/graphql';
let apolloClient;

function createApolloClient() {
  return new ApolloClient({
    ssrMode: typeof window === 'undefined',
    link: new HttpLink({ uri }),
    cache: new InMemoryCache(),
  });
}
```

`ssrMode: typeof window === 'undefine'` 구문을 통해 같은 Apollo 인스턴스를 서버와 클라이언트에서 구분하여 사용할 수 있도록 합니다. 그리고 `ApolloClient`가 브라우저의 fetch API를 사용해서 HTTP 요청을 처리하므로 서버에서도 같은 기능을 사용할 수 있는 폴리필인 `isomorphic-unfetch`를 추가합니다.

이번에는 다음과 같이 `lib/apollo/index.js` 파일에 Apollo 클라이언트를 초기화하기 위한 함수를 추가합니다.

```
export function initApollo(initialState = null) {
  const client = apolloClient || createApolloClient();

  if (initialState) {
    client.cache.restore({
      ...client.extract(),
      ...initialState
    });
  }

  if (typeof window === "undefined") {
    return client;
  }

  if (!apolloClient) {
    apolloClient = client;
  }

  return client;
}
```

이 함수를 사용하면 페이지마다 새로운 Apollo 클라이언트를 만들지 않아도 됩니다. 대신 만든 클라이언트 인스턴스를 apolloClient 변수에 저장하며 이 인스턴스를 함수 인자에 초기 상태값으로 전달합니다. 다른 페이지로 이동하면 이 초기 상태값을 initApollo 함수로 전달하고, 해당 함수는 지역 캐시값과 전달받은 초기 상태값을 합쳐서 전체 상태값을 만든 다음 사용합니다. 복잡한 초기 상태를 가지고 매번 Apollo 클라이언트를 초기화하는 것은 성능상 큰 부담이 되기 때문에 대신 리액트의 useMemo 훅을 사용합니다. 훅을 사용하기 위해 다음과 같이 lib/apollo/index.js 파일에 import 구문을 추가합니다.

```
import { useMemo } from "react";
```

마지막으로 함수 하나를 추가합니다.

```
export function useApollo(initialState) {
  return useMemo(
    () => initApollo(initialState), [initialState]
  );
}
```

pages/ 디렉터리로 가서 〈CHAPTER 3 Next.js 기초와 내장 컴포넌트〉에서 설명한 _app.js 파일을 만듭니다. 이 파일을 다음과 같이 수정하여 전체 애플리케이션에서 Apollo 콘텍스트 제공자를 사용하도록 만듭니다.

```
import { ApolloProvider } from "@apollo/client";
import { useApollo } from "../lib/apollo";

export default function App({ Component, pageProps }) {
  const apolloClient =
    useApollo(pageProps.initialApolloState);

  return (
    <ApolloProvider client={apolloClient}>
      <Component {...pageProps} />
    </ApolloProvider>
  );
}
```

이제 GraphQL에서 사용할 질의문을 만들어봅시다. 사용할 질의문은 `lib/apollo/queries/` 디렉터리 아래에 저장해야 합니다. `lib/apollo/queries/getLatestSigns.js` 파일을 만들고 다음 GraphQL 질의문을 저장합니다.

```
import { gql } from "@apollo/client";

const GET_LATEST_SIGNS = gql`
  query GetLatestSigns($limit: Int! = 10, $skip: Int! = 0){
    sign(
      offset: $skip,
      limit: $limit,
      order_by: { created_at: desc }
    ) {
      uuid
      created_at
      content
      nickname
      country
    }
  }
`;

export default GET_LATEST_SIGNS;
```

이제 `pages/index.js` 파일에서 질의문을 불러와 사용할 수 있습니다.

```
import { useQuery } from "@apollo/client";
import GET_LATEST_SIGNS from '../lib/apollo/queries/getLatestSigns';

function HomePage() {
  const { loading, data } = useQuery(GET_LATEST_SIGNS, {
    fetchPolicy: 'no-cache',
  });

  return <div></div>;
}

export default HomePage;
```

예제 코드에서도 느낄 수 있지만 Apollo 클라이언트는 정말 사용하기 쉽습니다. 그리고 useQuery 훅 덕분에 질의 처리와 관련된 다음 세 가지 상태값에 접근할 수 있습니다.

- **loading**: 이름에서 유추할 수 있듯이 질의 처리 요청이 끝났는지 아니면 처리 중인지에 따라 true 또는 false값을 가집니다.
- **error**: 요청이 어떤 이유로든 실패하면 이를 받아서 처리하거나 사용자에게 관련 메시지를 출력합니다.
- **data**: 요청한 질의의 결과 데이터입니다.

이제 HomePage 페이지로 돌아가 데모 애플리케이션을 꾸밀 수 있도록 TailwindCSS 패키지를 추가해봅시다. 〈CHAPTER 6 CSS와 내장 스타일링 메서드〉와 〈CHAPTER 7 UI 프레임워크〉에서 스타일링을 자세히 다룰 것이기 때문에 여기서는 스타일과 관련된 설명을 생략하겠습니다. pages/index.js 파일을 열어서 다음과 같이 수정합니다.

```
import Head from "next/head";
import { ApolloProvider } from "@apollo/client";
import { useApollo } from "../lib/apollo";

export default function App({ Component, pageProps }) {
  const apolloClient =
    useApollo(pageProps.initialApolloState || {});

  return (
    <ApolloProvider client={apolloClient}>
      <Head>
        <link href="https://unpkg.com/tailwindcss@^2/dist/tailwind.min.css"
          rel="stylesheet"
        />
      </Head>
      <Component {...pageProps} />
    </ApolloProvider>
  );
}
```

그리고 components/Loading.js라는 새로운 파일을 만듭니다. 이 컴포넌트는 GraphCMS에서 방명록 정보를 읽어오는 동안 화면에 표시됩니다.

```
function Loading() {
  return (
    <div
      className="min-h-screen w-screen flex justify-center items-center">
      Loading signs from Hasura...
    </div>
  );
}

export default Loading;
```

필요한 데이터를 불러오면 해당 데이터를 홈 페이지에 표시해야 합니다. 이를 위해 다음과 같은 내용으로 components/Sign.js 파일을 만듭니다.

```
function Sign({ content, nickname, country }) {
  return (
    <div className="max-w-7xl rounded-md border-2 border
      purple-800 shadow-xl bg-purple-50 p-7 mb-10">
      <p className="text-gray-700"> {content} </p>
      <hr className="mt-3 mb-3 border-t-0 border-b-2 border-purple-800" />
      <div>
        <div className="text-purple-900">
          Written by <b>{nickname}</b>
          {country && <span> from {country}</span>}
        </div>
      </div>
    </div>
  );
}

export default Sign;
```

그런 다음 HomePage 페이지에서 새로 만든 두 개의 컴포넌트를 불러와 사용합니다.

```
import { useQuery } from "@apollo/client";
import GET_LATEST_SIGNS from '../lib/apollo/queries/getLatestSigns';
import Sign from '../components/Sign';
import Loading from '../components/Loading';

function HomePage() {
```

```
  const { loading, error, data } =
    useQuery(GET_LATEST_SIGNS, {
      fetchPolicy: 'no-cache',
    });

  if (loading) {
    return <Loading />;
  }

  return (
    <div className="flex justify-center items-center flex col mt-20">
      <h1 className="text-3xl mb-5">Real-World Next.js signbook</h1>
      <Link href="/new-sign">
        <button className="mb-8 border-2 border-purple-800
          text-purple-900 p-2 rounded-lg text-gray-50 m-auto mt-4">
          Add new sign
        </button>
      </Link>
      <div>
        {data.sign.map((sign) => (
          <Sign key={sign.uuid} {...sign} />
        ))}
      </div>
    </div>
  );
}

export default HomePage;
```

이제 서버를 실행하고 접속하면 화면에서 방명록을 볼 수 있습니다.

이번에는 방명록에 새 글을 작성할 수 있도록 pages/new-sign.js 페이지를 추가해보겠습니다. 먼저 페이지에 다음과 같이 imports 구문을 추가합니다.

```
import { useState } from "react";
import Link from "next/link";
import { useRouter } from "next/router";
import { useMutation } from "@apollo/client";
import ADD_SIGN from "../lib/apollo/queries/addSign";
```

보다시피 다양한 종류의 라이브러리 함수를 사용합니다. 리액트 useState 훅을 사용해서 방명록에 저장할 폼 내용을 관리합니다. 그리고 Next.js의 `useRouter` 훅을 사용해서 새 글을 등록하면 홈 페이지로 이동하며 Apollo `useMutation` 훅을 통해 GraphCMS에 새로운 방명록 글을 등록합니다. `ADD_SIGN`이라는 GraphQL 뮤테이션도 불러오는데 이 내용은 나중에 자세히 설명하겠습니다.

이제 다음과 같이 페이지를 구성해봅시다.

```
function NewSign() {
  const router = useRouter();
  const [formState, setFormState] = useState({});
  const [addSign] = useMutation(ADD_SIGN, {
    onCompleted() {
      router.push("/");
    }
  });

  const handleInput = ({ e, name }) => {
    setFormState({
      ...formState,
      [name]: e.target.value
    });
  };
}

export default NewSign;
```

코드를 살펴봅시다. 먼저 새로운 글을 등록할 때 Apollo `useMutation` 훅을 사용한다는 것을 알 수 있습니다. 새 글이 제대로 등록되었다면 `onCompleted` 콜백을 통해 홈 페이지로 이동합니다. 그 다음에 나오는 `handleInput` 함수는 리액트 `useState` 훅을 사용해서 사용자가 폼에 입력하는 값을 관리할 때 사용합니다.

다음으로 사용자가 새 글을 쓸 때 필요한 사용자 이름(`nickname`), 글(`content`), 국가 정보(`country`)를 입력할 수 있는 폼을 만듭니다.

```
return (
  <div className="flex justify-center items-center flexcol mt-20">
    <h1 className="text-3xl mb-10">Sign the Real-World
      Next.js signbook!</h1>
    <div className="max-w-7xl shadow-xl bg-purple-50 p-7
```

```
mb-10 grid grid-rows-1 gap-4 rounded-md border-2 border- purple-800">
<div>
  <label htmlFor="nickname" className="text-purple- 900 mb-2">
    Nickname
  </label>
  <input
    id="nickname"
    type="text"
    onChange={(e) => handleInput({ e, name: 'nickname' })}
    placeholder="Your name"
    className="p-2 rounded-lg w-full"
  />
</div>
<div>
  <label htmlFor="content" className="text-purple- 900 mb-2">
    Leave a message!
  </label>
  <textarea
    id="content"
    placeholder="Leave a message here!"
    onChange={(e) => handleInput({ e, name: 'content' })}
    className="p-2 rounded-lg w-full"
  />
</div>
<div>
  <label htmlFor="country" className="text-purple- 900 mb-2">
      If you want, write your country name and its emoji flag
    </label>
    <input
      id="country"
      type="text"
      onChange={(e) => handleInput({ e, name: 'country' })}
      placeholder="Country"
      className="p-2 rounded-lg w-full"
    />

    <button
      className="bg-purple-600 p-4 rounded-lg textgray- 50 m-auto mt-4"
      onClick={() => addSign({ variables: formState })}>
      Submit
    </button>
  </div>
</div>
<Link href="/" passHref
```

```
        className="mt-5 underline"
      >
        Back to the homepage
      </Link>
    </div>
  );
}
```

[Submit] 버튼을 클릭했을 때 어떻게 뮤테이션을 만드는지 자세히 살펴봅시다.

```
onClick={() => addSign({ variables: formState})}
```

사용자가 폼에 입력한 값은 useState 훅으로 가져온 formState 변수에 저장되어 있습니다. formState 변수는 addSign 함수에 variables 속성값으로 넘겨줍니다.

```
const [addSign] = useMutation(ADD_SIGN, {
  onCompleted() {
    router.push("/");
  }
});
```

addSign 함수는 GraphCMS에 새 글을 등록할 때 사용하는 뮤테이션입니다. 데이터를 추가하고 싶다면 lib/apollo/queries/addSign.js 파일에 추가한 뮤테이션 변수와 동일한 형태의 객체를 전달하면 됩니다.

```
import { gql } from "@apollo/client";

const ADD_SIGN = gql`
  mutation InsertNewSign(
    $nickname: String!,
    $content: String!,
    $country: String
    ) {
    insert_sign(objects: {
      nickname: $nickname,
      country: $country,
      content: $content
    }) {
      returning {
```

```
            uuid
          }
        }
      }
    `;

    export default ADD_SIGN;
```

ADD_SIGN 뮤테이션은 $nickname, $content, $country 세 개의 인자를 받습니다. 폼 필드 이름을 뮤테이션 변수 이름과 똑같이 만들었기 때문에 폼 전체 값을 뮤테이션에 그냥 넘겨도 되는 것이죠.

이제 새 방명록을 등록해봅시다. 폼 내용을 전송하면 자동으로 홈 페이지로 이동하며 페이지 최상단에서 작성한 글을 볼 수 있습니다.

정리하기

CHAPTER 4에서는 Next.js의 프로젝트 구조와 데이터를 불러오는 다양한 방법을 살펴보았습니다. 두 가지 주제는 큰 관련이 없어 보이지만 컴포넌트나 유틸리티 함수들을 논리적으로 분리하고 데이터를 여러 가지 방법으로 불러오는 것은 〈CHAPTER 5 지역 및 전역 상태 관리〉의 내용을 이해하기 위해 꼭 알아두어야 합니다. 애플리케이션은 기능을 추가하고 버그를 고치는 등의 과정을 거치면서 점점 더 복잡해지기 마련입니다. 디렉터리 구조를 잘 구성하고 데이터의 흐름을 간결하고 분명하게 유지한다면 애플리케이션의 상태 또한 관리하기 쉬워집니다.

CHAPTER 5에서는 애플리케이션의 다양한 상태를 관리하는 방법에 관해 알아보겠습니다.

CHAPTER 5

지역 및 전역 상태 관리

리액트 애플리케이션에서는 상태 관리가 아주 중요한 부분을 차지합니다. Next.js 앱에서도 마찬가지겠죠. 일반적으로 상태라는 것은 동적인 정보의 일종으로, 높은 수준의 상호 작용이 가능한 **사용자 인터페이스**user interface (UI)를 구현하거나 사용자 경험을 더 뛰어나게 만들기 위한 필수 요소입니다.

최신 웹 사이트에서는 UI가 상태를 사용하고 관리하는 경우가 많습니다. UI 테마 변경을 통해 밝은 테마에서 어두운 테마로 바꾸거나 온라인 상거래 사이트에서 배송 주소를 바꿈으로써 폼의 상태를 변경합니다. 심지어 버튼을 클릭하는 것만으로도 애플리케이션의 상태가 변할 수 있습니다. UI는 이런 행동에 여러 가지 형태로 반응할 수 있는데, 이는 전적으로 개발자가 변경된 상태를 어떻게 다루느냐에 따라 결정됩니다.

상태 관리 덕분에 애플리케이션에 더 뛰어난 상호 작용 등의 기능을 구현할 수 있지만 그만큼 애플리케이션의 복잡도도 증가합니다. 애플리케이션 상태를 더 직관적이고 수월하게 관리하기 위해 개발자들은 저마다 다른 방법을 사용합니다. 리액트의 경우 처음 클래스 컴포넌트를 지원할 때부터 `setState` 메서드를 사용해서 클래스의 지역 상태를 관리했으며 리액트 버전 16.8 이후부터는 `useState` 훅을 포함한 리액트 훅을 제공합니다.

리액트 애플리케이션의 상태 관리에 있어 특히 어려운 점은 데이터의 흐름이 단방향이라는 것입니다. 부모 컴포넌트는 자식 컴포넌트에게 속성의 형태로 상태를 전달할 수 있지만 반대로 자식이 부모에게 상태를 전달할 수는 없습니다. 지역 상태는 클래스 컴포넌트나 훅을 사용해서 별다른 어려움 없이 관리할 수 있지만 전역 상태는 단방향 데이터 흐름 때문에 정말 관리하기 힘듭니다.

CHAPTER 5에서는 애플리케이션의 전역 상태를 관리하는 다양한 방법을 알아봅니다. 먼저 리액트 콘텍스트 API를 살펴봅니다. 그런 다음 애플리케이션이 Redux를 사용하도록 바꿔봅니다. Redux를 통해 외부 라이브러리가 어떻게 클라이언트와 서버에서의 상태를 관리하는지 이해할 수 있을 것입니다. 정리하자면 다음의 내용을 다룹니다.

- 지역 상태 관리
- 콘텍스트 API를 사용한 애플리케이션 상태 관리
- Redux를 사용한 애플리케이션 상태 관리

학습을 마치면 지역 상태 관리와 전역 상태 관리가 어떤 점에서 다른지 이해할 수 있습니다. 또한 리액트 내장 콘텍스트 API나 Redux와 같은 외부 라이브러리를 사용한 전역 애플리케이션 상태 관리 방법도 익힐 수 있습니다.

5.1 지역 상태 관리

지역 상태 관리에 있어서 애플리케이션의 상태는 컴포넌트 스코프scope 상태를 의미합니다. 이해를 돕기 위해 Counter 컴포넌트를 살펴봅시다.

```
import React, { useState } from "react";

function Counter({ initialCount = 0 }) {
  const [count, setCount] = useState(initialCount);

  return (
    <div>
      <b>Count is: {count}</b><br />
      <button onClick={() => setCount(count + 1)}>
        Increment +
      </button>
      <button onClick={() => setCount(count - 1)}>
        Decrement -
      </button>
    </div>
  );
```

```
}

export default Counter;
```

Increment 버튼을 클릭하면 현재 count값에 1을 더합니다. 반대로 Decrement 버튼을 클릭하면 현재 값에서 1을 뺍니다. 아주 간단하죠.

어려운 부분은 지금부터입니다. 부모 컴포넌트는 자식 Counter 컴포넌트에게 initialCount라는 속성값을 지정해서 초기 counter값을 쉽게 전달할 수 있습니다. 하지만 그 반대는 어렵습니다. 부모 컴포넌트에게 현재 count값을 어떻게 전달할까요?

사실 애플리케이션에서는 지역 상태만 관리하는 경우가 많습니다. 이때는 리액트의 useState 훅만으로도 필요한 모든 것을 구현할 수 있습니다. 다음과 같은 상황에서는 지역 상태만 관리하는 경우가 많습니다.

아톰 컴포넌트

〈CHAPTER 4 코드 구성과 데이터 불러오기〉에서 설명한 바와 같이 아톰atom은 가장 흔히 접하는 리액트 컴포넌트입니다. 이런 컴포넌트는 비교적 작은 크기의 지역 상태를 사용할 때가 많습니다. 더 큰 상태의 경우 molecules나 organisms와 같은 다른 단위로 옮깁니다.

로딩 상태

클라이언트 측에서 외부 데이터를 읽어올 때, 아직 데이터를 다 가져오지도 못했고 에러도 발생하지 않은 시점이 있습니다. 즉, 전송한 HTTP 요청이 아직 끝나지 않은 상태죠. 이런 경우 대개 loading 상태값을 true로 지정해서 데이터 전송 요청이 다 끝날 때까지 UI에 스피너spinner 아이콘 등을 표시할 수 있습니다.

리액트의 useState나 useReducre와 같은 훅을 사용하면 지역 상태 관리를 쉽게 구현할 수 있습니다. 특별한 경우가 아니면 외부 라이브러리를 사용할 필요도 없습니다.

문제는 전체 컴포넌트를 아우르는 전역 애플리케이션 상태 관리에 있습니다. 예를 들어 온라인 상거래 사이트의 경우 장바구니에 물건을 추가하면 이 정보는 화면의 내비게이션 바에 항상 표시되어야 합니다.

5.2 전역 상태 관리

애플리케이션의 전역 상태는 여러 컴포넌트들이 공유하는 상태를 의미합니다. 어떤 컴포넌트라도 접근 및 수정이 가능한 상태인 것이죠.

뷰나 앵귤러와는 다르게 리액트에서의 데이터 흐름은 단방향입니다. 컴포넌트는 자식 컴포넌트에 데이터를 넘겨줄 수 있지만 반대로는 안 됩니다. 에러가 발생할 가능성이 줄어들고 디버깅하기 쉬우며 효율적이지만 애플리케이션 개발이 더 복잡해진다는 단점도 있습니다. 기본적으로 전역 상태라는 것이 없다고 볼 수 있으니까요.

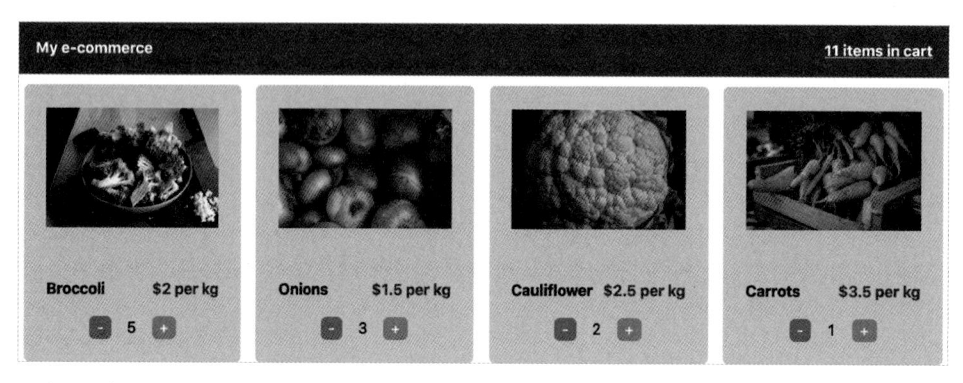

그림 5-1 상품 목록 카드와 연결되는 장바구니

[그림 5-1]과 같이 사용자가 상품 목록 카드에서 원하는 물건을 고르면 장바구니에 담긴 항목의 숫자를 표시해주는 기능을 만든다고 생각해봅시다. 가장 큰 문제는 내비게이션 바와 상품 목록 카드 간에 어떠한 연결점도 없다는 것입니다. 사용자가 상품 목록 카드의 '담기' 버튼을 클릭했을 때 장바구니에 담긴 항목의 숫자를 곧바로 업데이트할 수 있는 명백한 방법도 없습니다. 페이지를 이동한 경우에는 이런 정보가 유지될까요? 카드 컴포넌트가 가지고 있는 데이터들은 언마운트unmount되는 즉시 지역 상태를 잃게 될 것입니다.

최근 애플리케이션에서는 다양한 라이브러리를 사용해서 이런 상태 관리를 구현합니다. Redux, Recoil, MobX가 대표적이며 그 외에도 다양한 라이브러리가 있습니다. 사실 리액트에서는 외부 라이브러리를 사용할 필요 없이 콘텍스트 API를 사용해서 애플리케이션의 전역 상태를 관리할 수 있습니다. 널리 알려져 있진 않지만 Apollo 클라이언트와 메모리 캐시를 이용한 전역 상태 관리 방식도 있습니다. Apollo 클라이언트를 사용하면 애플리케이션의 전역 데이터를 정형화된 질의 언어query language로 다룬다는 새로운 관점을 얻을 수 있습니다. 이 방식에 관심이 있다면 웹 페이지[34]를 꼭 읽어보기 바랍니다.

지금부터는 [그림 5-1]과 같은 간단한 기능을 구현해볼 것입니다. 사용자가 장바구니에 하나 이상의 상품을 담으면 그 수를 내비게이션 바에 보여줍니다. 그리고 장바구니에 담은 물건을 구매하기로 결정하면 해당 상품을 결제 페이지에 나열합니다.

콘텍스트 API

2018년 공개된 리액트 버전 16.3부터는 콘텍스트 API를 공식적으로 사용할 수 있습니다. 콘텍스트 API는 특정 콘텍스트 내의 모든 컴포넌트 간에 데이터를 공유할 수 있는 매우 직관적인 방법을 제공합니다. 명시적으로 다른 컴포넌트에 속성값 형태로 데이터를 전달할 필요도 없고 심지어 자식 컴포넌트가 부모 컴포넌트에게 데이터를 공유할 수도 있습니다. 리액트 콘텍스트에 관한 자세한 내용은 웹 사이트[35]를 참고하기 바랍니다.

지금부터는 같은 보일러플레이트 코드를 사용해서 여러 라이브러리를 활용한 전역 상태 관리 방식을 어떻게 구현하는지 알아볼 것입니다. 여기서 사용하는 보일러플레이트 코드는 GitHub 저장소[36]에서 다운로드할 수 있습니다.

선택한 상품을 전역 상태에 저장할 때는 상태를 자바스크립트 객체로 저장하는 방법을 사용합니다. 각 속성은 상품 ID를 의미하며 이 값은 사용자가 담은 상품의 개수를 나타냅니다. `data/items.js` 파일을 열어보면 여기서 사용할 상품의 정보를 확인할 수 있습니다. 사용자가 당근 네 개와 양파 두 개를 담았을 때 상태 객체는 다음과 같습니다.

```
{
  "8321-k532": 4,
  "9126-b921": 2
}
```

34 https://www.apollographql.com/docs/react/local-state/local-state-management

35 https://reactjs.org/docs/context.html

36 https://github.com/hanbit/practical-next.js/tree/main/05-managing-local-and-global-states-in-nextjs/boilerplate

장바구니를 위한 콘텍스트를 만들어봅시다. 다음과 같이 components/context/cartContext.js 파일을 만듭니다.

```
import { createContext } from 'react';

const ShoppingCartContext = createContext({
  items: {},
  setItems: () => null,
});

export default ShoppingCartContext;
```

다른 전형적인 클라이언트 사이드 렌더링 리액트 앱과 마찬가지로 장바구니를 사용하는 모든 컴포넌트를 같은 콘텍스트로 감쌉니다. /components/Navbar.js 컴포넌트나 /components/ProductCard.js 컴포넌트는 모두 같은 콘텍스트 내에 마운트되어야 하는 것이죠.

다른 페이지로 이동하는 경우에도 전역 상태를 동일하게 유지할 수 있도록 해야 합니다. 그래야 결제 페이지로 이동해서도 사용자가 선택한 물건과 수량을 표시할 수 있습니다. 이를 위해 〈CHAPTER 3 Next.js 기초와 내장 컴포넌트〉에서 배운 것과 같이 /pages/_app.js 페이지를 수정해서 전체 애플리케이션이 같은 리액트 컴포넌트 밑에 있도록 만듭니다.

```
import { useState } from 'react';
import Head from 'next/head';
import CartContext from '../components/context/cartContext';
import Navbar from '../components/Navbar';

function MyApp({ Component, pageProps }) {
  const [items, setItems] = useState({});

  return (
    <>
      <Head>
        <link
          href="https://unpkg.com/tailwindcss@^2/dist/tailwind.min.css"
          rel="stylesheet"
        />
      </Head>
      <CartContext.Provider value={{ items, setItems }}>
        <Navbar />
```

```
        <div className="w-9/12 m-auto pt-10">
          <Component {...pageProps} />
        </div>
      </CartContext.Provider>
    </>
  );
}

export default MyApp;
```

<Navbar />와 <Component {…pageProps} /> 부분이 같은 콘텍스트 아래에 위치합니다. 이 컴포넌트들은 같은 전역 상태에 접근할 수 있으며, 내비게이션 바에 표시되는 모든 컴포넌트와 모든 페이지 역시 같은 전역 상태에 연결됩니다.

이번에는 /pages/index.js 파일을 살펴봅시다.

```
import ProductCard from '../components/ProductCard';
import products from '../data/items';

function Home() {
  return (
    <div className="grid grid-cols-4 gap-4">
      {products.map((product) => (
        <ProductCard key={product.id} {...product} />
      ))}
    </div>
  );
}

export default Home;
```

예제를 좀 더 간단하게 만들기 위해 상품 목록을 자바스크립트 파일에서 불러오도록 했습니다. 실제 애플리케이션이라면 상품 목록을 원격 API를 호출해서 불러올 것입니다. 각 상품별로 ProductCard 컴포넌트를 만들어서 사용자에게 상품을 보여주고 사용자가 원하는 물건을 장바구니에 담아 결제할 수 있도록 합니다. 다음은 ProductCard 컴포넌트 코드입니다.

```
function ProductCard({ id, name, price, picture }) {
  return (
    <div className="bg-gray-200 p-6 rounded-md">
```

```
      <div className="relative 100% h-40 m-auto">
        <img src={picture} alt={name} className="object-cover" />
      </div>
      <div className="flex justify-between mt-4">
        <div className="font-bold text-l"> {name} </div>
        <div className="font-bold text-l text-gray-500">
          ${price} per kg </div>
      </div>
      <div className="flex justify-between mt-4 w-2/4 m-auto">
        <button
          className="pl-2 pr-2 bg-red-400 text-white rounded-md"
          disabled={false /* 구현할 부분 */ }
          onClick={() => {} /* 구현할 부분 */ }>
          -
        </button>
      <div>{ /* 구현할 부분 */ }</div>
        <button
          className="pl-2 pr-2 bg-green-400 text-white rounded-md"
          onClick={() => {} /* 구현할 부분 */ }>
          +
        </button>
      </div>
    </div>
  );
}

export default ProductCard;
```

컴포넌트의 UI 부분을 구현했지만 increment와 decrement에 해당하는 버튼을 클릭해도 아무 일도 일어나지 않습니다. 이 컴포넌트를 cartContext 콘텍스트와 연결하고 사용자가 버튼을 클릭하면 콘텍스트 상태를 변경하도록 만들어야 합니다.

```
import { useContext } from 'react';
import cartContext from '../components/context/cartContext';

function ProductCard({ id, name, price, picture }) {
  const { setItems, items } = useContext(cartContext);

// ...
```

useContext 훅을 사용해서 _app.js 페이지의 setItems와 items를 ProductCard 컴포넌트와 연

결합니다. 이제 이 컴포넌트에서 setItmes를 호출할 때마다 전역 itmes 객체를 변경하며, 변경된 객체는 다시 동일한 콘텍스트 아래에 있거나 동일한 전역 상태에 연결된 모든 컴포넌트로 전파됩니다. 따라서 각 ProductCard 컴포넌트별로 지역 상태를 저장하고 관리할 필요가 없으며 콘텍스트 상태에서 장바구니에 있는 상품과 수량을 전부 관리합니다. 만약 장바구니에 담긴 상품 목록과 수량을 알고 싶다면 다음과 같이 상태를 읽어오면 됩니다.

```
import { useContext } from 'react';
import cartContext from '../components/context/cartContext';

function ProductCard({ id, name, price, picture })
  const { setItems, items } = useContext(cartContext);
  const productAmount = id in items ? items[id] : 0;
// ...
```

이제 사용자가 상품 카드의 increment 버튼을 클릭할 때마다 전역 items 상태 객체의 값이 바뀌고 ProductCard 컴포넌트가 다시 렌더링되며 productAmount 상수값이 새로운 값으로 바뀌게 됩니다.

상품 수량을 늘리거나 줄이려면 사용자가 increment 또는 decrement 버튼을 클릭했을 때 이를 처리할 수 있어야 합니다. 따라서 handleAmount 함수를 만들고 단일 인자로 "increment" 또는 "decrement"를 전달받도록 했습니다. "increment"를 전달해서 호출하면 우선 전역 상태에 해당 상품이 있는지 확인합니다. 초기 전역 상태가 값이 없는 빈 객체일 수도 있기 때문이죠. 해당 상품이 이미 있다면 상품의 수량을 하나 늘립니다. 상품이 없다면 items 객체에 해당 상품의 ID를 키값으로 가지는 새로운 속성을 추가합니다. 그리고 그 값을 1로 지정합니다. 인자가 "decrement"라면 똑같이 전역 상태 객체에 해당 상품이 있는지 확인합니다. 상품이 있고 수량이 0보다 크다면 값에서 1을 뺍니다. 그 외의 경우에는 상품 수량이 0보다 작을 수는 없으므로 그냥 함수를 종료합니다.

```
import { useContext } from 'react';
import cartContext from '../components/context/cartContext';

function ProductCard({ id, name, price, picture }) {
  const { setItems, items } = useContext(cartContext);
  const productAmount = items?.[id] ?? 0;
```

```
  const handleAmount = (action) => {
    if (action === 'increment') {
      const newItemAmount = id in items ? items[id] + 1 : 1;
      setItems({ ...items, [id]: newItemAmount });
    }

    if (action === 'decrement') {
      if (items?.[id] > 0) {
        setItems({ ...items, [id]: items[id] - 1 });
      }
    }
  };

// ...
```

그리고 increment 및 decrement 버튼을 수정해서 사용자가 해당 버튼을 클릭하면 handleAmount 함수를 호출하도록 만듭니다.

```
<div className="flex justify-between mt-4 w-2/4 m-auto">
  <button
    className="pl-2 pr-2 bg-red-400 text-white rounded-md"
    disabled={productAmount === 0}
    onClick={() => handleAmount('decrement')}>
    -
  </button>
  <div>{productAmount}</div>
  <button
    className="pl-2 pr-2 bg-green-400 text-white rounded-md"
    onClick={() => handleAmount('increment')}>
    +
  </button>
</div>
```

상품 수량을 늘리거나 줄이려고 버튼을 클릭하면 ProductCard 컴포넌트 안의 숫자가 바뀌는 것을 볼 수 있습니다. 하지만 내비게이션 바에 표시되는 숫자는 여전히 0입니다. 아직 Navbar 컴포넌트가 전역 상태와 연결되지 않았기 때문이죠. 그래서 이번에는 /components/Navbar.js 파일을 다음과 같이 수정합니다.

```
import { useContext } from 'react';
import Link from 'next/link';
import cartContext from '../components/context/cartContext';

function Navbar() {
  const { items } = useContext(cartContext);
// ...
```

내비게이션 바에서는 전역 items 상태 객체를 수정할 일이 없기 때문에 setItems 함수를 사용하지 않습니다. Navbar 컴포넌트에서는 장바구니에 담은 상품의 전체 수량만 표시하면 됩니다. 장바구니에 당근 두 개, 양파 하나가 있다면 Navbar 컴포넌트는 3이라는 숫자만 표시하는 것이죠.

```
import { useContext } from 'react';
import Link from 'next/link';
import cartContext from '../components/context/cartContext';

function Navbar() {
  const { items } = useContext(cartContext);
  const totalItemsAmount = Object.values(items)
    .reduce((x, y) => x + y, 0);

// ...
```

그리고 totalItemsAmount 변수값을 HTML에 표시합니다.

```
// ...

<div className="font-bold underline">
  <Link href="/cart" passHref>
    {totalItemsAmount} items in cart
  </Link>
</div>

// ...
```

이제 하나만 남았습니다. Navbar에서 링크를 클릭하면 연결되는 결제 페이지에 아무것도 표시되지 않습니다. 결제할 상품 목록을 표시할 수 있도록 /pages/cart.js 페이지를 다음과 같이 수정합니다.

```
import { useContext } from 'react';
import cartContext from '../components/context/cartContext';
import data from '../data/items';

function Cart() {
    const { items } = useContext(cartContext);
// ...
```

여기서는 콘텍스트 객체뿐만 아니라 전체 상품 목록도 불러옵니다. 전역 상태 객체에는 자세한 상품 정보가 없고 상품 ID와 수량만 있기 때문입니다. 상품의 이름, 수량, 가격 정보를 표시하려면 전체 상품 목록이 있어야 합니다. 그리고 상품 ID로 해당 상품의 전체 정보를 가져올 수 있도록 컴포넌트 바깥에 `getFullItem` 함수를 추가합니다. 이 함수는 상품 ID를 인자로 받아서 해당 상품의 전체 정보를 담은 객체를 반환합니다.

```
import { useContext } from 'react';
import cartContext from '../components/context/cartContext';
import data from '../data/items';

function getFullItem(id) {
  const idx = data.findIndex((item) => item.id === id);
  return data[idx];
}

function Cart() {
  const { items } = useContext(cartContext);

// ...
```

상품 정보를 불러올 수 있으니 이를 사용해서 장바구니에 담긴 상품의 전체 가격을 계산합니다.

```
// ...

function Cart() {
  const { items } = useContext(cartContext);
  const total = Object.keys(items)
    .map((id) => getFullItem(id).price * items[id])
    .reduce((x, y) => x + y, 0);

// ...
```

그리고 장바구니에 담은 상품 목록을 'x2 Carrots ($7)'과 같은 형태로 표시하도록 만듭니다. 먼저 amounts라는 새 배열을 만들고 장바구니에 담은 상품들의 정보와 상품별 수량을 이 배열에 넣습니다.

```
// ...

function Cart() {
  const { items } = useContext(cartContext);
  const total = Object.keys(items)
    .map((id) => getFullItem(id).price * items[id])
    .reduce((x, y) => x + y, 0);

  const amounts = Object.keys(items).map((id) => {
    const item = getFullItem(id);
    return { item, amount: items[id] };
  });

// ...
```

그리고 컴포넌트가 반환하는 HTML 템플릿을 수정합니다.

```
// ...

<div>
  <h1 className="text-xl font-bold"> Total: ${total} </h1>
  <div>
    {amounts.map(({ item, amount }) => (
      <div key={item.id}>
        x{amount} {item.name} (${amount * item.price})
      </div>
    ))}
  </div>
</div>

// ...
```

끝났습니다. 이제 서버를 시작하고, 장바구니에 원하는 만큼 상품을 담은 다음 /cart 페이지로 가서 총 가격이 제대로 나오는지 확인해봅시다.

콘텍스트 API를 사용하는 것은 다른 리액트 애플리케이션과 별반 다르지 않으며 Next.js에서도 쉽습니다. 이어서 Redux를 전역 상태 관리자로 사용해서 똑같은 기능을 구현해보겠습니다.

Redux

리액트가 공개된 지 2년이 흐른 2015년 무렵에는 오늘날처럼 큰 규모의 애플리케이션 상태를 관리할 수 있는 프레임워크나 라이브러리가 많지 않았습니다. 그 당시 단방향 데이터 흐름을 다루기 위한 가장 좋은 방법은 Flux였는데, 시간이 지나면서 Redux나 MobX와 같이 더 직관적인 라이브러리로 대체되었습니다. 특히 Redux는 리액트 커뮤니티에서 큰 화제를 불러 모았으며 리액트로 일정 규모 이상의 애플리케이션을 만들 때 쓰는 사실상 표준 상태 관리자가 되었습니다. 그래서 여기서는 `redux-thunk`나 `redux-saga`와 같은 미들웨어 없이 순수한 Redux를 리액트 콘텍스트 API 대신 사용해볼 것입니다.

우선 이전과 마찬가지로 웹 페이지[37]의 보일러플레이트 코드를 가져옵니다. 그리고 이번에는 두 개의 외부 의존성 패키지를 설치합니다.

```
yarn add redux react-redux
```

웹 브라우저에서 앱의 상태를 관찰하고 디버깅할 수 있도록 redux-devtools-extension 도구도 설치합니다.

```
yarn add -D redux-devtools-extension
```

먼저 애플리케이션의 상태를 저장할 전역 스토어를 초기화합니다. 초기화를 위해 프로젝트 최상위 디렉터리 아래에 `redux/` 디렉터리를 만듭니다. 그리고 클라이언트와 서버가 스토어를 초기화하는 로직을 디렉터리 안의 `store.js` 파일에 만듭니다.

37 *https://github.com/hanbit/practical-next.js/tree/main/05-managing-local-and-global-states-in-nextjs/boilerplate*

```
import { useMemo } from 'react';
import { createStore, applyMiddleware } from 'redux';
import { composeWithDevTools } from 'redux-devtools-extension';

let store;

const initialState = {};

// ...
```

여기서 store라는 새로운 변수를 만들어서 Redux 스토어를 저장하고 사용합니다. 그 다음 Redux 스토어가 사용할 initialState 변수를 초기화합니다. 처음에는 전역 상태가 아무것도 없는 빈 객체이기 때문에 initialState 변수 역시 빈 객체가 됩니다. 사용자가 상품을 선택하면 해당 상품과 수량을 상태에 속성 형태로 추가할 것입니다.

다음으로 리듀서reducer를 만듭니다. 실제 애플리케이션에서는 프로젝트 관리를 위해 많은 파일에서 여러 개의 리듀서를 만들고 사용하지만 여기서는 간단하게 store.js 파일 내에 리듀서를 하나만 만들어서 사용하겠습니다.

```
//...

const reducer = (state = initialState, action) => {
  const itemID = action.id;

  switch (action.type) {
    case 'INCREMENT':
      const newItemAmount = itemID in state ?
        state[itemID] + 1 : 1;
      return {
        ...state,
        [itemID]: newItemAmount,
      };
    case 'DECREMENT':
      if (state?.[itemID] > 0) {
        return {
          ...state,
          [itemID]: state[itemID] - 1,
        };
      }
      return state;
```

```
    default:
      return state;
  }
};
```

리듀서의 로직은 이전에 ProductCard 컴포넌트 안에 구현한 handleAmount 함수와 별반 다르지 않습니다.

이제 스토어 초기화를 위해 두 개의 함수를 만듭니다. 먼저 initStore 함수를 만들어봅시다. 이 함수를 만들어두면 나중에 할 작업이 훨씬 간단해집니다.

```
// ...

function initStore(preloadedState = initialState) {
  return createStore(
    reducer,
    preloadedState,
    composeWithDevTools(applyMiddleware())
  );
}
```

실제 스토어를 초기화할 때 호출할 initializeStore 함수를 만듭니다.

```
// ...

export const initializeStore = (preloadedState) => {
  let _store = store ?? initStore(preloadedState);

  if (preloadedState && store) {
    _store = initStore({
      ...store.getState(),
      ...preloadedState,
    });
    store = undefined;
  }
  // Redux를 서버 측에서 초기화하는 경우 _store를 반환합니다.
  if (typeof window === 'undefined') return _store;
  if (!store) store = _store;

  return _store;
};
```

스토어를 설정할 준비를 마쳤으니 컴포넌트에서 사용할 훅을 만들겠습니다. 이 훅을 useMemo 함수로 감싸서 리액트의 내장 **메모이제이션**memoization 시스템을 활용할 것입니다. 그러면 복잡한 초기 상태값을 캐시에 저장하고 사용하며, useStore 함수를 호출할 때마다 시스템이 초기 상태값을 분석할 필요가 없어집니다.

```
// ...

export function useStore(initialState) {
  return useMemo(
    () => initializeStore(initialState), [initialState]
  );
}
```

좋습니다. 이제 Next.js 애플리케이션에 Redux를 붙여봅시다. 콘텍스트 API를 사용할 때와 마찬가지로 _app.js 파일을 수정해서 Next.js 앱의 모든 컴포넌트가 Redux에 접근할 수 있도록 만듭니다.

```
import Head from 'next/head';
import { Provider } from 'react-redux';
import { useStore } from '../redux/store';
import Navbar from '../components/Navbar';

function MyApp({ Component, pageProps }) {
  const store = useStore(pageProps.initialReduxState);
  return (
    <>
      <Head>
        <link href="https://unpkg.com/tailwindcss@^2/dist/tailwind.
          min.css" rel="stylesheet" />
      </Head>
      <Provider store={store}>
        <Navbar />
        <div className="w-9/12 m-auto pt-10">
          <Component {...pageProps} />
        </div>
      </Provider>
    </>
  );
}

export default MyApp;
```

콘텍스트 API를 사용할 때의 _app.js 파일과 비교해보면 상당히 비슷하다고 느껴질 것입니다. 이는 콘텍스트 API를 접근성이 더 뛰어나고 사용하기 쉽도록 만드는 데 Redux가 분명한 영향을 주었기 때문이죠.

이제 ProductCard 컴포넌트에 Redux로 increment와 decrement 로직을 구현합니다. components/ProductCard.js 파일을 열어서 다음과 같이 import 구문을 추가합니다.

```
import { useDispatch, useSelector, shallowEqual } from 'reactredux';

// ...
```

그리고 Redux 스토어에 있는 모든 상품 정보를 쉽게 불러올 수 있도록 훅을 만듭니다.

```
import { useDispatch, useSelector, shallowEqual } from 'reactredux';

function useGlobalItems() {
  return useSelector((state) => state, shallowEqual);
}

// ...
```

같은 파일 내에서 Redux 훅을 사용하는 ProductCard 컴포넌트를 만듭니다.

```
// ...

function ProductCard({ id, name, price, picture }) {
  const dispatch = useDispatch();
  const items = useGlobalItems();
  const productAmount = items?.[id] ?? 0;

  return (

// ...
```

그리고 컴포넌트의 버튼을 클릭하면 dispatch를 호출하도록 만듭니다. 이전에 불러온 useDispatch 훅을 사용하면 직관적이고 쉽게 구현할 수 있습니다. HTML 버튼의 onClick 콜백을 다음과 같이 지정합니다.

```
// ...

<div className="flex justify-between mt-4 w-2/4 m-auto">
  <button
    className="pl-2 pr-2 bg-red-400 text-white rounded-md"
    disabled={productAmount === 0}
    onClick={() => dispatch({ type: 'DECREMENT', id })}>
    -
  </button>
  <div>{productAmount}</div>
  <button
    className="pl-2 pr-2 bg-green-400 text-white rounded-md"
    onClick={() => dispatch({ type: 'INCREMENT', id })}>
    +
  </button>
</div>

// ...
```

웹 브라우저에 Redux DevTools 확장을 설치했다면 서버를 시작합니다. 장바구니에 담긴 상품의 수량을 늘리거나 줄이면 디버깅 툴에서 액션이 발생하고 상태가 바뀌는 것을 확인할 수 있습니다.

아직은 상품을 장바구니에 추가하거나 삭제해도 내비게이션 바에서 상태가 바뀌지는 않습니다. ProductCard 컴포넌트와 마찬가지로 components/NavBar.js 컴포넌트를 다음과 같이 수정합니다.

```
import Link from 'next/link';
import { useSelector, shallowEqual } from 'react-redux';

function useGlobalItems() {
  return useSelector((state) => state, shallowEqual);
}

function Navbar() {
  const items = useGlobalItems();
  const totalItemsAmount = Object.keys(items)
    .map((key) => items[key])
    .reduce((x, y) => x + y, 0);
```

```
  return (
    <div className="w-full bg-purple-600 p-4 text-white">
      <div className="w-9/12 m-auto flex justify-between">
        <div className="font-bold">
          <Link href="/" passHref>
            My e-commerce
          </Link>
        </div>
        <div className="font-bold underline">
          <Link href="/cart" passHref>
            {totalItemsAmount} items in cart
          </Link>
        </div>
      </div>
    </div>
  );
}

export default Navbar;
```

이제 장바구니에 물건을 담거나 빼면 내비게이션 바에서 숫자가 바뀌는 것을 볼 수 있습니다. 마지막으로 /cart 페이지를 만들어서 상품을 결제하기 전 장바구니에 담긴 상품 목록을 확인할 수 있도록 합니다. 콘텍스트 API를 사용해서 만들었을 때와 큰 차이가 없기 때문에 Redux를 이해했다면 쉽게 만들 수 있습니다. pages/Cart.js 파일을 열고 다른 컴포넌트에서 사용한 것과 똑같은 Redux 훅을 불러옵니다.

```
import { useSelector, shallowEqual } from 'react-redux';
import data from '../data/items';

function useGlobalItems() {
  return useSelector((state) => state, shallowEqual);
}

// ...
```

콘텍스트 API를 사용했을 때와 동일하게 getFullItem 함수를 만듭니다.

```
// ...

function getFullItem(id) {
  const idx = data.findIndex((item) => item.id === id);
  return data[idx];
}

// ...
```

`Cart` 컴포넌트도 마찬가지로 콘텍스트 API를 사용한 것과 비슷하게 만듭니다. 차이점이라면 `items` 객체를 리액트 콘텍스트가 아닌 Redux 스토어에서 가져온다는 것뿐입니다.

```
function Cart() {
  const items = useGlobalItems();
  const total = Object.keys(items)
    .map((id) => getFullItem(id).price * items[id])
    .reduce((x, y) => x + y, 0);

  const amounts = Object.keys(items).map((id) => {
    const item = getFullItem(id);
    return { item, amount: items[id] };
  });

  return (
    <div>
      <h1 className="text-xl font-bold"> Total: ${total}</h1>
      <div>
        {amounts.map(({ item, amount }) => (
          <div key={item.id}>
            x{amount} {item.name} (${amount * item.price})
          </div>
        ))}
      </div>
    </div>
  );
}

export default Cart;
```

서버를 실행하고 장바구니에 물건을 담은 다음 `/cart` 페이지로 이동하면 결제해야 할 총 금액을 확인할 수 있습니다.

지금까지 살펴본 것처럼 리액트 콘텍스트 API와 미들웨어 없는 순수한 Redux는 큰 차이가 없습니다. 하지만 Redux를 사용하면 수많은 플러그인, 미들웨어, 디버깅 툴 등을 사용할 수 있으며 별다른 노력 없이도 웹 애플리케이션의 복잡한 비즈니스 로직을 쉽게 만들고 확장할 수 있다는 장점이 있습니다.

정리하기

CHAPTER 5에서는 리액트 내장 콘텍스트 API 및 훅을 이용한 상태 관리, 외장 라이브러리인 Redux를 사용한 상태 관리 방법을 살펴보았습니다. 이 외에도 MobX, Recoil, XState, Unistore와 같은 수없이 많은 라이브러리나 도구를 사용해서 애플리케이션의 전역 상태를 관리할 수 있습니다. Redux를 사용할 때와 같은 방법으로 Next.js에서 이런 라이브러리를 클라이언트나 서버에서 사용할 수 있습니다. 그리고 Apollo의 GraphQL 클라이언트와 인메모리 캐시를 사용해서 애플리케이션 상태를 관리하고, 정형화된 질의 언어를 사용해서 전역 상태 데이터를 질의하고 수정할 수도 있습니다.

지금까지 살펴본 내용만으로도 사용자와 상호 작용이 가능하고 더 복잡한 웹 애플리케이션을 만들 수 있습니다. 하지만 애플리케이션에서 데이터를 아무리 잘 구조화하고, 관리하고, 사용하고, 제공하더라도 애플리케이션 UI에 따라 화면에 제대로 보여주지 않는다면 아무 소용이 없겠죠. CHAPTER 6에서는 여러 가지 CSS와 자바스크립트 라이브러리를 사용해서 웹 애플리케이션을 꾸미는 방법에 관해 알아보겠습니다.

CHAPTER 6

CSS와 내장 스타일링 메서드

어떤 기준으로 훌륭한 UI와 형편없는 UI를 나눌 수 있을까요? 누군가는 기능이라고 답할 것이고 누군가는 빠른 반응이라고 이야기할 수도 있습니다. 하지만 필자는 뛰어난 디자인과 쉬운 사용법이야말로 훌륭한 UI가 갖추어야 할 미덕이라고 생각합니다. 여러분이 만든 웹 애플리케이션이 세상에서 가장 강력한 앱일 수 있지만 UI를 잘 디자인하고 구현하지 않았다면 사람들은 앱을 쓰기 어려워할 것이며 결국에는 쓰지 않게 될 것입니다. 그래서 스타일에 관한 이야기를 해볼까합니다.

대부분의 웹 애플리케이션 개발자는 CSS가 무엇인지 알고 있습니다. HTML 콘텐츠를 브라우저에 시각적으로 어떻게 그릴지 알려주는 기본적인 규칙의 집합이죠. 말로는 쉽게 들리지만 사실 아주 어려운 작업입니다. 다행히 최근 수년간 CSS 생태계는 급속도로 발전했으며 개발자가 모듈러 방식으로 더 가볍고 뛰어난 성능의 CSS 규칙을 개발할 수 있는 다양한 도구도 나왔습니다.

CHAPTER 6에서는 CSS 규칙을 만들 때 사용할 수 있는 여러 가지 방법을 알아봅니다. 이 내용은 CHAPTER 7에서 사용할 UI 프레임워크와도 관련이 있습니다.

> ⚠ 특정 기술이나 언어를 사용한 CSS 규칙 개발은 다루지 않습니다. 대신 모듈화되고 유지 보수가 쉬우며 성능이 뛰어난 CSS 스타일을 Next.js에 바로 적용할 수 있는 기법을 다룹니다. 그 외의 기술에 관심이 있다면 해당 기술의 공식 문서를 참고하기 바랍니다.

구체적으로 살펴볼 내용은 다음과 같습니다.

- Styled JSX
- CSS Module
- SASS

6.1 Styled JSX

이 절에서는 Next.js가 기본으로 제공하는 스타일링 기법인 Styled JSX를 알아봅니다. SASS나 LESS 같은 새로운 스타일링 언어를 배우지 않고 자바스크립트와 CSS 규칙을 함께 사용하고 싶다면 Styled JSX가 좋은 선택이 될 것입니다. Styled JSX는 CSS-in-JS 라이브러리, 즉 CSS 속성 지정을 위해 자바스크립트를 사용할 수 있는 라이브러리입니다. Next.js를 만든 Vercel에서 제공하며 특정 컴포넌트 스코프를 가지는 CSS 규칙이나 클래스를 만들 수 있습니다.

간단한 예제를 통해 개념을 파악해보겠습니다. 다음과 같이 `Button` 컴포넌트를 Styled JSX로 꾸며봅시다.

```
export default function Button(props) {
  return (
    <>
      <button className="button">{props.children}</button>
      <style jsx>{`
        .button {
          padding: 1em;
          border-radius: 1em;
          border: none;
          background: green;
          color: white;
        }
      `}</style>
    </>
  );
}
```

일반적인 button이라는 클래스 이름을 사용하기 때문에 같은 클래스 이름을 사용하는 다른 컴포넌트와 충돌이 일어날 것 같아 보이지만 그렇지 않습니다. 이런 점이 Styled JSX의 강력함이죠. 자바스크립트 덕분에 아주 동적인 CSS 규칙을 만들 수 있을 뿐만 아니라 선언한 CSS 규칙이 다른 컴포넌트에 영향을 주거나 충돌을 일으키지도 않습니다. 그래서 다음과 같이 새로운 FancyButton 컴포넌트를 만들고 똑같은 클래스 이름을 사용해도 Styled JSX 덕분에 기존에 정의한 Button 컴포넌트의 스타일을 덮어쓰지 않습니다.

```
export default function FancyButton(props) {
  return (
    <>
      <button className="button">{props.children}</button>
      <style jsx>{`
        .button {
          padding: 2em;
          border-radius: 2em;
          background: purple;
          color: white;
          font-size: bold;
          border: pink solid 2px;
        }
      `}</style>
    </>
  );
}
```

HTML 셀렉터에도 똑같이 할 수 있습니다. Highlight 컴포넌트를 만들 때 다음과 같이 Styled JSX를 사용해서 클래스를 지정하지 않고도 전체 컴포넌트에 스타일을 적용할 수 있습니다.

```
export default function Highlight(props) {
  return (
    <>
      <span>{props.text}</span>
      <style jsx>{`
        span {
          background: yellow;
          font-weight: bold;
        }
```

```
    `}</style>
  </>
 );
}
```

<span> 스타일이 Highlight 컴포넌트에 적용되지만 페이지의 다른 <span> 요소에는 영향을 주지 않습니다.

만약 모든 컴포넌트에 적용할 CSS 규칙을 만들고 싶다면 global 속성을 지정하면 됩니다. 그러면 Styled JSX는 셀렉터에 해당하는 모든 HTML 요소에 해당 규칙을 적용합니다.

```
export default function Highlight(props) {
  return (
    <>
      <span>{props.text}</span>
      <style jsx global>{`
        span {
          background: yellow;
          font-weight: bold;
        }
      `}</style>
    </>
  );
}
```

스타일을 정의할 때 global 속성을 지정했기 때문에 <span> 요소를 사용하면 Highlight 컴포넌트 안에 정의한 스타일을 상속받습니다. 이렇게 전역 스타일을 정의하는 것은 상당히 위험하므로 신중하게 사용해야 합니다.

지금까지 Styled JSX를 다루면서 왜 의존성 패키지를 설치하지 않았는지 의아할 수 있습니다. 사실 Styled JSX는 Next.js 내장 기능이기 때문에 패키지를 설치할 필요 없이 프로젝트를 시작하고 바로 사용할 수 있습니다.

다음 절에서는 좀 더 고전적인 CSS 규칙 작성 방식인 CSS Module을 알아보겠습니다.

6.2 CSS Module

이전 절에서는 CSS-in-JS 라이브러리, 즉 자바스크립트 내에서 CSS를 정의하는 방식을 사용했습니다. 이렇게 자바스크립트 코드 안에서 정의한 CSS 규칙은 실행 도중 또는 컴파일 시점에 CSS로 변환됩니다. 변환 시점은 사용하는 라이브러리나 설정에 따라 다릅니다. 필자는 CSS-in-JS 방식을 더 선호하지만 Next.js 앱에서 스타일링 방법으로 CSS-in-JS 방식을 사용하는 것에는 몇 가지 단점이 있습니다. 우선 대부분의 CSS-in-JS 라이브러리는 IDE나 코드 편집기 등 개발 도구에 대한 지원이 부족합니다. 문법 하이라이팅, 자동 완성, 린팅linting 등의 기능을 제공하지 않기 때문에 개발자가 불편함을 겪을 수 있습니다. 또한 CSS-in-JS 방식을 사용하면 코드 내에서 CSS에 대한 의존성이 점점 더 커지기 때문에 애플리케이션 번들이 더 커지고 느려지기 십상입니다.

성능 관점에서 보면 단점이 하나 더 있습니다. 서버가 미리 CSS 규칙들을 생성해놓아도 클라이언트에서 리액트 하이드레이션이 끝나게 되면 CSS 규칙을 다시 생성해야 한다는 점입니다. 이로 인해 실행 시점에 부하가 커지며 웹 애플리케이션이 계속 느려지게 됩니다. 기능을 추가하면 할수록 상황은 더 나빠지겠죠.

이때 Styled JSX 대신 사용할 수 있는 좋은 방법이 있습니다. 바로 CSS Module입니다. 앞서 지역 스코프를 가지는 CSS 규칙을 만들 때, Styled JSX를 사용하여 이름은 같지만 서로 다른 컴포넌트에 사용되는 CSS 클래스들이 충돌을 일으키지 않게 만드는 방법을 설명했습니다. CSS Module 역시 유사한 방식으로 CSS 클래스를 만들며 실행 시간 동안 성능 부하 없이 리액트 컴포넌트에서 CSS 클래스를 불러올 수 있습니다.

아주 간단한 예제를 살펴봅시다. 파란색 배경 화면과 환영 문구가 있는 방문 페이지를 만들겠습니다. 먼저 새로운 Next.js 프로젝트를 시작하고 `pages/index.js` 파일을 다음과 같이 편집합니다.

```
import styles from '../styles/Home.module.css';

export default function Home() {
  return (
    <div className={styles.homepage}>
      <h1> Welcome to the CSS Modules example </h1>
    </div>
  );
}
```

파일 이름이 .module.css로 끝나는 일반적인 CSS 파일에서 CSS 클래스를 불러옵니다. Home.module.css 파일은 보통의 CSS 파일이지만 CSS Module이 그 내용을 자바스크립트 객체로 변환합니다. 변환한 객체에서 모든 키는 클래스 이름을 가리킵니다. Home.module.css 파일의 내용은 다음과 같습니다.

```
.homepage {
  display: flex;
  justify-content: center;
  align-items: center;
  width: 100%;
  min-height: 100vh;
  background-color: #2196f3;
}

.title {
  color: #f5f5f5;
}
```

서버를 실행하면 [그림 6-1]과 같은 화면을 볼 수 있습니다.

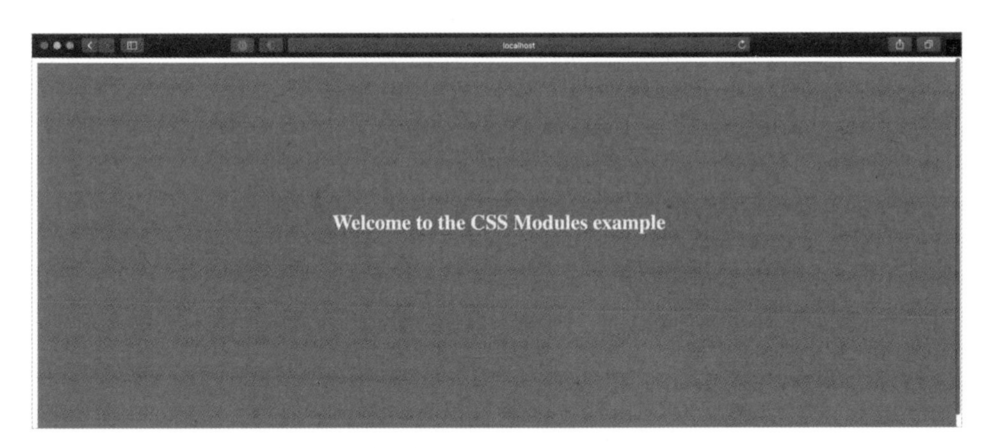

그림 6-1 CSS Module을 사용한 스타일링 페이지

앞에서도 언급했지만 클래스들은 컴포넌트 스코프를 가집니다. HTML 페이지 소스를 살펴보면 이 페이지의 div 요소에 다음과 비슷하게 class가 지정되어 있을 것입니다.

```
<div class="Home_homepage__14e3j">
  <h1 class="Home_title__3DjR7">
    Welcome to the CSS Modules example
  </h1>
</div>
```

이처럼 CSS Module은 각 규칙에 고유한 이름을 만듭니다. 이 방법 덕분에 다른 CSS 파일에서 title이나 homepage와 같은 평범한 이름을 사용해도 충돌이 일어나지 않습니다.

여기서도 전역 CSS 규칙을 선언하고 싶을 때가 있습니다. 예를 들어 앞에서 만든 페이지를 살펴보면 서체가 기본 글꼴로 지정되어 있습니다. 그 외에도 HTML body 요소의 여백과 같이 덮어쓰고 싶은 기본 설정값이 있을 것입니다. 이 경우 다음과 같이 styles/globals.css라는 새로운 파일을 만들어서 문제를 해결할 수 있습니다.

```
html,
body {
  padding: 0;
  margin: 0;
  font-family: sans-serif;
}
```

그리고 pages/_app.js 파일에서 CSS를 불러옵니다.

```
import '../styles/globals.css';

function MyApp({ Component, pageProps }) {
  return <Component {...pageProps} />;
}

export default MyApp;
```

페이지를 다시 확인해보면 body 요소의 여백이 없어지고 글꼴이 sans-serif로 지정되었음을 알 수 있습니다.

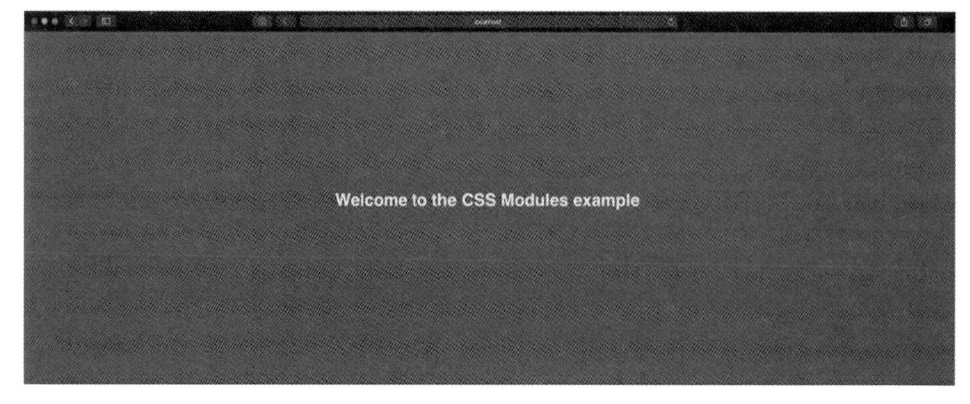

그림 6-2 전역 CSS Module 스타일로 꾸민 페이지

:global 키워드를 사용해서 전역 CSS 규칙을 선언할 수도 있습니다.

```
.button :global {
  padding: 5px;
  background-color: blue;
  color: white;
  border: none;
  border-radius: 5px;
}
```

스타일링에 있어서 꼭 사용해볼 만한 CSS Module의 훌륭한 기능이 하나 더 있습니다. 바로 **셀렉터 컴포지션**selector composition입니다. 다음과 같이 통상적으로 사용할 수 있는 규칙을 만들고 composes 속성을 지정해서 일부 속성을 덮어쓸 수 있습니다.

```
.button-default {
  padding: 5px;
  border: none;
  border-radius: 5px;
  background-color: grey;
  color: black;
}

.button-success {
  composes: button-default;
  background-color: green;
  color: white;
```

```
}

.button-danger {
  composes: button-default;
  background-color: red;
  color: white;
}
```

CSS Module의 핵심은 바로 모듈화된 CSS 클래스를 실행 시간 부하 없이 모든 언어로 만들 수 있는 직관적인 방법을 제공하는 것입니다. PostCSS Module[38] 덕분에 CSS Module을 PHP, 루비, 자바와 같은 기본적인 언어뿐만 아니라 Pug, Mustache, EJS와 같은 템플릿 엔진에서도 사용할 수 있습니다.

사실 여기서는 CSS Module이 가볍고 실행 시간 부하가 없는 좋은 방법이라는 극히 표면적인 내용만 다루었습니다. CSS Module에 관심이 있다면 공식 저장소[39]를 참고하기 바랍니다.

Styled JSX와 마찬가지로 CSS Module 역시 Next.js를 설치하고 프로젝트를 만들면 바로 사용할 수 있습니다. 물론 기본 설정을 변경하거나 몇 가지 기능을 추가, 제거, 수정할 수도 있지만 Next.js에서는 이것 또한 정말 쉽습니다. Next.js는 PostCSS라는 아주 유명한 CSS 컴파일 도구를 사용해서 빌드 시점에 CSS Module을 컴파일합니다. 그 외에도 Next.js는 다음 기능들을 기본으로 제공합니다.

자동으로 접두사 추가

Can I Use[40]에서 가져온 값을 이용해서 CSS 규칙에 벤더별 접두사를 붙여줍니다. 예를 들어 `::placeholder` 셀렉터에 관한 규칙을 만들었다면 각 셀렉터가 서로 조금씩 다른 브라우저 간 호환성을 유지할 수 있도록 `:-ms-input-placeholder`, `::moz-placeholder`와 같이 접두사를 붙여줍니다. 자세한 내용은 웹 페이지[41]를 참고하세요.

38 *https://github.com/madyankin/postcss-modules*

39 *https://github.com/css-modules/css-modules*

40 *https://caniuse.com*

41 *https://github.com/postcss/autoprefixer*

모든 브라우저에서의 플렉스박스 버그 수정

PostCSS는 커뮤니티에서 엄선한 플렉스박스flexbox[42] 이슈를 참고하여 모든 브라우저에서 플렉스박스가 올바르게 작동할 수 있도록 몇 가지 기능을 추가하였습니다.

IE11 호환성

PostCSS 컴파일은 새로운 CSS 기능들을 컴파일해서 IE11과 같이 오래된 브라우저에서도 사용할 수 있도록 해줍니다. 물론 모든 것을 다 컴파일해주지는 않습니다. 예를 들어 CSS 변수는 안전하지 않기 때문에 컴파일하지 않습니다. 오래된 브라우저를 꼭 지원해야 한다면 다음 절은 건너뛰고 SASS/CSCC 변수를 사용하기 바랍니다.

프로젝트의 최상위 디렉터리에 `postcss.config.json` 파일을 만들고 다음과 같이 Next.js 기본 설정 내용을 추가하면 PostCSS의 기본 설정을 변경할 수 있습니다.

```
{
  "plugins": [
    "postcss-flexbugs-fixes",
    [
      "postcss-preset-env",
      {
        "autoprefixer": {
          "flexbox": "no-2009"
        },
        "stage": 3,
        "features": {
          "custom-properties": false
        }
      }
    ]
  ]
}
```

이 파일을 수정해서 원하는 설정을 추가하거나 삭제할 수 있습니다.

42 https://github.com/philipwalton/flexbugs

6.3 SASS

SASS는 아마도 가장 널리 사용되는 CSS 전처리기일 것입니다. Styled JSX나 CSS Module과 마찬가지로 Next.js는 기본으로 SASS를 지원합니다. 단지 Next.js 프로젝트를 만들고 나면 SASS npm 패키지를 설치해야 할 뿐이죠.

```
yarn add sass
```

설치를 완료하면 SASS와 SCSS(Sassy CSS) 문법으로 CSS Module을 만들고 사용할 수 있습니다. 이전에 배운 것과 같은 방법으로 말이죠. 간단한 예를 살펴봅시다. 이전에 만든 `pages/index.js` 페이지를 열고 CSS를 불러오는 부분을 다음과 같이 바꿔봅시다.

```
import styles from '../styles/Home.module.scss';

export default function Home() {
  return (
    <div className={styles.homepage}>
      <h1> Welcome to the CSS Modules example </h1>
    </div>
  );
}
```

그리고 `styles/Home.module.css` 파일 이름을 `styles/Home.module.scss`로 바꾸면 이제 SASS 또는 SCSS 문법을 사용할 준비가 끝납니다. SASS와 SCSS 문법 덕분에 코드를 훨씬 잘 모듈화하고 쉽게 유지 보수할 수 있는 다양한 기능을 사용할 수 있습니다.

이름에 주의하세요

SASS와 SCSS는 같은 CSS 전처리기에서 사용할 수 있는 서로 다른 문법입니다. 그리고 둘 다 `for` 변수, 반복문, 믹스인mixin과 같이 CSS 스타일을 만들 때 유용하게 사용할 수 있는 좋은 기능을 제공합니다.

이름도 비슷하고 목적도 비슷해보이지만 가장 큰 차이점은 SCSS가 `.scss` 파일에 필요한 기능들을 추가하는 방식으로 CSS 문법을 확장한다는 점입니다. 표준 `.css` 파일 확장자를 `.scss`로 바꾸어도 아무 문제가 없습니다. `.scss` 파일에서는 CSS 문법 역시 올바른 문법이기 때문이죠.

반면 SASS는 더 오래된 문법이며 표준 CSS와 호환되지 않습니다. 중괄호나 세미콜론을 사용하지 않는 대신 들여쓰기와 줄바꿈으로 속성들 또는 중첩 셀렉터들을 구분합니다.

두 가지 문법 모두 범용 웹 브라우저에서 사용하려면 일반 CSS로 변환해야 합니다.

CSS Module의 compose 속성을 예로 살펴봅시다. 이전에 살펴본 바와 같이 기존 CSS 클래스를 덮어쓰거나 확장할 수 있습니다.

```
.button-default {
  padding: 5px;
  border: none;
  order-radius: 5px;
  ackground-color: grey;
  olor: black;
}

.button-success {
  composes: button-default;
  background-color: green;
  color: white;
}

.button-danger {
  composes: button-default;
  background-color: red;
  color: white;
}
```

SCSS의 경우 CSS Module의 compose에 해당하는 @extend 키워드를 사용하는 등 다양한 방법을 사용할 수 있습니다.

```
.button-default {
  padding: 5px;
  border: none;
  border-radius: 5px;
  background-color: grey;
  color: black;
}
```

```
.button-success {
  @extend .button-default;
  background-color: green;
  color: white;
}

.button-danger {
  @extend .button-default;
  background-color: red;
  color: white;
}
```

다음과 같이 클래스 이름을 조금 바꾸고 중첩 셀렉터 기능의 이점을 활용하는 방법도 있습니다.

```
.button {
  padding: 5px;
  border: none;
  border-radius: 5px;
  background-color: grey;
  color: black;

  &.success {
    background-color: green;
    color: white;
  }

  &.danger {
    background-color: red;
    color: white;
  }
}
```

이 외에도 SCSS는 반복문이나 믹스인 함수 등 다양한 기능을 제공하여 개발자가 복잡한 UI를 좀 더 쉽게 만들 수 있게 합니다.

필요에 따라 SASS 기본 설정을 변경해야 할 수도 있습니다. 이때는 다음과 같이 `next.config.js` 설정 파일을 변경하면 됩니다.

```
module.exports = {
  sassOptions: {
    outputStyle: 'compressed'
    // ...여기에 필요한 SASS 설정을 편집합니다.
  },
}
```

SASS와 SCSS를 자세히 알고 싶다면 공식 문서[43]를 참고하기 바랍니다.

정리하기

CSS 생태계는 수년 동안 급속히 발전했습니다. 그리고 Next.js 팀은 CSS 스타일을 만들 수 있는 최신 고성능 모듈화 방식을 계속 유지하고 있습니다. CHAPTER 6에서는 Next.js에서 기본으로 지원하는 세 가지 방식과 각각의 장단점을 알아보았습니다.

현재로서는 Styled JSX가 CSS 규칙을 만들 수 있는 가장 쉬운 방법입니다. 자바스크립트와 상호 작용하면서 CSS 규칙이나 속성을 사용자 입력 등에 따라 동적으로 바꿀 수도 있습니다. 물론 단점도 있습니다. 다른 CSS-in-JS 라이브러리와 마찬가지로 Styled JSX 역시 서버 측에서 처음 렌더링되고 난 뒤 리액트 하이드레이션이 끝나면 클라이언트 측에서 만든 CSS를 다시 렌더링해야 합니다. 따라서 애플리케이션 실행 시점에 부하가 생기며 결과적으로 애플리케이션이 느려지고 규모를 확장하기 어려워집니다. 또한 페이지를 요청할 때마다 서버 측과 클라이언트 측에서 CSS 규칙을 다시 만들기 때문에 브라우저가 CSS 규칙을 캐시에 저장할 수 없다는 문제도 있습니다.

SASS와 SCSS 문법 역시 Next.js와 궁합이 잘 맞습니다. 실행 시간에 아무런 부하 없이 복잡한 UI를 쉽게 만들 수 있는 다양한 기능도 제공합니다. Next.js는 빌드 과정에서 모든 `.scss`와 `.sass` 파일을 일반 CSS로 컴파일합니다. 따라서 브라우저가 CSS 규칙을 캐시에 저장하고 사용할 수도 있죠. 하지만 마지막 빌드 단계가 끝나기 전에는 배포 수준으로 최적화된 CSS 규칙을 볼 수 없습니다. CSS Module의 경우 만든 규칙과 결과로 만들어지는 애플리케이션 번들

43 *https://sass-lang.com*

의 규칙이 거의 같지만 SASS로 작성한 기능의 경우 엄청나게 큰 CSS 파일을 컴파일할 수도 있는 잠재적 위험성을 가지고 있습니다. 그리고 중첩 규칙이나 반복문과 같은 기능 때문에 컴파일 결과를 예측하는 것도 쉽지 않습니다.

현재는 CSS Module과 PostCSS가 가장 좋은 방법이라고 생각합니다. 빌드 결과를 예측하기 쉬운 편이고, PostCSS가 최신 기능을 IE11과 같은 옛날 브라우저에서도 사용할 수 있도록 자동으로 폴리필을 만들어주니까요.

CHAPTER 7에서는 외부 UI 라이브러리를 사용해서 스타일, 기능이 풍부한 컴포넌트, UI를 더 쉽게 만드는 방법을 배워보겠습니다.

CHAPTER 7

UI 프레임워크

CSS 규칙을 전부 새로 만들 수도 있지만 미리 만들어둔 UI 라이브러리의 컴포넌트, 테마, 그 외의 내장 기능을 활용하고 해당 라이브러리를 만든 커뮤니티로부터 다양한 정보나 도움을 받고 싶은 경우도 있을 것입니다.

CHAPTER 7에서는 몇 가지 최신 UI 라이브러리를 살펴보고 Next.js 애플리케이션에 이러한 라이브러리를 어떻게 적용할 수 있는지 알아보겠습니다. 구체적으로 다음 주제를 다룹니다.

- UI 라이브러리 소개 및 필요성
- Chakra UI
- TailwindCSS
- Headless UI

학습을 마치면 원하는 UI 라이브러리를 애플리케이션에 적용하고 사용할 수 있습니다.

7.1 UI 라이브러리

UI 라이브러리, 프레임워크, 유틸리티 기능이 필수는 아닙니다. 아주 복잡한 UI라도 자바스크립트, HTML, CSS만 가지고 밑바닥부터 만들 수 있습니다. 하지만 웹 애플리케이션을 개발하다 보면 UI에서 상당히 비슷한 접근성 규칙이나 유틸리티 함수를 자주 사용하게 됩니다. 이런 측면에서 UI 라이브러리가 필요한 것이죠. UI 라이브러리의 핵심은 많이 사용하는 기능을 추상화하고 서로 다른 UI 간에도 코드 재사용을 최대화하며, 생산성을 향상시키고 테스트할 뿐만 아니라 UI 컴포넌트에 테마를 적용할 수 있도록 하는 것입니다. 특히 테마를 적용할 수 있다는 것은 라이브러리와 컴포넌트에 원하는 색, 여백, 그 외에 디자인과 관련된 언어의 속성 등을 마음대로 수정할 수 있음을 의미합니다. 널리 사용되는 Bootstrap 라이브러리를 예로 들자면 색, 글꼴, 믹스인 등의 기본값을 수정해서 기본 테마를 변경할 수 있습니다. 그래서 같은 Bootstrap 라이브러리를 여러 UI에 똑같이 적용해도 각 UI가 서로 다르게 보이도록 만들 수 있습니다.

Bootstrap 라이브러리도 널리 사용되고 테스트도 많이 이루어진 좋은 라이브러리지만 여기서는 좀 더 최신 라이브러리들을 사용하겠습니다. 각 UI마다 제공하는 기능이 다르기 때문에 어떤 UI 라이브러리가 애플리케이션에 적합한지 선택하는 기준을 이해하는 데 도움이 될 것입니다.

7.2 Chakra UI

Chakra UI는 오픈소스 컴포넌트 라이브러리로, 모듈화되고 접근성이 뛰어나며 보기 좋은 UI를 만들 수 있습니다. Chakra UI의 강점은 다음과 같습니다.

접근성

버튼, 모달, 입력 등과 같이 다양한 내장 컴포넌트를 제공하므로 접근하기 쉽습니다.

테마

라이브러리에서 버튼의 기본 배경색, 모서리 곡률, 패딩 등에 관한 기본 테마를 제공합니다. 또한 Chakra UI의 내장 함수를 사용해서 라이브러리 컴포넌트의 스타일이나 기본 테마를 변경할 수 있습니다.

밝은/어두운 테마

밝은 테마와 어두운 테마 모두 지원하며 시스템 설정에 따라 테마를 적용할 수 있습니다. 사용자가 컴퓨터의 기본 테마를 어두운 테마로 지정했다면 Chakra UI 역시 어두운 테마를 적용합니다.

조합

Chakra UI의 기본 컴포넌트들을 조합해서 더 많은 컴포넌트를 만들 수 있습니다. 라이브러리를 사용해서 마치 레고 블록을 조립하듯 쉽게 새로운 컴포넌트를 만들 수 있습니다.

타입스크립트 지원

타입스크립트로 작성되었으며 개발자에게 최고의 개발 경험을 제공합니다.

Next.js 애플리케이션에 Chakra UI를 적용하는 방법을 살펴보기 위해 간단한 회사 직원 정보를 마크다운 문서로 표시하는 페이지를 만들어봅시다. 먼저 새로운 Next.js 프로젝트를 만듭니다.

```
npx create-next-app employee-directory-with-chakra-ui
```

Chakra UI와 의존성 패키지를 설치합니다.

```
yarn add @chakra-ui/react @emotion/react@^11 @emotion/styled@^11 framer-motion@^4
@chakra-ui/icons
```

이제 Next.js에서 Chakra UI를 사용할 준비가 끝났습니다. 적용을 위해 `pages/_app.js` 파일을 열어서 기본 `Component` 컴포넌트를 다음과 같이 `ChakraProvider`로 감쌉니다.

```
import { ChakraProvider } from '@chakra-ui/react';

function MyApp({ Component, pageProps }) {
  return (
    <ChakraProvider>
      <Component {...pageProps} />
    </ChakraProvider>
```

```
  );
}

export default MyApp;
```

ChakraProvider를 사용해서 덮어쓸 theme 속성값을 전달할 수 있습니다. 그리고 Chakra UI에서 제공하는 extendTheme 함수를 사용해서 기본 테마의 색, 글꼴, 여백 등의 값을 원하는 대로 변경할 수 있습니다.

```
import { ChakraProvider, extendTheme } from '@chakraui/react';

const customTheme = extendTheme({
  colors: {
    brand: {
      100: '#ffebee',
      200: '#e57373',
      300: '#f44336',
      400: '#e53935',
    },
  },
});

function MyApp({ Component, pageProps }) {
  return (
    <ChakraProvider theme={customTheme}>
      <Component {...pageProps} />
    </ChakraProvider>
  );
}

export default MyApp;
```

pages/index.js 파일에 Chakra UI 컴포넌트를 몇 개 추가하고 앞서 정의한 색을 사용하도록 지정합니다.

```
import { VStack, Button } from '@chakra-ui/react';

export default function Home() {
  return (
    <VStack padding="10">
```

```
      <Button backgroundColor="brand.100"> brand.100
      </Button>
      <Button backgroundColor="brand.200"> brand.200
      </Button>
      <Button backgroundColor="brand.300"> brand.300
      </Button>
      <Button backgroundColor="brand.400"> brand.400
      </Button>
    </VStack>
  );
}
```

서버를 시작하면 [그림 7-1]과 같은 페이지를 볼 수 있습니다.

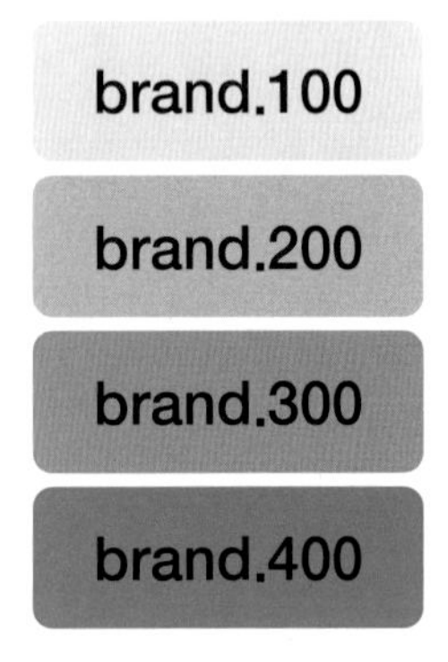

그림 7-1 커스텀 테마 색을 이용한 Chakra UI 버튼

커스텀 속성의 이름에 관한 자세한 내용은 웹 페이지[44]에서 확인할 수 있습니다.

앞서 설명한 바와 같이 Chakra UI는 밝은 테마와 어두운 테마를 지원합니다. 라이브러리는 기본으로 밝은 테마를 사용하지만 다음 내용을 pages/_document.js 파일에 추가하면 라이브러리가 테마를 지정하는 방식을 변경할 수 있습니다.

```
import { ColorModeScript } from '@chakra-ui/react';
import NextDocument, {
  Html,
  Head,
```

44 *https://chakra-ui.com/docs/theming/customize-theme*

```
  Main,
  NextScript
} from 'next/document';
import { extendTheme } from '@chakra-ui/react';

const config = {
  useSystemColorMode: true,
};

const theme = extendTheme({ config });

export default class Document extends NextDocument {
  render() {
    return (
      <Html lang="en">
        <Head />
        <body>
          <ColorModeScript
            initialColorMode={theme.config.initialColorMode}
          />
          <Main />
          <NextScript />
        </body>
      </Html>
    );
  }
}
```

ColorModeScript 컴포넌트는 사용자 설정에 따라 밝은 테마나 어두운 테마를 애플리케이션에 적용하는 스크립트를 주입합니다. 이렇게 설정하면 웹 페이지는 사용자의 시스템 설정에 따라 테마를 지정합니다. 만약 사용자의 컴퓨터가 어두운 테마를 사용한다면 웹 사이트가 기본으로 컴포넌트에 어두운 테마를 적용하는 것이죠. 반대의 경우도 마찬가지입니다.

설정이 제대로 작동하는지 확인하기 위해 pages/index.js 파일을 열어서 내용을 다음과 같이 바꿉니다.

```
import {
  VStack,
  Button,
  Text,
  useColorMode
```

```
} from '@chakra-ui/react';

export default function Home() {
  const { colorMode, toggleColorMode } = useColorMode();

  return (
    <VStack padding="10">
      <Text fontSize="4xl" fontWeight="bold" as="h1">
        Chakra UI
      </Text>
      <Text fontSize="2xl" fontWeight="semibold" as="h2">
        Rendering in {colorMode} mode
      </Text>
      <Button aria-label="UI Theme" onClick={toggleColorMode}>
        Toggle {colorMode === 'light' ? 'dark' : 'light'}
        mode
      </Button>
    </VStack>
  );
}
```

Chakra UI의 `useColorMode` 훅을 사용해서 현재 사용하는 컬러 모드가 무엇인지 알 수 있으며 이를 이용해서 특정 컴포넌트의 색이나 렌더링 방식을 조절할 수도 있습니다. 또한 Chakra UI는 사용자가 선택한 내용을 기억합니다. 사용자가 어두운 테마를 고를 경우 나중에 다시 웹 페이지를 방문할 때도 동일한 테마를 지정합니다.

이제 웹 페이지에 접속해보면 [그림 7-2]와 같이 테마를 변경할 수 있습니다.

Chakra UI

Rendering in light mode

Toggle dark mode

Chakra UI

Rendering in dark mode

Toggle light mode

그림 7-2 Chakra UI 테마

Next.js에서 Chakra UI의 기본 사용법을 배웠으니 본격적으로 회사 직원 페이지를 만들어보겠습니다. 웹 사이트는 간단합니다. 홈 페이지는 가상의 회사인 ACME Corporation의 모든 직원을 목록으로 표시하며 직원별 페이지를 제공합니다. 그리고 모든 페이지에 밝은 테마와 어두운 테마로 변경할 수 있는 버튼을 추가합니다.

앞서 만든 Next.js를 계속 사용해서 회사 직원 페이지를 만들 수도 있지만 일부 코드를 수정해야 합니다. 잘 안 되거나 궁금한 내용이 있다면 GitHub 페이지[45]를 참고하기 바랍니다.

먼저 회사 직원의 정보가 있어야 합니다. 가짜로 만든 회사 직원 목록은 GitHub 저장소[46]에서 가져올 수 있습니다. 목록을 가져왔다면 이를 활용해서 객체 배열을 만듭니다. 각 객체는 반드시 다음 속성을 가지고 있어야 합니다.

- `id`
- `username`
- `first_name`
- `last_name`
- `description`
- `job_title`
- `avatar`
- `cover_image`

이제 `/data` 디렉터리를 만들고 그 안에 `users.js` 파일을 만들어서 직원 정보를 저장합니다.

```
export default [
  {
    id: 'QW3xhqQmTI4',
    username: 'elegrice5',
    first_name: 'Edi',
    last_name: 'Le Grice',
    description: 'Aenean lectus. Pellentesque eget nunc...',
    job_title: 'Marketing Assistant',
```

45 *https://github.com/hanbit/practical-next.js/tree/main/07-using-ui-frameworks/with-chakra-ui*

46 *https://github.com/hanbit/practical-next.js/blob/main/07-using-ui-frameworks/with-chakra-ui/data/users.js*

```
    avatar: 'https://robohash.org/elegrice5.jpg?size=350x350',
    Cover_image: 'https://picsum.photos/seed/elegrice5/1920/1080',
  },
  // 그 외 다른 직원의 정보
];
```

pages/_document.js 파일은 아직 변경할 부분이 없습니다. 이 파일을 그대로 사용하기 때문에 현재 웹 사이트에서도 밝은 테마나 어두운 테마로 변경할 수 있습니다.

이번에는 pages/_app.js 페이지 차례입니다. 이 페이지에서는 잠시 후에 만들 TopBar 컴포넌트를 불러와서 사용합니다. 이전에 만든 테마는 더 이상 사용하지 않으므로 삭제합니다.

```
import { ChakraProvider, Box } from '@chakra-ui/react';
import TopBar from '../components/TopBar';

function MyApp({ Component, pageProps }) {
  return (
    <ChakraProvider>
      <TopBar />
      <Box maxWidth="container.xl" margin="auto">
        <Component {...pageProps} />
      </Box>
    </ChakraProvider>
  );
}

export default MyApp;
```

보다시피 Component 컴포넌트를 Chakra UI의 Box 컴포넌트로 감싸고 있습니다. Box는 기본적으로 빈 <div>와 같으며 다른 Chakra UI 컴포넌트와 마찬가지로 CSS 지시자를 속성으로 받을 수 있습니다. 이 경우 margin="auto"와 maxWidth="container.xl"을 속성으로 전달하며 각각 margin: auto와 max-width: var(--chakra-sizes-container-xl로 변환됩니다.

이제 /components/TopBar/index.js 파일을 만들어서 TopBar 컴포넌트를 만들어보겠습니다.

```
import { Box, Button, useColorMode } from '@chakra-ui/react';
import { MoonIcon, SunIcon } from '@chakra-ui/icons';

function TopBar() {
```

```
  const { colorMode, toggleColorMode } = useColorMode();
  const ColorModeIcon = colorMode === 'light' ? SunIcon : MoonIcon;

  return (
    <Box width="100%" padding="1" backgroundColor="whatsapp.500">
      <Box maxWidth="container.xl" margin="auto">
        <Button
          aria-label="UI Theme"
          leftIcon={<ColorModeIcon />}
          onClick={toggleColorMode}
          size="xs"
          marginRight="2"
          borderRadius="sm">
          Toggle theme
        </Button>
      </Box>
    </Box>
  );
}

export default TopBar;
```

이전에 만들었던 컴포넌트와 크게 다르지 않습니다. 사용자가 버튼을 클릭할 때마다 Chakra UI의 내장 `toggleColorMode` 함수를 호출해서 밝은 테마와 어두운 테마를 번갈아 가며 적용합니다.

이번에는 `components/UserCard/index.js` 파일로 다른 컴포넌트를 만들어봅시다.

```
import Link from 'next/link';
import { Box, Text, Avatar, Center, VStack, useColorModeValue
} from '@chakra-ui/react';

function UserCard(props) {
  return (
    <Link href={`/user/${props.username}`} passHref>
      <>
        <VStack
          spacing="4"
          borderRadius="md"
          boxShadow="xl"
          padding="5"
          backgroundColor={
            useColorModeValue('gray.50', 'gray.700')
```

```
          }}>
          <Center>
            <Avatar size="lg" src={props.avatar} />
          </Center>
          <Center>
            <Box textAlign="center">
              <Text fontWeight="bold" fontSize="xl">
                {props.first_name} {props.last_name}
              </Text>
              <Text fontSize="xs"> {props.job_title}</Text>
            </Box>
          </Center>
        </VStack>
      </>
    </Link>
  );
}

export default UserCard;
```

컴포넌트 전체를 Next.js의 Link 컴포넌트로 감싸고 자식 요소인 <a>에 href값을 전달합니다. 또한 하위 컴포넌트들을 수직으로 배치할 수 있는 VStack 컴포넌트를 사용하는데, 이 컴포넌트는 내부적으로 플렉스박스를 사용해서 자식 요소들을 수직으로 배치하고 정렬합니다.

선택한 테마에 따라 UserCard 컴포넌트의 배경색을 다르게 표현하고 싶을 수도 있습니다. 이는 Chakra UI의 내장 useColorModeValue 함수를 사용해서 구현할 수 있습니다.

```
backgroundColor={useColorModeValue('gray.50', 'gray.700')}>
```

gray.50은 사용자가 밝은 테마를 선택할 경우 적용됩니다. 반대로 사용자가 어두운 테마를 고르면 gray.700을 적용합니다.

이제 UserCard 컴포넌트에 적절한 속성값을 전달하면 [그림 7-3]과 같은 직원 카드를 볼 수 있습니다.

그림 7-3 UserCard 컴포넌트

이제 직원 목록을 화면에 표시할 준비가 끝났습니다. `pages/index.js` 파일을 열어서 회사 직원 정보를 불러온 다음 이를 새로 만든 `UserCard` 컴포넌트로 렌더링합니다.

```
import { Box, Grid, Text, GridItem } from '@chakra-ui/react';
import UserCard from '../components/UserCard';
import users from '../data/users';

export default function Home() {
  return (
    <Box>
      <Text
        fontSize="xxx-large"
        fontWeight="extrabold"
        textAlign="center"
        marginTop="9">
        ACME Corporation Employees
      </Text>
      <Grid
        gridTemplateColumns={
          ['1fr', 'repeat(2, 1fr)', 'repeat(3, 1fr)']
        }
        gridGap="10"
        padding="10">
        {users.map((user) => (
          <GridItem key={user.id}>
            <UserCard {...user} />
          </GridItem>
        ))}
      </Grid>
    </Box>
  );
}
```

이 코드는 Chakra UI의 아주 멋진 기능을 사용하고 있습니다. 바로 **반응형 속성**responsive props 입니다. 직원 카드를 격자 형태로 나타내기 위해 `Grid` 컴포넌트를 사용할 때 다음과 같은 속성을 전달합니다.

```
gridTemplateColumns={
  ['1fr', 'repeat(2, 1fr)', 'repeat(3, 1fr)']
}
```

모든 Chakra UI 속성에는 속성값 배열을 전달할 수 있습니다. 이 경우 UI 라이브러리는 모바일 기기 화면에서는 `'1fr'`, 태블릿과 같은 중간 크기 화면에서는 `'repeate(2, 1fr)'`, 데스크톱과 같이 큰 화면에서는 `'repeate(3, 1fr)'`을 사용합니다.

이제 서버를 실행하면 [그림 7-4]와 같은 화면을 볼 수 있습니다.

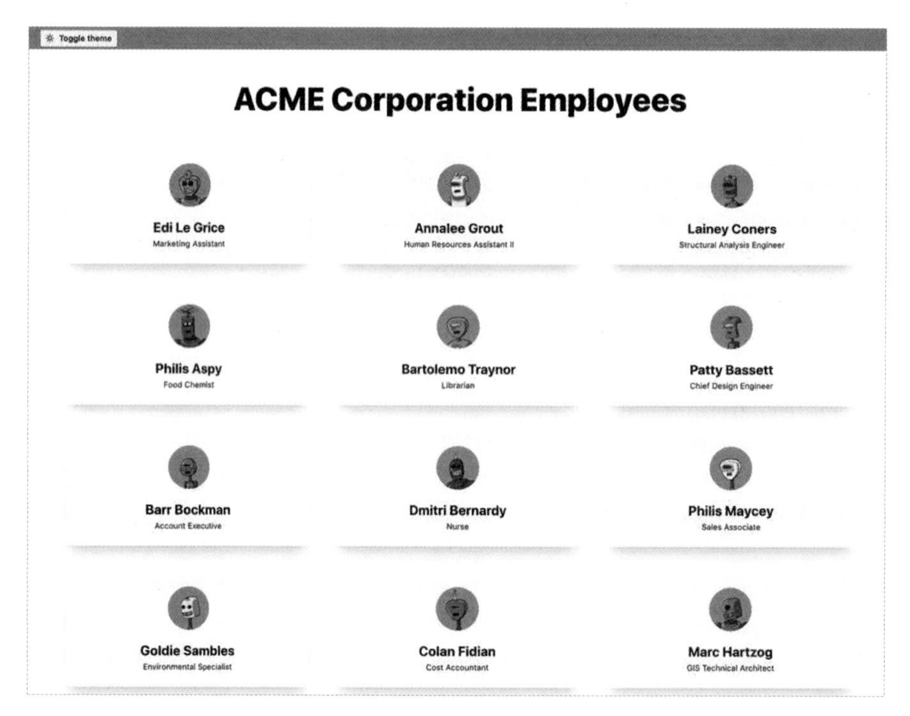

그림 7-4 밝은 테마를 적용한 직원 정보 페이지

현재 화면을 표시하는 컴퓨터가 밝은 테마를 사용하도록 설정되어 있기 때문에 Chakra UI 역시 밝은 테마를 사용해서 화면을 렌더링합니다. TopBar의 [Toggle theme] 버튼을 클릭해서 [그림 7-5]와 같이 어두운 테마로 바꿀 수도 있습니다.

그림 7-5 어두운 테마를 적용한 직원 정보 페이지

이제 사용자 정보를 표시할 pages/users/[username].js 페이지를 만들 차례입니다. 여기서는 Next.js의 내장 메서드를 사용해서 각 페이지를 빌드 시점에 정적 페이지로 렌더링하겠습니다. 먼저 users.js 파일을 불러온 다음 Next.js의 getStaticPaths 함수를 사용해서 모든 정적 경로를 만듭니다.

```
import users from '../../data/users';

export function getStaticPaths() {
  const paths = users.map((user) => ({
    params: {
      username: user.username
```

```
    },
  }));

  return {
    paths,
    fallback: false,
  };
}
```

getStaticPaths 함수를 사용해서 Next.js가 직원 정보 배열에 포함된 모든 직원에 대해 각각 새로운 페이지를 만들도록 합니다. 또한 fallback 속성값을 false로 지정해서 빌드 시점에 생성되지 않은 경로에 접근할 경우 Next.js가 404 페이지를 표시하도록 합니다. 만약 fallback 속성값을 true로 지정하면 Next.js는 이 페이지를 서버가 렌더링하도록 만듭니다. 페이지를 데이터베이스나 외부 API를 활용해서 렌더링할 수도 있고, 새 페이지를 만들 때마다 전체 웹 사이트를 새로 빌드하고 싶지 않을 때 이 옵션을 사용할 수 있습니다. fallback 속성값을 true로 지정하면 Next.js는 getStaticProps 함수를 서버 측에서 실행하고 페이지를 렌더링한 다음 해당 페이지를 정적 페이지처럼 제공합니다. 지금은 데이터베이스나 외부 API 등에서 정보를 불러오는 것이 아니라 정적 자바스크립트 파일에 있는 데이터만 사용하므로 false로 지정합니다.

그리고 같은 파일에 getStaticProps 함수를 추가합니다.

```
export function getStaticProps({ params }) {
  const { username } = params;

  return {
    props: {
      user: users.find((user) => user.username === username),
    },
  };
}
```

이 함수를 사용해서 특정 직원의 정보를 조회할 수 있습니다.

이제 페이지 콘텐츠를 만들기 전에 필요한 Chakra UI와 Next.js 패키지들을 불러옵니다.

```
import Link from 'next/link';
import {
  Avatar,
  Box,
  Center,
  Text,
  Image,
  Button,
  Flex,
  useColorModeValue
} from '@chakra-ui/react';
```

마지막으로 UserPage 컴포넌트를 만듭니다. 컴포넌트의 모든 부분을 Chakra UI의 Center 컴포넌트로 감싸서 자식 요소들을 중앙에 정렬하도록 만듭니다. 그리고 Chakra UI의 내장 컴포넌트인 Image, Flex, Avatar, Text 등을 사용해서 컴포넌트를 완성합니다.

```
function UserPage({ user }) {
  return (
    <Center
      marginTop={['0', '0', '8']}
      boxShadow="lg"
      minHeight="fit-content">
      <Box>
        <Box position="relative">
          <Image
            src={user.cover_image}
            width="fit-content"
            height="250px"
            objectFit="cover" />
          <Flex
            alignItems="flex-end"
            position="absolute"
            top="0"
            left="0"
            backgroundColor={
              useColorModeValue('blackAlpha.400', 'blackAlpha.600')
            }
            width="100%"
            height="100%"
            padding="8"
            color="white">
```

```
            <Avatar size="lg" src={user.avatar} />
            <Box marginLeft="6">
              <Text as="h1" fontSize="xx-large" fontWeight="bold">
                {user.first_name} {user.last_name}
              </Text>
              <Text as="p" fontSize="large" lineHeight="1.5">
                {user.job_title}
              </Text>
            </Box>
          </Flex>
        </Box>
        <Box
          maxW="container.xl"
          margin="auto"
          padding="8"
          backgroundColor={useColorModeValue('white', 'gray.700')}>
          <Text as="p">{user.description}</Text>
          <Link href="/" passHref>
            <Button marginTop="8" colorScheme="whatsapp" as="a">
              Back to all users
            </Button>
          </Link>
        </Box>
      </Box>
    </Center>
  );
}

export default UserPage;
```

여기서도 Chakra UI의 좋은 기능을 사용하고 있습니다. 바로 [Back to all users] 버튼에 사용한 as 속성입니다.

```
<Button marginTop="8" colorScheme="whatsapp" as="a">
```

이는 Chakra UI에게 Button 컴포넌트를 HTML의 <a> 요소로 렌더링하라고 지시합니다. 그러면 부모인 Next.js Link 컴포넌트의 passHref 속성을 버튼의 href값으로 전달해서 접근성이 더 뛰어난 UI를 만들 수 있습니다. 실제로 렌더링되는 것은 <a> 요소이며 적절한 href 속성값이 주어집니다. Next.js 13부터는 Link 컴포넌트가 <a> 태그로 렌더링되기 때문에 이렇게 Button을 a 요소로 렌더링 할 수 없지만 여전히 as 속성은 여러 곳에서 유용하게 사용할 수 있습니다.

서버에 접속해서 결과를 확인해보면 [그림 7-6]과 같은 화면을 볼 수 있습니다.

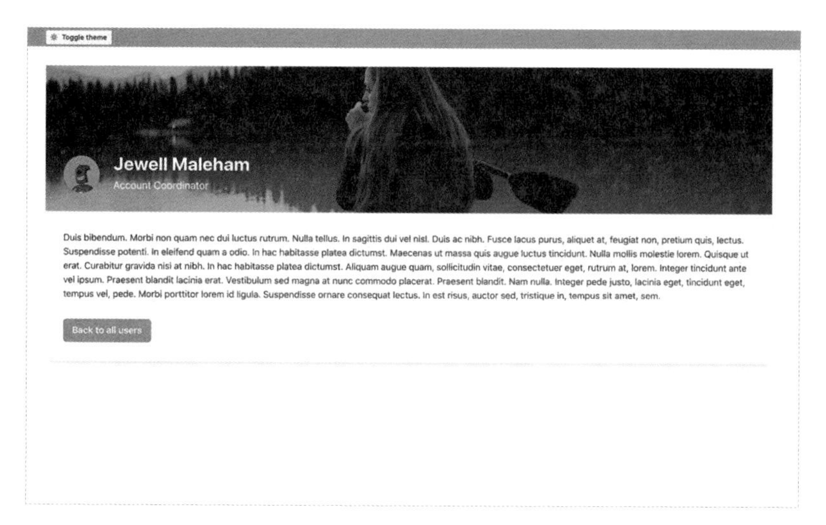

그림 7-6 밝은 테마를 적용한 직원 정보 페이지

여기서도 [Toggle theme] 버튼을 클릭하면 [그림 7-7]과 같이 다른 테마로 변경할 수 있습니다.

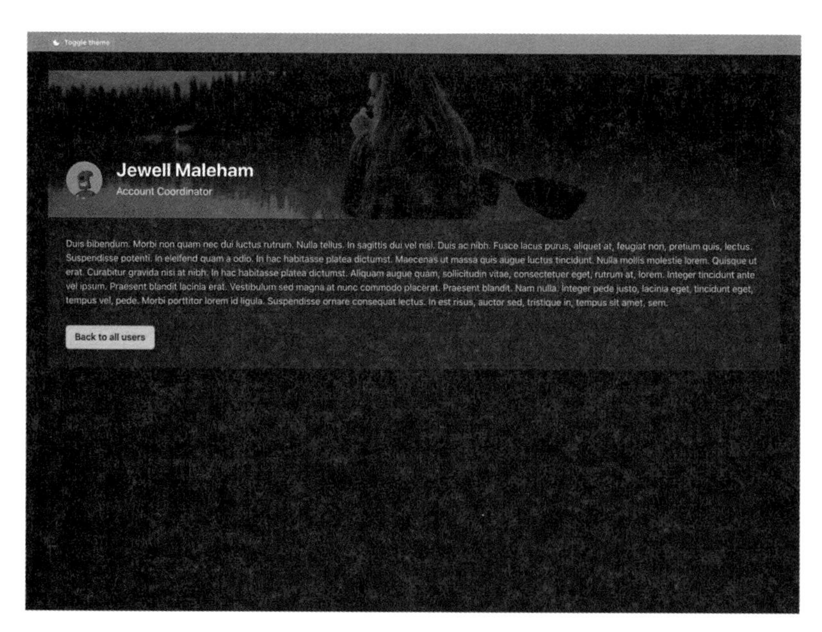

그림 7-7 어두운 테마를 적용한 직원 정보 페이지

반응형 스타일을 적용했기 때문에 브라우저의 크기를 조절하면 [그림 7-8]과 같이 UI 레이아웃이 변경됩니다.

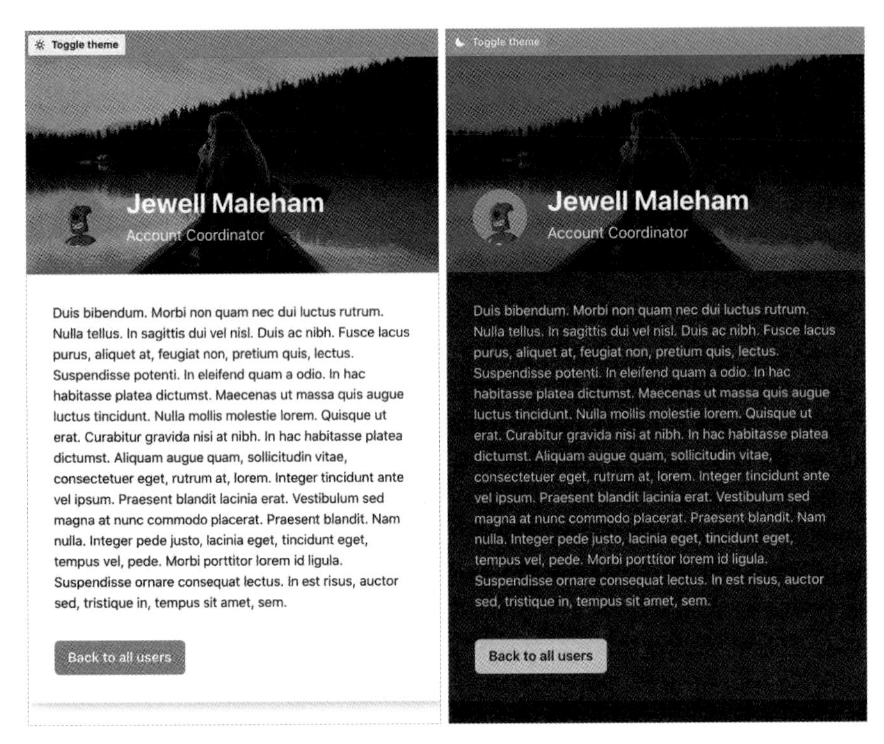

그림 7-8 모바일 기기에서 본 직원 정보 페이지

이처럼 Chakra UI를 사용하면 반응형 UI를 더 쉽고 직관적으로 만들 수 있습니다. Chakra UI의 다른 컴포넌트, 훅, 유틸리티 등의 정보가 궁금하다면 Chakra UI의 홈페이지[47]를 참고하기 바랍니다.

Chakra UI은 훌륭한 UI 라이브러리이며 개인적으로도 많은 프로젝트에서 사용했습니다. 무료로 제공되는 오픈소스이며, Chakra UI의 접근성, 성능, 완성도를 향상시키고 최적화하는 훌륭한 커뮤니티도 있습니다. 또한 프리미엄 옵션으로 Chakra UI 코어 팀이 미리 만들어둔 UI 컴포넌트를 사용할 수도 있습니다.[48]

---

47 *https://chakra-ui.com*

48 *https://pro.chakra-ui.com/components*

7.3 TailwindCSS

TailwindCSS는 효용을 최우선으로 생각하는 CSS 프레임워크로, UI를 만들 때 미리 만들어진 CSS 클래스를 CSS 규칙에 적용할 수 있는 직관적인 방법을 제공합니다. Chakra UI나 Material UI 등 대부분의 UI 프레임워크와 달리 TailwindCSS는 오직 CSS 규칙만 제공합니다. 자바스크립트 스크립트나 리액트 컴포넌트를 제공하지 않으므로 필요한 경우 직접 만들어서 사용해야 합니다. TailwindCSS의 주요 장점은 다음과 같습니다.

프레임워크 독립성

리액트, 뷰, 앵귤러와 같은 프레임워크나 순수한 HTML 및 자바스크립트에서도 사용할 수 있습니다. 그냥 CSS 규칙일뿐이니까요.

테마

Chakra UI와 마찬가지로 TailwindCSS의 변수값을 조절하여 여러분만의 디자인을 만들 수 있습니다.

밝은/어두운 테마 지원

`<html>` 요소의 특정 CSS 클래스를 수정해서 어두운 테마를 쉽게 적용하고 해제할 수 있습니다.

높은 수준의 최적화

TailwindCSS에는 많은 CSS 클래스가 있지만 빌드 시점에 사용하지 않는 클래스는 제거됩니다. 따라서 최종 번들의 크기가 줄어듭니다.

모바일 지원

CSS 클래스의 접두사를 활용하여 모바일, 데스크톱, 태블릿 화면에서 원하는 규칙을 지정할 수 있습니다.

이 절에서는 이전에 만든 프로젝트를 활용해서 TailwindCSS를 Next.js에 적용하는 방법을 알아보겠습니다. 이를 통해 Chakra UI와 TailwindCSS의 차이점도 더 분명히 알 수 있을 것입니다.

우선 새 프로젝트를 만들고 필요한 의존성 패키지들을 설치합니다.

```
npx create-next-app employee-directory-with-tailwindcss
```

TailwindCSS는 세 개의 devDependencies만 필요하므로 새로 만든 프로젝트 디렉터리에 들어가서 필요한 것들을 설치합니다.

```
yarn add -D autoprefixer postcss tailwindcss
```

앞서 언급했듯이 TailwindCSS는 자바스크립트를 제공하지 않기 때문에 Charkra UI와는 달리 밝은 테마나 어두운 테마를 번갈아 가며 적용하려면 기능을 직접 만들어야 합니다. 이때 next-themes 라이브러리를 사용하면 좀 더 쉽게 구현할 수 있습니다.

```
yarn add next-themes
```

모든 의존성 패키지를 설치했으니 기본 TailwindCSS 설정 파일을 만들어봅시다. 다음과 같이 tailwindcss init 명령을 실행합니다.

```
npx tailwindcss init -p
```

그러면 다음 두 개의 파일이 만들어집니다.

- **tailwind.config.js**: 사용하지 않는 CSS를 제거하거나 TailwindCSS 테마, 어두운 테마 플러그인 등을 설정할 때 사용합니다.
- **postcss.config.js**: TailwindCSS는 PostCSS를 사용하며 이때 postcss.config.js 파일의 설정을 사용합니다. 필요한 경우 이 파일을 수정하여 설정을 변경할 수 있습니다.

우선 TailwindCSS 설정을 수정해서 마지막으로 빌드할 때 사용하지 않는 CSS 규칙들을 제거합니다. tailwind.config.js 파일을 열어서 다음과 같이 수정합니다.

```
module.exports = {
  purge: ['./pages/**/*.{js,jsx}', './components/**/*.{js,jsx}'],
  darkMode: 'class',
  theme: {
```

```
    extend: {},
  },
  variants: {
    extend: {},
  },
  plugins: [],
};
```

그럼 TailwindCSS는 pages/와 components/ 디렉터리 안의 파일 중 .js 또는 .jsx로 끝나는 것을 찾은 다음 해당 파일에서 사용하지 않는 CSS를 모두 제거합니다.

또한 darkMode 속성값을 'class'로 지정합니다. 이 경우 TailwindCSS는 <html> 요소 클래스를 보고 컴포넌트에 밝은 테마를 적용할지 어두운 테마를 적용할지 결정합니다.

기본 tailwind.css CSS 파일 내용을 앱의 모든 페이지에 적용할 수 있도록 pages/_app.js 파일에서 tailwindcss/tailwind.css 파일을 불러옵니다.

```
import 'tailwindcss/tailwind.css';

function MyApp({ Component, pageProps }) {
  return <Component {...pageProps} />;
}

export default MyApp;
```

이제 TailwindCSS 클래스에서 어떤 것을 사용할 것인지 지정할 수 있습니다. pages/_app.js 파일을 열어서 next-themes 라이브러리의 ThemeProvider를 불러옵니다. 이렇게 하면 밝은 테마와 어두운 테마를 번갈아 적용하고 다른 모든 컴포넌트를 ThemeProvider로 감쌀 수 있습니다.

```
import { ThemeProvider } from 'next-themes';
import TopBar from '../components/TopBar';
import 'tailwindcss/tailwind.css';

function MyApp({ Component, pageProps }) {
  return (
    // attribute="class"를 지정해서
    // 메인 <html> 태그에 "dark" CSS 클래스를 적용합니다.
```

```
      <ThemeProvider attribute="class">
        <div className="dark:bg-gray-900 bg-gray-50 w-full min-h-screen">
          <TopBar />
          <Component {...pageProps} />
        </div>
      </ThemeProvider>
    );
  }

  export default MyApp;
```

나머지 부분은 Chakra UI를 적용할 때와 같습니다. TopBar 컴포넌트를 불러오고 Next.js의 <Component />를 컨테이너 안에 넣습니다. TopBar 컴포넌트는 잠시 후에 살펴보고 그 전에 <Component />를 감싸는 <div>를 자세히 살펴보겠습니다.

```
<div className="dark:bg-gray-900 bg-gray-50 w-full min-hscreen">
```

여기서 사용하는 네 개의 클래스를 하나씩 살펴봅시다.

dark:bg-gray-900

어두운 테마를 사용하면 <div>의 배경색을 bg-gray-900으로 지정합니다. TailwindCSS 변수는 이 값을 #111927 16진수 색상으로 지정합니다.

bg-gray-50

기본, 즉 밝은 테마가 적용된 경우 <div>의 배경색을 bg-gray-50으로 지정합니다. 이 값은 #f9fafb 16진수 색상으로 지정됩니다.

w-full

'full width', 즉 <div>의 가로 폭인 width 속성값을 100%로 지정합니다.

min-h-screen

최소 높이 속성값을 전체 화면의 높이값으로 지정하라는 뜻의 CSS 클래스로, min-height: 100vh와 같습니다.

이번에는 /components/TopBar/index.js 파일 내용을 살펴봅시다.

```
import ThemeSwitch from '../ThemeSwitch';

function TopBar() {
  return (
    <div className="w-full p-2 bg-green-500">
      <div className="w-10/12 m-auto">
        <ThemeSwitch />
      </div>
    </div>
  );
}

export default TopBar;
```

최대 폭이 100%이고 초록색(className="w-full p-2 bg-green-500")이며 패딩이 0.5rem(p-2), 배경색이 #12b981 16진수 색상(bg-green-500)인 가로로 길쭉한 막대 모양을 정의합니다. 그리고 <div> 안에는 최대 폭이 75%(w-10/12)이며 가운데로 정렬하는 <div>가 위치합니다.

그런 다음 ThemeSwitch 버튼을 components/ThemeSwitch/index.js에 만들어봅시다.

```
import { useTheme } from 'next-themes';

function ThemeSwitch() {
  const { theme, setTheme } = useTheme();
  const dark = theme === 'dark';

  const toggleTheme = () => {
    setTheme(dark ? 'light' : 'dark');
  };

  return (
    <button
      onClick={toggleTheme}
      className="
        dark:bg-green-900 dark:bg-opacity-20 dark:textgray-50
        bg-green-100 text-gray-500 pl-2 pr-2 rounded-md text-xs
        p-1"
    >
      Toggle theme
```

```
    </button>
  );
}

export default ThemeSwitch;
```

컴포넌트는 코드만 봐도 직관적으로 이해할 수 있는 수준입니다. next-themes 라이브러리의 useTheme 훅을 사용해서 테마값을 현재 설정에 따라 light 또는 dark로 지정합니다.

<button>의 CSS 클래스를 살펴보면 모서리가 둥글고 초록색 배경색을 가진 버튼을 만든다는 것을 알 수 있습니다. 초록색은 현재 적용된 테마에 따라 조금씩 다른 색깔을 가집니다.

다음으로 UserCard 컴포넌트를 만들겠습니다. components/UserCard/index.js 파일을 만들고 다음 내용을 채워 넣습니다.

```
import Link from 'next/link';

function UserCard(props) {
  return (
    <Link href={`/user/${props.username}`} passHref>
      <div
        className="
          dark:bg-gray-800 bg-gray-100 cursor-pointer
          dark:text-white p-4 rounded-md text-center
          shadow-xl"
      >
        <img
          src={props.avatar}
          alt={props.username}
          className="w-16 bg-gray-400 rounded-full m-auto"
        />
        <div className="mt-2 font-bold">
          {props.first_name} {props.last_name}
        </div>
        <div className="font-light">{props.job_title}</div>
      </div>
    </Link>
  );
}

export default UserCard;
```

CSS 클래스 이름만 제외하면 Chakra UI를 써서 만든 컴포넌트와 같습니다.

이미지 최적화

지금은 별도로 이미지를 최적화하지 않고 기본 `<img>` HTML 요소를 사용해서 이미지를 표시하고 있습니다. 하지만 이렇게 이미지를 표시하면 웹 사이트가 느려지고 SEO 점수도 낮아집니다. 앞서 만든 코드와는 별개로 Next.js의 `Image` 컴포넌트를 사용해서 이미지를 최적화하고 제공하도록 컴포넌트를 만들어보세요. 어떻게 사용하는지 기억이 나지 않는다면 〈CHAPTER 3 Next.js 기초와 내장 컴포넌트〉를 참고하기 바랍니다.

이제 가상의 회사 ACME의 직원 페이지를 만들 준비가 끝났습니다. 이전과 마찬가지로 동일한 직원 정보를 `data/users.js` 파일에 저장합니다. 파일을 새로 만들어야 한다면 웹 페이지[49]에서 파일을 다운로드할 수도 있습니다. 그리고 `pages/index.js` 파일을 열어서 `users.js` 파일과 `UserCard` 컴포넌트를 불러온 다음 Chakra UI를 사용했을 때와 마찬가지로 모든 내용을 격자 형태로 표시하도록 만듭니다.

```
import UserCard from '../components/UserCard';
import users from '../data/users';

export default function Home() {
  return (
    <div className="sm:w-9/12 sm:m-auto pt-16 pb-16">
      <h1 className="dark:text-white text-5xl font-bold text-center">
        ACME Corporation Employees
      </h1>
      <div className="
        grid gap-8 grid-cols-1 sm:grid-cols-3 mt-14
        ml-8 mr-8 sm:mr-0 sm:ml-0
      ">
        {users.map((user) => (
          <div key={user.id}>
            <UserCard {...user} />
          </div>
        ))}
      </div>
```

49 *https://github.com/hanbit/practical-next.js/blob/main/07-using-ui-frameworks/with-chakra-ui/data/users.js*

```
    </div>
  );
}
```

여기서는 **반응형 지시자**responsive directive를 사용합니다.

```
<div className="sm:w-9/12 sm:m-auto pt-16 pb-16">
```

`sm:` 접두사는 창의 가로 폭이 `640px`보다 크거나 같을 때 적용되는 규칙을 의미합니다. 기본적으로 Tail windCSS 클래스는 모바일 환경이 가장 우선이며 그보다 큰 화면을 사용하는 환경의 경우 `sm:`(`640px`), `md:`(`768px`), `lg:`(`1024px`), `xl:`(`1280px`), `2xl:`(`1536px`)과 같은 접두사를 지정해주어야 합니다.

서버를 실행하고 홈 페이지에 접속하면 [그림 7-9]와 같은 화면을 볼 수 있습니다.

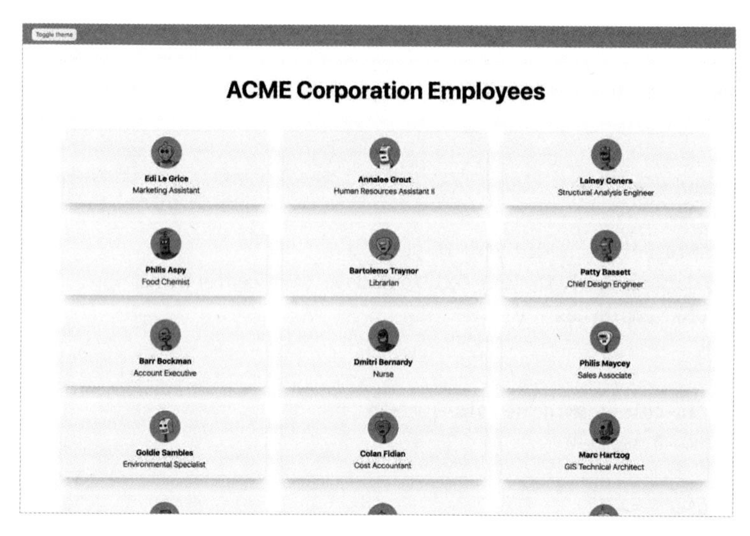

그림 7-9 TailwindCSS로 밝은 테마를 적용한 직원 정보 페이지

화면 상단의 초록색 바에 있는 버튼을 클릭해서 어두운 테마를 적용하면 [그림 7-10]과 같은 화면이 표시됩니다.

그림 7-10 TailwindCSS로 어두운 테마를 적용한 직원 정보 페이지

Chakra UI를 사용했을 때와 비교해보면 페이지가 거의 똑같다는 것을 알 수 있습니다.

이제 각 직원의 세부 정보를 표시할 수 있는 페이지를 만들어서 웹 사이트를 완성해봅시다. `pages/user/[username].js` 파일을 만들고 필요한 파일들을 불러옵니다.

```
import Link from 'next/link';
import users from '../../data/users';
```

그리고 `getStaticPaths` 함수를 만듭니다.

```
export function getStaticPaths() {
  const paths = users.map((user) => ({
    params: {
      username: user.username
    },
  }));

  return {
    paths,
    fallback: false,
  };
}
```

`getStaticProps` 함수도 만듭니다.

```
export function getStaticProps({ params }) {
  const { username } = params;

  return {
    props: {
      user: users.find((user) => user.username === username),
    },
  };
}
```

이 두 함수는 Chakra UI를 사용할 때와 똑같습니다. 사실 두 가지 경우 모두 페이지 콘텐츠를 렌더링하는 방법만 바꾼 것이며 서버 측에서 데이터를 불러오고 처리하는 부분은 동일합니다.

불러온 직원 정보를 표시해줄 페이지 컴포넌트를 만들어봅시다. 구성은 Chakra UI를 사용할 때와 거의 같으며 TailwindCSS 클래스와 표준 HTML 요소를 사용한다는 점만 다릅니다.

```
function UserPage({ user }) {
  return (
    <div className="pt-0 sm:pt-16">
      <div className="
        dark:bg-gray-800 text-white w-12/12
        shadow-lg sm:w-9/12 sm:m-auto">
        <div className="relative sm:w-full">
          <img
            src={user.cover_image}
            alt={user.username}
            className="w-full h-96 object-cover objectcenter"
          />
          <div className="
            bg-gray-800 bg-opacity-50 absolute
            flex items-end w-full h-full top-0 left-0 p-8">
            <img
              src={user.avatar}
              alt={user.username}
              className="bg-gray-300 w-20 rounded-full mr-4"
            />
            <div>
              <h1 className="font-bold text-3xl">
                {user.first_name} {user.last_name}
```

```
            </h1>
            <p> {user.job_title} </p>
          </div>
        </div>
      </div>
      <div className="p-8">
        <p className="text-black dark:text-white">
          {user.description}
        </p>
        <Link href="/" passHref>
          <button className="
            dark:bg-green-400 dark:text-gray-800
            bg-green-400
            text-white font-semibold p-2
            rounded-md mt-6">
            Back to all users
          </button>
        </Link>
      </div>
    </div>
  </div>
  );
}

export default UserPage;
```

이렇게 TailwindCSS를 적용한 애플리케이션을 완성했습니다. 지금까지 사용한 TailwindCSS 스타일시트의 크기는 4.7MB이지만 `yarn build`를 실행해서 웹 사이트를 빌드하고 나면 TailwindCSS 파일 크기는 고작 6KB밖에 되지 않습니다. 파일 크기를 비교해보고 싶다면 `tailwind.config.js` 파일의 `purge` 속성 부분을 주석 처리하고 다시 빌드해보기 바랍니다.

지금까지 두 가지 방법을 사용해서 웹 애플리케이션을 꾸며보았습니다. 각 방법은 뚜렷한 장단점을 가지고 있습니다. 물론 웹 사이트에 스타일을 어떻게 정의하고 적용할 것인가에 대한 공통된 아이디어가 있지만 Chakra UI의 경우 미리 만들어둔 리액트 컴포넌트를 제공하기 때문에 Next.js나 리액트 애플리케이션에서 라이브러리를 불러와 사용하기 좋으며 훨씬 더 동적인 웹 사이트를 만들기도 쉽습니다.

다행히 TailwindCSS 팀은 TailwindCSS이나 다른 UI 프레임워크에서도 매우 동적인 인터페이스를 만들 수 있는 획기적인 방법을 제시했습니다. 바로 Headless UI입니다. 다음 절에서는 Headless UI가 무엇인지 그리고 어떻게 Next.js 애플리케이션과 함께 사용하는지 알아보겠습니다.

7.4 Headless UI

TailwindCSS는 웹 컴포넌트 안에서 사용할 수 있는 CSS 클래스만 제공합니다. 그래서 모달이나 스위치 버튼 등 동적인 컴포넌트를 만들려면 직접 자바스크립트 코드를 작성해야 합니다.

Headless UI는 이런 문제를 TailwindCSS와는 반대로 해결합니다. 그 어떤 CSS 클래스나 스타일도 제공하지 않고 동적 컴포넌트만 제공합니다. 그래서 TailwindCSS나 그 외의 CSS 프레임워크를 사용해서 내장 컴포넌트를 쉽게 꾸밀 수 있습니다. Headless UI는 TailwindCSS를 만든 Tailwind Labs 팀의 무료 오픈소스 프로젝트로, GitHub 저장소[50]에서 소스 코드를 확인할 수 있습니다.

Headless UI와 TailwindCSS를 함께 사용하는 것은 TailwindCSS만 사용하는 것과 별반 차이가 없습니다. 먼저 새로운 프로젝트를 만들고 이전 절에서 설명한 것과 같이 TailwindCSS 패키지를 설치합니다. 그런 다음 Headless UI를 설치하고 동적 CSS 클래스 이름을 쉽게 만들 수 있는 classnames 유틸리티 패키지도 함께 설치합니다.

```
yarn add @headlessui/react classnames
```

여기서는 Headless UI와 TailwindCSS로 간단한 메뉴 컴포넌트를 만들어보겠습니다. `pages/index.js` 파일에서 Headless UI, `classnames`, Next.js `Link` 컴포넌트를 불러옵니다.

```
import Link from 'next/link';
import { Menu } from '@headlessui/react';
import cx from 'classnames';
```

같은 파일에서 메뉴 요소 배열을 만듭니다. 이 데이터는 메뉴를 띄울 때 사용할 가짜 데이터입니다.

50 *https://github.com/tailwindlabs/headlessui*

```
const entries = [
  {
    name: 'Home',
    href: '/'
    enabled: true,
  },
  {
    name: 'About',
    href: '/about',
    enabled: true,
  },
  {
    name: 'Contact',
    href: '/contact',
    enabled: false,
  },
];
```

Headless UI의 Menu 컴포넌트를 구조 분해 할당destructure해서 메뉴를 만들 때 필요한 컴포넌트를 전부 가져옵니다.

```
const { Button, Items, Item } = Menu;
```

모든 메뉴 항목은 각각 Item 컴포넌트로 감쌉니다. 각 메뉴 항목은 같은 방식으로 작동하므로 범용 MenuEntry 컴포넌트를 만들어서 이를 메뉴 항목 배열에 적용하겠습니다.

```
const MenuEntry = (props) => (
  <Item disabled={!props.enabled}>
    {({ active }) => (
      <Link href={props.href} passHref>
        {props.name}
      </Link>
    )}
  </Item>
);
```

보다시피 Headless UI는 Item 내부의 모든 요소에 active라는 상태를 전달합니다. 나중에 이 상태를 사용해서 사용자에게 현재 어떤 메뉴가 활성화되었는지 표시할 것입니다.

이제 모든 항목을 Menu 컴포넌트로 감쌉니다.

```
export default function Home() {
  return (
    <div className="w-9/12 m-auto pt-16 pb-16">
      <Menu>
        <Button>My Menu</Button>
        <Items>
          {entries.map((entry) => (
            <MenuEntry key={entry.name} {...entry} />
          ))}
        </Items>
      </Menu>
    </div>
  );
}
```

서버를 시작하면 화면 오른쪽 상단에서 스타일이 전혀 적용되지 않은 버튼을 볼 수 있습니다. 이 버튼을 클릭하면 콘텐츠를 표시하거나 숨길 수 있습니다.

이제 MenuEntry 컴포넌트부터 스타일을 적용해봅시다.

```
const MenuEntry = (props) => (
  <Item disabled={!props.enabled}>
    {({ active }) => {
      const classNames = cx(
        'w-full', 'p-2', 'rounded-lg', 'mt-2', 'mb-2',
      {
        'opacity-50': !props.enabled,
        'bg-blue-600': active,
        'text-white': active,
      });

      return (
        <Link href={props.href} passHref
          className={classNames}
        >
          {props.name}
        </Link>
      );
    }}
```

```
    </Item>
  );
```

이 코드에서는 Button과 Item 컴포넌트를 꾸미기 위해 필요한 CSS 클래스들을 추가합니다. 메뉴 버튼을 자주색 바탕에 흰색 글자로 렌더링하고 드롭다운 메뉴에는 둥근 모서리와 그림자를 적용할 것이므로 다음과 같이 필요한 클래스를 추가합니다.

```
export default function Home() {
  return (
    <div className="w-9/12 m-auto pt-16 pb-16">
      <Menu>
        <Button className="
          bg-purple-500 text-white p-2 pl-4 pr-4 rounded-lg
        "> My Menu </Button>
        <Items className="
          flex flex-col w-52 mt-4 p-2 rounded-xl shadow-lg
        ">
          {entries.map((entry) => (
            <MenuEntry key={entry.name} {...entry} />
          ))}
        </Items>
      </Menu>
    </div>
  );
}
```

메뉴에 전환 효과를 적용하여 콘텐츠를 표시하고 숨기는 효과를 좀 더 부드럽게 만들어봅시다. Headless UI에서 Transition 컴포넌트를 불러온 다음 메뉴 아이템을 Transition 컴포넌트로 감쌉니다.

```
import { Menu, Transition } from '@headlessui/react';

// ...

export default function Home() {
  return (
    <div className="w-9/12 m-auto pt-16 pb-16">
      <Menu>
        <Button className="
          bg-purple-500 text-white p-2 pl-4 pr-4 rounded-lg
```

```
        "> My Menu </Button>
        <Transition
          enter="transition duration-100 ease-out"
          enterFrom="transform scale-95 opacity-0"
          enterTo="transform scale-100 opacity-100"
          leave="transition duration-75 ease-out"
          leaveFrom="transform scale-100 opacity-100"
          leaveTo="transform scale-95 opacity-0">
          <Items className="
            flex flex-col w-52 mt-4 p-2 rounded-xl shadow-lg
          ">
            {entries.map((entry) => (
              <MenuEntry key={entry.name} {...entry} />
            ))}
          </Items>
        </Transition>
      </Menu>
    </div>
  );
}
```

Headless UI 컴포넌트를 TailwindCSS로 꾸몄지만 다른 CSS 규칙이나 CSS 프레임워크를 사용할 수도 있습니다.

Chakra UI처럼 TailwindCSS에서도 여러 가지 프리미엄 컴포넌트를 제공하며 이 중 상당수는 Headless UI를 사용하여 컴포넌트 상호 작용을 관리합니다. 프리미엄 컴포넌트에 관심이 있다면 웹 페이지[51]에서 더 자세한 정보를 얻기 바랍니다.

정리하기

CHAPTER 7에서는 Next.js, 리액트, 순수한 HTML에 UI를 구현할 수 있는 세 가지 방법을 살펴보았습니다. 책의 나머지 부분에서 실제 웹 애플리케이션을 만들 때 여기서 배운 내용을 바탕으로 더 빠르고 쉽게 UI를 개발할 수 있습니다. 물론 뛰어난 성능과 높은 접근성, 놀라운 개발 경험은 덤으로 얻을 수 있고요.

51 https://tailwindui.com

Chakra UI와 TailwindCSS의 차이점을 더 자세히 비교해보고 싶다면 Chakra UI 웹 사이트의 공식 가이드 문서[52]를 참고하기 바랍니다. 두 가지 라이브러리 모두 아름답고 훌륭한 UI를 쉽게 만들 수 있도록 도와주며 비슷한 부분도 많지만 실제 사용 시에는 많은 차이점이 있습니다. Chakra UI는 다양하고 훌륭한 컴포넌트를 제공하지만 리액트에서만 사용할 수 있습니다. 프로젝트에서 앵귤러나 스벨트Svelte를 사용한다면 적용할 수 없겠죠. 반면 TailwindCSS는 완전히 프레임워크 비종속적입니다. 따라서 어떤 웹 프레임워크나 기술을 써도 적용할 수 있습니다.

둘 중 하나를 콕 짚어서 훨씬 좋다고 말할 수는 없습니다. 각 라이브러리는 분명한 장단점이 있으며 전적으로 개인의 성향이나 상황에 따라 선택할 수밖에 없습니다.

CHAPTER 8에서는 애플리케이션의 백엔드 부분을 살펴보겠습니다. 바로 커스텀 Node.js 서버를 사용해서 Next.js 웹 애플리케이션을 동적으로 실행하는 방법이죠.

52 https://chakra-ui.com/docs/comparison

CHAPTER 8

커스텀 서버

Next.js는 정말 강력한 프레임워크입니다. 웹 서버 설정을 바꾸지 않고도 서버 측에서 렌더링하는 웹 애플리케이션을 쉽게 만들 수 있습니다. 실제 웹 애플리케이션을 만들고 서비스를 제공할 때 Express.js나 Fastify 서버에서 Next.js 애플리케이션을 실행하는 경우는 극히 드물겠지만 방법을 알아두면 유용하게 쓰일 것입니다.

필자는 수년간 Next.js로 큰 규모의 웹 애플리케이션을 여러 개 만들었지만 커스텀 서버를 사용해야 하는 경우는 거의 없었습니다. 하지만 일부 환경에서는 반드시 커스텀 서버가 필요할 수도 있습니다.

CHAPTER 8에서는 다음과 같은 내용을 다룹니다.

- 커스텀 서버 소개, 사용 시점, 선택할 수 있는 옵션
- Express.js 서버
- Fastify 서버
- 커스텀 서버를 배포하기 위한 요구사항

학습을 마치면 커스텀 서버를 언제 사용해야 하는지, 장점과 단점이 무엇인지, 어떤 문제가 있으며 어떻게 해결해야 하는지 알 수 있습니다.

8.1 커스텀 서버가 필요한 경우

Next.js는 자체 서버를 제공하기 때문에 웹 애플리케이션을 만들면서 별도의 서버를 준비하고 실행할 필요가 없습니다. 하지만 어떤 경우에는 반드시 Express.js나 Fastify와 같은 별도의 웹 서버를 통해 Next.js 애플리케이션을 실행해야 할 수도 있습니다. Next.js는 커스텀 웹 서버에서도 웹 애플리케이션을 쉽게 실행할 수 있도록 직관적인 API를 제공합니다. 하지만 구현하기에 앞서 스스로에게 질문해보아야 합니다. 정말 커스텀 서버가 필요한가요?

대부분의 경우 커스텀 서버는 필요하지 않습니다. Next.js는 거의 완성된 프레임워크이기 때문에 Express.js나 Fastify, 그 외 서버가 실행할 프레임워크를 설정하고 준비할 필요가 없습니다. 하지만 드물게 커스텀 서버를 사용해야만 하는 경우가 있죠. 몇 가지 살펴봅시다.

Next.js 웹 애플리케이션을 기존 서버에서 실행하는 경우

기존 웹 애플리케이션을 리팩터링해서 Next.js로 바꾼다고 생각해봅시다. 아마도 기존 서버에서 실행되던 로직이나 미들웨어 등을 최대한 유지하고 싶을 것입니다. 이 경우 웹 사이트의 일부는 Next.js에서 렌더링하고 나머지는 다른 곳에서 렌더링하도록 지정할 수 있습니다.

멀티테넌시 지원이 필요한 경우

Next.js는 멀티 도메인을 지원하며 현재 호스트명에 따라 선택적으로 렌더링하는 기능[53]을 제공합니다. 하지만 수천 개에 달하는 도메인을 관리하고 워크플로를 단순화해야 하는 상황이라면 Express.js나 Fastify의 Next.js 멀티테넌트 미들웨어[54]를 사용하는 것이 더 나을 수도 있습니다.

더 세밀한 제어가 필요한 경우

Next.js가 필요한 기능을 대부분 제공하지만 웹 애플리케이션의 복잡도가 증가하면 애플리케이션의 백엔드 코드를 다른 방법으로 관리하고 싶을 수도 있습니다. 이를테면 MVC 패턴에 따라 Next.js 부분을 'view'에만 해당하는 코드로 만드는 것이죠.

---

53 *https://github.com/leerob/nextjs-multiple-domains*

54 *https://github.com/micheleriva/krabs*

커스텀 서버로 이런 문제들을 해결할 수 있지만 단점도 있습니다. 예를 들어 커스텀 서버는 Next.js에 최적화된 플랫폼인 Vercel에 배포할 수 없습니다. 또한 더 많은 코드를 작성하고 유지 보수해야 합니다. 작은 규모의 팀이나 회사에서 일할 경우 이런 부담은 치명적일 수도 있습니다.

다음 절에서는 Node.js에서 많이 사용되는 유명한 웹 프레임워크인 Express.js의 사용법을 알아보겠습니다.

8.2 Express.js 서버

Express.js를 Next.js 페이지를 위한 서버로 사용하는 것은 생각보다 어렵지 않습니다. 새 프로젝트를 만들고 필요한 패키지를 설치해봅시다.

```
yarn add express react react-dom next
```

네 개의 패키지를 설치하면 Express.js 서버를 시작할 준비가 끝납니다. 프로젝트 최상위 디렉터리에 index.js 파일을 만들고 필요한 패키지를 불러옵니다.

```
const { parse } = require('url');
const express = require('express');
const next = require('next');
```

Next.js 애플리케이션을 시작하기 위해 패키지 불러오기 구문 뒤에 다음 코드를 추가합니다.

```
const dev = process.env.NODE_ENV !== 'production';
const app = next({ dev });
```

다음으로 main 함수를 만들어서 서버를 완성합니다. 이 함수는 서버 사이드 렌더링을 위해 들어오는 모든 GET 요청을 받아서 Next.js에 넘겨줍니다.

```
async function main() {
  try {
    await app.prepare();

    const handle = app.getRequestHandler();
    const server = express();

    server
      .get('*', (req, res) => {
        const url = parse(req.url, true);
        handle(req, res, url);
      })
      .listen(3000, () => console.log('server ready'));
  } catch (err) {
    console.log(err.stack);
  }
}

main();
```

main 함수가 어떤 일을 하는지 좀 더 자세히 살펴봅시다. 먼저 렌더링을 위한 Next.js 앱이 실행할 준비가 될 때까지 기다립니다. 그 다음 handle 상수를 초기화하는데, 이 상수는 Next.js를 대신하여 들어오는 요청을 처리합니다. 그리고 pages/ 디렉터리를 만든 뒤 pages/index.js 파일에 다음 내용을 채워서 홈 페이지를 만듭니다.

```
export default function Homepage() {
  return <div> Homepage </div>;
}
```

이제 node index.js 명령을 실행한 후 http://localhost:3000 주소로 접속하면 'Homepage'라는 문자열을 볼 수 있습니다.

이번에는 pages/great/[user].js 파일을 만들고 다음 내용을 채워 넣어서 동적 라우트를 만듭니다.

```
export function getServerSideProps(req) {
  return {
    props: {
```

```
      user: req.params.user,
    },
  };
}

export default function GreetUser({ user }) {
  return (
    <div>
      <h1>Hello {user}!</h1>
    </div>
  );
}
```

http://localhost:3000/greet/Mitch 주소로 접속하면 'Hello Mitch!'라는 문자열을 볼 수 있습니다. 동적 라우트 역시 쉽게 구현할 수 있죠.

이제부터는 지금껏 해온 대로 Next.js 애플리케이션을 개발하면 됩니다. 하지만 지금까지 배운 것과 커스텀 서버를 쓰는 것이 아무런 차이가 없다면 커스텀 서버를 쓸 이유도 없겠죠. 그래서 커스텀 서버로 할 수 있는 더 다양한 것을 알아볼 것입니다.

기존의 웹 애플리케이션을 점진적으로 Next.js로 바꿀 때 커스텀 서버를 사용하는 것이 큰 도움이 된다고 이야기한 적이 있습니다. 이해를 돕기 위해 다음과 같이 서버에 몇 가지 기능을 추가해보겠습니다.

```
server
  .get('/', (req, res) => {
    res.send('Hello World!');
  })
  .get('/api/greet', (req, res) => {
    res.json({ name: req.query?.name ?? 'unknown' });
  })
  .listen(3000, () => console.log('server ready'));
```

이 서버는 Next.js의 페이지로 연결하지 않고 홈 페이지와 가짜 API인 `/api/greet`를 제공합니다. 여기에 Next.js로 `/about` 페이지를 만들고 제공하도록 해봅시다. 우선 `/pages/about` 디렉터리에 Next.js 페이지를 만듭니다.

```
export default function About() {
  return <div> This about page is served from Next.js </div>;
}
```

그리고 index.js 파일의 main 함수를 다음과 같이 고칩니다.

```
server
  .get('/', (req, res) => {
    res.send('Hello World!');
  })
  .get('/about', (req, res) => {
    const { query } = parse(req.url, true);
    app.render(req, res, '/about', query);
  })
  .get('/api/greet', (req, res) => {
    res.json({ name: req.query?.name ?? 'unknown' });
  })
  .listen(3000, () => console.log('server ready'));
```

이번에는 Next.js 페이지를 렌더링하기 위해 app.render라는 다른 함수를 사용합니다. 이 함수는 Express.js의 request와 response, 렌더링할 페이지, 분석한 쿼리 문자열을 인자로 받습니다. 하지만 서버를 실행하고 *http://localhost:3000/about* 주소로 접근하면 빈 페이지만 보입니다. 크롬 웹 브라우저 등을 통해 네트워크로 어떤 데이터가 오고 가는지를 확인해보면 [그림 8-1]과 같은 일이 벌어지고 있음을 볼 수 있습니다.

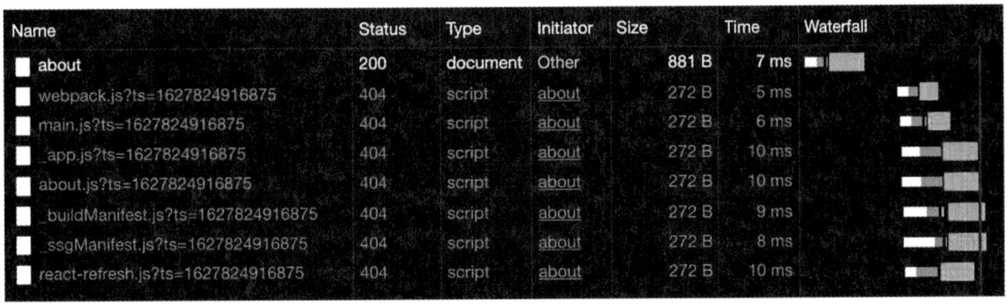

Name	Status	Type	Initiator	Size	Time	Waterfall
about	200	document	Other	881 B	7 ms	
webpack.js?ts=1627824916875	404	script	about	272 B	5 ms	
main.js?ts=1627824916875	404	script	about	272 B	6 ms	
_app.js?ts=1627824916875	404	script	about	272 B	10 ms	
about.js?ts=1627824916875	404	script	about	272 B	10 ms	
_buildManifest.js?ts=1627824916875	404	script	about	272 B	9 ms	
_ssgManifest.js?ts=1627824916875	404	script	about	272 B	8 ms	
react-refresh.js?ts=1627824916875	404	script	about	272 B	10 ms	

그림 8-1 Next.js 스크립트를 찾을 수 없다는 오류 화면

왜 이런 일이 일어나는 것일까요? Next.js가 페이지를 제대로 렌더링한다면 HTML 페이지를 볼 수 있어야 하지만 아무것도 나오지 않습니다. 이는 경로가 _next/로 시작하는 정적 자원을 Next.js에서 처리해야 한다는 사실을 Express.js 서버가 모르기 때문입니다. 이런 정적 자원의 대부분을 차지하는 자바스크립트 파일을 불러와야만 브라우저가 리액트를 불러오고, 하이드레이션을 처리하고, Next.js의 프런트엔드 기능을 실행할 수 있습니다.

다음 내용을 추가해서 문제를 해결해봅시다.

```
// ...

await app.prepare();

const handle = app.getRequestHandler();
const server = express();

server
  .get('/', (req, res) => {
    res.send('Hello World!');
  })
  .get('/about', (req, res) => {
    const { query } = parse(req.url, true);
    app.render(req, res, '/about', query);
  })
  .get('/api/greet', (req, res) => {
    res.json({ name: req.query?.name ?? 'unknown' });
  })
  .get(/_next\/.+/, (req, res) => {
    const parsedUrl = parse(req.url, true);
    handle(req, res, parsedUrl);
  })
  .listen(3000, () => console.log('server ready'));
```

Next.js에서 사용할 정적 파일의 이름을 알 수 없기 때문에 /_next\/.+/라는 정규표현식을 사용하여 경로가 _next/로 시작하는 모든 파일에서 해당 함수가 호출되도록 합니다. 그러면 Next.js가 정적 자원들을 처리할 수 있게 됩니다. 서버를 실행하고 페이지가 제대로 표시되는지 확인해봅시다.

이제 개발자 경험은 그대로 유지하면서 Next.js 기반 페이지를 개발할 수 있습니다. _app.js

파일이나 _document.js 파일을 만든 다음 수정할 수도 있고, 내장 Link 컴포넌트를 사용할 수도 있는 것이죠.

다음 절에서는 또 다른 유명한 Node.js 웹 프레임워크인 Fastify의 사용법을 배워보겠습니다.

8.3 Fastify 서버

Fastify는 Node.js 웹 프레임워크입니다. 이름에서도 알 수 있듯이 Express.js, Koa, Hapi와 같은 다른 웹 프레임워크에 비해 정말 빠릅니다. Fastify의 성능이 궁금하다면 공식 벤치마크 결과를 GitHub 저장소[55]에서 확인할 수 있습니다.

Fastify는 Node.js의 기술 위원 멤버인 마테오 콜리나Matteo Collina를 비롯하여 Node.js의 핵심 개발자들이 개발했습니다. Fastify 개발자가 실행 환경을 얼마나 잘 이해하고 프레임워크를 최적화했을지 금방 납득할 수 있죠.

Fastify의 장점은 단지 성능에만 국한되지 않습니다. 뛰어난 개발 경험과 더불어 모든 사람이 플러그인이나 미들웨어를 쉽게 개발할 수 있는 플러그인 시스템도 제공합니다. 아직 Fastify를 사용해본 적이 없다면 다음 GitHub 저장소[56]에서 더 자세한 내용을 살펴보기를 강력히 추천합니다.

Fastify는 Next.js가 렌더링한 라우트를 관리하는 공식 플러그인인 fastify-nextjs를 제공합니다. 플러그인의 소스 코드는 GitHub 저장소[57]에서 볼 수 있습니다.

먼저 새 프로젝트를 만들고 필요한 의존성 패키지를 설치합니다.

```
yarn add react react-dom fastify fastify-nextjs next
```

그리고 이전 절과 마찬가지로 세 개의 페이지를 만듭니다. 다음과 같이 /pages/index.js 파일에 간단한 홈 페이지를 만들어봅시다.

55 https://github.com/fastify/benchmarks
56 https://github.com/fastify/fastify
57 https://github.com/fastify/fastify-nextjs

```
export default function Homepage() {
  return <div> Homepage </div>;
}
```

About 페이지는 /pages/about.js 파일에 만듭니다.

```
export default function About() {
  return <div> This about page is served from Next.js </div>;
}
```

마지막으로 사용자 환영 문구를 표시하기 위한 동적 페이지는 /pages/greet/[user].js 파일에 만듭니다.

```
export function getServerSideProps(req) {
  return {
    props: {
      user: req.params.user,
    },
  };
}

export default function GreetUser({ user }) {
  return (
    <div>
      <h1>Hello {user}!</h1>
    </div>
  );
}
```

이제 Fastify 서버 코드를 작성해보겠습니다. Express.js 코드와 비교해보면 Fastify 서버 코드가 더 직관적입니다. 프로젝트 최상위 디렉터리에 index.js 파일을 만들고 다음과 같이 내용을 채웁니다.

```
const fastify = require('fastify')();

fastify.register(require('fastify-nextjs')).after(() => {
    fastify.next('/');
    fastify.next('/about');
```

```
    fastify.next('/greet/:user');
  });

fastify.listen(3000, () => {
  console.log('Server listening on http://localhost:3000');
});
```

서버를 실행하면 `index.js` 파일에 명시한 모든 페이지가 제대로 렌더링된다는 것을 확인할 수 있습니다. 구현도 Express.js보다 더 쉽습니다. `fastify.next` 함수를 호출해서 Next.js 페이지를 렌더링하며 Next.js의 정적 자원을 걱정할 필요도 없습니다. Fastify가 나머지 일을 알아서 처리해주니까요.

필요하다면 다음과 같이 서버에 다른 경로를 추가해서 JSON 응답, HTML 페이지, 정적 파일 등을 제공할 수도 있습니다.

```
fastify.register(require('fastify-nextjs')).after(() => {
  fastify.next('/');
  fastify.next('/about');
  fastify.next('/greet/:user');
  fastify.get('/contacts', (req, reply) => {
    reply
      .type('html')
      .send('<h1>Contacts page</h1>');
  });
});
```

Fastify 서버를 사용하는 것은 정말 쉽습니다. Express.js와 마찬가지로 서버 코드 준비가 끝났기 때문에 나머지는 기존 Next.js 웹 애플리케이션 개발 과정과 동일합니다. `_app.js`나 `_document.js` 파일을 수정해서 Next.js 페이지 작동을 수정하거나 UI 라이브러리를 적용하는 것 외에도 이 책에서 배운 모든 내용을 활용할 수 있습니다.

정리하기

CHAPTER 8에서는 Node.js의 유명 웹 프레임워크인 Express.js 및 Fastify에서 Next.js를 사용하는 방법에 관해 배웠습니다. 그 밖의 다른 웹 프레임워크와 Next.js를 함께 사용하는 것도 가능하며 사용 방법 또한 여기서 다룬 방법과 크게 다르지 않습니다.

커스텀 서버를 사용할 때 한 가지 명심해야 할 점은 Vercel이나 Netlify와 같은 서비스에 배포할 수 없다는 점입니다. Vercel, Netlify, Cloudflare와 같은 서비스 제공 업체의 경우 기술적으로는 Node.js로 실행 가능한 애플리케이션을 배포하고 실행할 수 있습니다. 바로 서버리스 펑션serverless function을 사용해서 말이죠. 하지만 이 내용은 상당히 복잡하기 때문에 별도로 〈CHAPTER 11 배포 플랫폼〉에서 더 자세히 설명하겠습니다. Vercel은 Next.js를 만든 회사에서 개발하고 관리하는 인프라이므로 Next.js에 아주 잘 최적화되어 있습니다. 커스텀 서버를 사용하면 이런 최적화된 인프라에 배포할 수 없기 때문에 웹 애플리케이션 최적화가 잘 되지 않습니다.

이 외에도 DigitalOcean, Heroku, AWS, Azure와 같은 환경에 배포할 수 있습니다. 결국 Node.js 환경을 제공하는 서비스라면 어디든 커스텀 Next.js 서버를 배포할 수 있는 것이죠. 배포와 관련된 자세한 내용은 〈CHAPTER 11 배포 플랫폼〉에서 자세히 다루겠습니다.

통합integration이라는 관점에서 보면 페이지, 미들웨어, Next.js 애플리케이션의 컴포넌트를 만들었을 때 배포 전에 제대로 작동하는지 테스트해보고 싶을 것입니다. CHAPTER 9에서는 주로 사용되는 테스트 라이브러리인 Jest와 Cypress를 사용해서 단위unit 테스트, 엔드 투 엔드end-to-end 테스트, 통합 테스트를 만드는 방법에 관해 알아보겠습니다.

CHAPTER 9 테스트

개발 과정에서 테스트는 떼려야 뗄 수 없는 중요한 단계입니다. 새로 추가한 코드에 버그가 없는지, 기존의 기능과 충돌하지는 않는지 확인하기 위해 테스트를 진행합니다.

Next.js 애플리케이션 테스트는 리액트, Express.js, Fastify, Koa 애플리케이션과 크게 다르지 않습니다. 리액트 애플리케이션을 만들 때와 비슷한 방법을 Next.js 기반 웹 사이트에도 적용할 수 있습니다.

테스트는 다음과 같이 크게 세 단계로 나눌 수 있습니다.

- 단위 테스트
- 엔드 투 엔드 테스트
- 통합 테스트

CHAPTER 9에서는 다음 내용을 다룹니다.

- 테스트 정의 및 테스트 프레임워크
- 테스트 환경 구성
- 널리 사용되는 테스트 러너, 프레임워크, 유틸리티 라이브러리 사용법

학습을 마치면 테스트 러너와 테스트 라이브러리를 사용해서 코드를 반영하기 전에 테스트 환경에서 코드를 테스트할 수 있습니다.

9.1 테스트란?

테스트는 개발에서 필수 과정이며 세 단계로 나눌 수 있습니다.

단위 테스트

코드의 각 함수가 제대로 작동하는지 확인하기 위한 테스트입니다. 함수에 올바른 입력과 잘못된 입력을 각각 주고 그 결과가 예상과 일치하는지 봅니다. 또한 작동 과정에서 예측하지 못한 오류가 발생하는지도 확인합니다.

엔드 투 엔드 테스트

애플리케이션에 대한 사용자 상호 작용을 흉내내서 특정 작동이 발생했을 때 적절한 응답을 하는지 확인하기 위한 테스트입니다. 웹 사이트를 웹 브라우저에서 직접 테스트하는 것과 비슷합니다. 예를 들어 폼을 만들었다면 해당 폼이 제대로 작동하는지, 사용자가 입력한 값을 제대로 확인하는지, 폼의 내용을 제출할 때 지정한 작업을 처리하는지 등을 확인하기 위해 엔드 투 엔드 테스트를 사용할 수 있습니다. 그 외에도 특정 CSS 클래스를 사용했을 때 UI를 제대로 표시하는지 또는 특정 HTML 요소를 제대로 마운트하는지 등을 테스트할 수 있습니다.

통합 테스트

애플리케이션에서 함수나 모듈과 같이 서로 구분되어 있는 영역이 함께 잘 작동하는지 확인하기 위한 테스트입니다. 두 개의 함수 조합이 원하는 결과값을 반환하는지 여부를 검사하는 것 등이 여기에 속합니다. 각 함수를 개별적으로 테스트하는 단위 테스트와 달리 통합 테스트에서는 서로 연관된 함수와 모듈을 한데 묶어서 주어진 입력에 맞는 적절한 출력을 만들어내는지 검사합니다.

다른 테스트 단계나 정책 또는 철학이 있을 수도 있지만 이 세 가지 단계는 테스트에서 절대 빼놓을 수 없는 필수 요소입니다. 따라서 여기서는 이 세 단계를 기준으로 설명하겠습니다. 세 가지 테스트는 애플리케이션을 배포하기 전에 반드시 시행해야 합니다.

설명했다시피 Next.js를 테스트하는 것은 리액트나 Express.js 애플리케이션 등을 테스트하는 것과 다르지 않습니다. 적절한 테스트 러너와 라이브러리를 고르고 코드가 제대로 작동하는지만 확인하면 됩니다. 여기서 테스트 러너란 코드에서 모든 테스트를 찾고 테스트 결과를 수집하여 콘솔에 표시할 수 있는 것을 총칭하는 말입니다. 테스트 러너 프로세스가 실패하거나 종료 시 반환값이 0이 아닌 경우 해당 테스트는 실패한 것으로 간주됩니다.

Node.js와 자바스크립트 생태계에서는 아주 다양한 테스트 러너를 제공합니다. 여기서는 유명한 테스트 러너인 Jest와 Cypress를 사용하겠습니다. Jest는 단위 및 통합 테스트에서, Cypress는 엔드 투 엔드, 즉 e2e 테스트에서 사용됩니다.

9.2 Jest를 사용한 단위 테스트와 통합 테스트

자바스크립트 생태계에서 가장 유명한 테스트 러너인 Jest로 몇 가지의 단위 테스트와 통합 테스트를 만들어보겠습니다. 필요한 의존성 패키지를 설치하기 전에 GitHub 저장소[58]를 클론합니다. 이 저장소에는 테스트를 작성할 간단한 웹 애플리케이션이 구현되어 있습니다. 저장소의 웹 애플리케이션은 다음과 같은 기능을 제공합니다.

- 블로그의 모든 게시글을 보여주는 홈 페이지와 단일 게시글 페이지를 제공합니다.
- 각 게시글에 해당하는 페이지의 URL은 `<article_slug>-<article_id>`의 형태로 구성됩니다.
- 페이지의 URL과 해당 URL에서 게시글의 ID를 알아내는 것처럼 다양한 유틸리티 함수를 제공합니다.
- 모든 게시글을 가져오는 REST API와 주어진 ID에 해당하는 특정 게시글 정보를 가져오는 REST API를 제공합니다.

클론한 디렉터리로 가서 필요한 패키지를 설치합니다.

```
yarn add -D jest
```

Jest는 테스트 프레임워크인 동시에 테스트 러너이므로 테스트에 필요한 패키지는 Jest 하나만 설치하면 됩니다. 이 외에도 Jest는 개발과 테스트에 있어서 여러 유용한 기능을 제공합니다.

ESNext의 기능을 사용해서 함수와 컴포넌트를 작성한다면 기본 Next.js 바벨 설정을 수정하

58 https://github.com/hanbit/practical-next.js/tree/main/09-testing-nextjs/boilerplate

여 이 모듈을 올바르게 변환할 수 있도록 만듭니다. 프로젝트 최상위 디렉터리의 .babelrc 파일을 열어서 다음 내용을 추가합니다.

```
{
  "presets": ["next/babel"]
}
```

next/babel은 Next.js와 함께 설치되기 때문에 추가로 패키지를 설치할 필요가 없습니다. 기본으로 .test.js나 .spec.js로 끝나는 모든 파일에 대해 작동하도록 설정되기 때문에 다른 설정을 추가하거나 수정하지 않아도 됩니다. 물론 이런 파일들을 어디에 두고 관리하는지는 저마다 방식이 다릅니다. 어떤 경우에는 테스트 파일과 소스 파일을 함께 두기도 하고, 어떤 개발자는 모든 테스트 파일을 tests/ 디렉터리 안에 두기도 합니다. 어떤 방식을 사용해도 상관없습니다. 전적으로 개인 취향에 따라 선택하면 됩니다.

Next.js 페이지 테스트를 만들 때 주의할 점

Next.js는 **pages/** 디렉터리 안의 모든 **.js**, **.jsx**, **.ts**, **.tsx** 파일을 애플리케이션 페이지로 간주합니다. 따라서 **테스트 파일을 절대 pages/ 디렉터리 안에 두어서는 안 됩니다.** 만약 테스트 파일을 **pages/** 디렉터리 안에 두면 Next.js가 이를 애플리케이션 페이지라고 생각하고 렌더링할 것입니다. 엔드 투 엔드 테스트를 작성할 때 Next.js 페이지 테스트를 만드는 방법을 알아봅시다.

유틸리티 함수 테스트를 만들어봅시다. 이 테스트는 코드에서 가장 간단한 부분입니다. utils/tests/index.test.js 파일을 만들고 utils/index.js 파일의 모든 함수를 불러옵니다.

```
import {
  trimTextToLength,
  slugify,
  composeArticleSlug,
  extractArticleIdFromSlug
} from '../index';
```

trimTextToLength 함수 테스트를 먼저 만들겠습니다. 이 함수는 인자로 문자열과 자를 위치에 해당하는 문자열 길이를 받습니다. 그럼 함수는 문자열을 자르고 그 끝에 생략 부호를 추가합니다. 웹 애플리케이션은 이 함수를 사용해서 사용자가 전체 게시글 내용을 보기 전에 본문을 살짝 엿볼 수 있도록 만듭니다. 예를 들어 `const str = "The quick brown fox jumps over the lazy dog";`라는 문자열에 `trimTextToLength` 함수를 사용하면 다음과 같은 결과를 얻습니다.

```
const str = "The quick brown fox jumps over the lazy dog";
const cut = trimTextToLength(str, 5);
cut === "The q..."; // true
```

이 함수에 관한 설명을 다음과 같이 코드로 변환해봅시다.

```
describe("trimTextToLength", () => {
test('Should cut a string that exceeds 10 characters', () => {
    const initialString = 'This is a 34 character long string';
    const cutResult = trimTextToLength(initialString, 10);
    expect(cutResult).toEqual('This is a ...');
  });
});
```

이 코드에서는 Jest 내장 함수인 `describe`, `test`, `expect`를 사용합니다. 각 함수의 기능은 다음과 같습니다.

describe

테스트와 관련된 그룹을 만듭니다. 예를 들어 동일한 함수에 대한 다른 테스트나 모듈은 해당 함수 내에 포함시킵니다.

test

테스트를 선언하고 실행합니다.

expect

함수의 출력과 예상한 결과를 비교할 때 이 함수를 사용합니다.

`describe` 그룹에 여러 테스트를 추가하여 여러 입력값으로 함수를 테스트할 수 있습니다.

```
describe("trimTextToLength cuts a string when it's too long, () => {
  test('Should cut a string that exceeds 10 characters', () => {
    const initialString = 'This is a 35 characters long string';
    const cutResult = trimTextToLength(initialString, 10);
    expect(cutResult).toEqual('This is a ...');
  });

  test("Should not cut a string if it's shorter than 10 characters", () => {
    const initialString = '7 chars';
    const cutResult = trimTextToLength(initialString, 10);
    expect(cutResult).toEqual('7 chars');
  });
});
```

slugify 함수에 대해서도 테스트를 만듭니다.

```
describe('slugify makes a string URL-safe', () => {
  test('Should convert a string to URL-safe format', () => {
    const initialString = 'This is a string to slugify';
    const slugifiedString = slugify(initialString);
    expect(slugifiedString).
      toEqual('this-is-a-string-to-slugify');
  });

  test('Should slugify a string with special characters', () => {
    const initialString = 'This is a string to slugify!@#$%^&*()+';
    const slugifiedString = slugify(initialString);
    expect(slugifiedString).
      toEqual('this-is-a-string-to-slugify');
  });
});
```

나머지 함수에 대한 테스트는 직접 만들어봅시다. 잘 모르겠거나 궁금한 부분이 있다면 전체 테스트 코드를 GitHub 페이지[59]에서 확인하기 바랍니다.

테스트를 모두 만들었으면 테스트 스위트suite를 실행해봅시다. 더 쉽게 테스트를 실행할 수 있도록 packages.json 파일에 다음 스크립트를 추가합니다.

59 *https://github.com/hanbit/practical-next.js/blob/main/09-testing-nextjs/unit-integration-tests/utils/tests/index.test.js*

```
"scripts": {
  "dev": "next dev",
  "build": "next build",
  "start": "next start",
  "test": "jest"
},
```

필요한 준비가 끝났으니 콘솔에서 `yarn test` 명령을 실행해봅시다. 그러면 [그림 9-1]과 같은 화면이 출력됩니다.

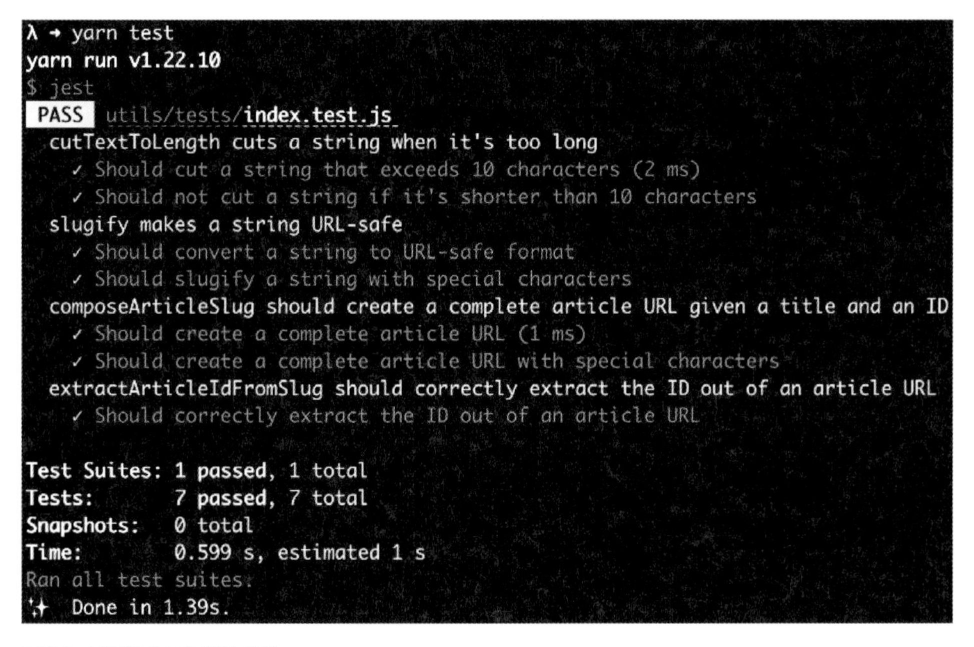

그림 9-1 단위 테스트 결과 화면

이제 좀 더 복잡한 테스트를 만들어봅시다. `components/ArticleCard/index.js` 파일을 열어보면 간단한 리액트 컴포넌트가 Next.js 페이지 링크를 만드는 코드를 볼 수 있습니다. 이 함수 내에서 사용되는 `composeArticleSlug`와 `trimTextToLength` 함수가 제대로 작동하는지 테스트하고 싶다고 가정해봅시다. 또한 입력으로 블로그 게시글을 주면 화면에 표시되는 문구가 원하는 결과와 일치하는지도 확인하고자 합니다.

아쉽게도 Jest만으로는 리액트 컴포넌트를 테스트할 수 없습니다. 리액트 컴포넌트를 테스트하려면 컴포넌트를 마운트하고 화면에 렌더링해야 그 결과를 볼 수 있습니다. 사용하는 라이브러리를 확인하는 것도 마찬가지입니다. 이 경우에는 react-testing-library와 Enzyme을 사용할 수 있는데, 여기서는 react-testing-library를 사용하겠습니다. 먼저 다음 명령을 실행해서 react-testing-library 패키지를 설치합니다.

```
yarn add @testing-library/react
```

그런 다음 `components/ArticleCard/tests/index.test.js` 파일을 새로 만듭니다.

테스트를 만들기 전에 생각해볼 문제가 있습니다. `ArticleCard` 컴포넌트는 REST API를 호출하지만 테스트하는 동안에는 REST API 요청에 응답할 서버를 실행하지 않습니다. 지금 만들 테스트는 API가 원하는 게시글 정보가 담긴 올바른 JSON 응답을 보내는지 확인하는 것이 아니라 단순히 게시글을 입력으로 제공하면 컴포넌트가 게시글을 화면에 제대로 표시하는지 확인하는 것이 목적입니다. 따라서 게시글에 관한 모든 정보를 가지고 있는 가짜 정보를 만들어서 컴포넌트에 입력을 전달할 것입니다. 이를 위해 `components/ArticleCard/tests/mock.js` 파일을 만들고 다음 내용을 채워 넣습니다. 이 내용은 이 책의 저장소[60]에서 다운로드할 수 있습니다.

```
export const article = {
  id: 'u12w3o0d',
  title: 'Healthy summer melon-carrot soup',
  body: 'Lorem ipsum dolor sit amet, consectetur adipiscing
    elit. Morbi iaculis, felis quis sagittis molestie, mi
    sem lobortis dui, a sollicitudin nibh erat id ex.',
  author: {
    id: '93ksj19s',
    name: 'John Doe',
  },
  image: {
    url: 'https://images.unsplash.com/photo-1629032355262-d751086c475d',
    author: 'Karolin Baitinger',
  },
};
```

60 *https://github.com/hanbit/practical-next.js/blob/main/09-testing-nextjs/unit-integration-tests/components/ArticleCard/tests/mock.js*

Next.js 서버를 실행하면 pages/api/에 구현해둔 API가 앞서 사용한 것과 동일한 형태로 게시글 목록 또는 단일 게시글 정보를 반환한다는 것을 알 수 있습니다.

이제 진짜 테스트를 만들 차례입니다. components/ArticleCard/tests/index.test.js 파일을 열어서 react-testing-library의 함수들과 컴포넌트, 가짜 데이터, 유틸리티 기능을 불러옵니다.

```
import { render, screen } from '@testing-library/react';
import ArticleCard from '../index';
import { trimTextToLength } from '../../../utils';
import { article } from '../tests/mock';
```

첫 번째 테스트를 만듭니다. ArticleCard 컴포넌트를 보면 Next.js의 Link 컴포넌트가 전체 카드 내용을 감싸고 있음을 알 수 있습니다. 링크의 href 형태는 반드시 /articles/<article-title-slugified>-id와 같은 모양이 되어야 합니다. 테스트는 컴포넌트에 하나의 링크가 있는지와 해당 링크의 href 속성값이 /articles/healthy-summer-meloncarrot-soup-u12w3o0d인지 검사합니다. 이 값은 가짜 데이터 안에 있는 게시글의 제목과 게시글 ID에 해당합니다.

```
describe('ArticleCard', () => {
  test('Generated link should be in the correct format', () => {
    const component = render(<ArticleCard {...article} />);
    const link = component.getByRole('link').getAttribute('href');
    expect(link).toBe(
      '/articles/healthy-summer-meloncarrot-soup-u12w3o0d'
    );
  });
});
```

react-testing-library의 render 메서드를 사용해서 컴포넌트를 마운트하고 렌더링합니다. 그리고 링크 정보와 href 속성값을 읽어옵니다. 마지막으로 이 속성값이 원하는 문자열값과 일치하는지 검사합니다.

테스트를 실행하면 콘솔에 다음과 같은 오류 메시지가 출력됩니다.

```
The error below may be caused by using the wrong test environment, see https://
jestjs.io/docs/configuration#testenvironment-string.
Consider using the "jsdom" test environment.
```

react-testing-library는 브라우저의 `document` 전역 변수를 사용하는데 Node.js가 이를 제공하지 않기 때문에 발생하는 문제입니다. 이 테스트에 대한 Jest 환경을 JSDOM으로 바꾸어서 문제를 간단하게 해결할 수 있습니다. JSDOM은 테스트 목적으로 브라우저의 다양한 기능을 흉내낼 수 있는 라이브러리입니다. JSDOM을 사용하기 위해 별도의 패키지를 설치할 필요는 없습니다. 테스트 파일의 최상단 `import` 구문 바로 앞에 다음과 같은 주석을 추가하면 Jest가 나머지 일을 알아서 처리해줍니다.

```
/**
 * @jest-environment jsdom
 */
```

콘솔에서 `yarn test` 명령을 실행하면 테스트가 원하는 대로 실행되는 것을 볼 수 있습니다.

`ArticleCard` 컴포넌트 내부에서는 게시글의 전체 내용을 표시하기 전 `trimTextToLength` 함수를 사용하여 게시글 내용 중 첫 100개의 문자만 표시합니다. 컴포넌트를 테스트할 때도 첫 100글자만 표시되는지 확인하기 위해 다음과 같이 테스트를 만듭니다.

```
describe('ArticleCard', () => {
  test('Generated link should be in the correct format', () => {
    const component = render(<ArticleCard {...article} />);
    const link = component.getByRole('link')
      .getAttribute('href');
    expect(link).toBe(
      '/articles/healthy-summer-meloncarrot-soup-u12w3o0d'
    );
  });

  test('Generated summary should not exceed 100 characters', async () => {
    render(<ArticleCard {...article} />);
    const summary = screen.getByText(
      trimTextToLength(article.body, 100));
    expect(summary).toBeDefined();
  });
});
```

테스트는 전체 컴포넌트를 렌더링하고 게시글 요약본을 만든 다음 컴포넌트 안의 글과 요약본이 일치하는지 확인합니다.

여기까지가 Jest와 react-testing-library를 사용한 기본적인 테스트 방법입니다. 이 외에도 실제 애플리케이션을 만들 때는 잘못된 데이터가 입력으로 주어졌을 때 이를 제대로 처리할 수 있는지, 오류가 발생하는지, 적절한 오류 메시지를 화면에 출력하는지 등을 테스트해야 합니다.

테스트는 쉬운 일이 아닙니다. 하지만 잘못된 코드를 작성하거나 기존에 잘 작동하던 애플리케이션에 새로 코드를 추가해서 오작동하게 만드는 일을 피하려면 반드시 테스트를 해야 합니다. 테스트와 관련된 내용은 복잡하고 방대하기 때문에 테스트만을 별도로 다루는 『Simplify Testing with React Testing Library』(Packt, 2021)와 같은 책을 반드시 읽어보기 바랍니다.

단위 테스트와 통합 테스트는 해보았지만 아직 전체 페이지를 렌더링하고 API가 데이터를 제대로 보내는지, 애플리케이션의 각 페이지 간 이동이 원활한지 등은 테스트하지 못했습니다. 다음 절에서 이러한 내용을 다루어보겠습니다.

9.3 Cypress를 사용한 엔드 투 엔드 테스트

지금까지는 함수나 컴포넌트가 제대로 작동하는지만 확인했으니 이번에는 전체 애플리케이션이 잘 작동하는지 테스트해볼 차례입니다. Cypress는 웹 브라우저에서 돌아가는 모든 것을 테스트할 수 있는 강력한 도구입니다. Cypress로 단위 테스트, 통합 테스트, 엔드 투 엔드 테스트를 만들고 이를 파이어폭스나 구글 크롬과 같은 크로미엄Chromium 기반 브라우저에서 실행할 수 있습니다. Cypress를 사용하려면 프로젝트의 `dev` 의존성에 설치해야 합니다. 이전 절에서 사용한 프로젝트를 그대로 쓸 수도 있지만 깨끗한 상태에서 다시 시작하고 싶다면 GitHub 저장소[61]를 클론하고 사용하기 바랍니다.

61 `https://github.com/hanbit/practical-next.js/tree/main/09-testing-nextjs/unit-integration-tests`

다음 명령을 실행해서 Cypress를 설치합니다.

```
yarn add -D cypress
```

그런 다음 package.json의 스크립트 부분에 다음 내용을 추가합니다.

```
"scripts": {
  "dev": "next dev",
  "build": "next build",
  "start": "next start",
  "test": "jest",
  "cypress": "cypress run",
},
```

Cypress 설정 파일도 만들어야 합니다. 프로젝트 최상위 디렉터리에 cypress.json 파일을 만들고 다음 내용을 작성합니다.

```
{
  "baseUrl": "http://localhost:3000"
}
```

이 설정은 Cypress가 어디에서 테스트를 실행해야 하는지 알려줍니다. 이 경우 localhost:3000이 테스트를 실행할 곳입니다.

설정이 끝났으니 테스트를 만들어봅시다. 관례상 Cypress 엔드 투 엔드 테스트는 최상위 디렉터리 아래 cypress/ 디렉터리에 만듭니다. 우선 REST API가 제대로 작동하는지 확인할 테스트부터 만들겠습니다. pages/api/ 디렉터리를 열면 다음과 같은 두 개의 API를 볼 수 있습니다.

articles.js

게시글 목록을 반환합니다.

```
import data from '../../data/articles';
export default (req, res) => {
  res.status(200).json(data);
};
```

article/index.js

게시글 ID를 쿼리 인자로 받아서 해당 ID에 해당하는 게시글을 반환합니다.

```
import data from '../../../data/articles';
export default (req, res) => {
  const id = req.query.id;
  const requestedArticle = data.find(
    (article) => article.id === id
  );
  requestedArticle
    ? res.status(200).json(requestedArticle)
    : res.status(404).json({ error: 'Not found' });
};
```

`cypress/integration/api.spec.js`라는 Cypress 테스트 파일을 만들고 다음 내용을 채워 넣습니다.

```
describe('articles APIs', () => {
  test('should correctly set application/json header', () => {
    cy.request('http://localhost:3000/api/articles')
      .its('headers')
      .its('content-type')
      .should('include', 'application/json');
  });
});
```

API는 Jest와 조금 다르지만 전반적인 테스트 코드는 비슷합니다. 이 테스트를 사용해서 서버로부터의 응답을 정의하고 지정한 값과 비교할 수 있습니다. 여기서는 응답 HTTP의 헤더에 `content-type=application/json` 정보가 있는지 확인합니다. 응답 코드가 `200`인지 확인하고 싶다면 다음과 같이 테스트를 추가합니다.

```
describe('articles APIs', () => {
  test('should correctly set application/json header', () => {
    cy.request('http://localhost:3000/api/articles')
      .its('headers')
      .its('content-type')
      .should('include', 'application/json');
```

```
  });

  test('should correctly return a 200 status code', () => {
    cy.request('http://localhost:3000/api/articles')
      .its('status')
      .should('be.equal', 200);
  });
});
```

좀 더 복잡한 테스트를 만들어보겠습니다. API 응답으로 객체 배열을 받으며 각 객체는 반드시 몇 가지 속성을 가지고 있어야 한다고 가정해봅시다. 이를 확인하기 위해 다음과 같은 테스트를 추가합니다.

```
test('should correctly return a list of articles', (done) => {
  cy.request('http://localhost:3000/api/articles')
    .its('body')
    .each((article) => {
      expect(article)
        .to.have.keys('id', 'title', 'body', 'author', 'image');
      expect(article.author).to.have.keys('id', 'name');
      expect(article.image).to.have.keys('url', 'author');
      done();
    });
});
```

.to.have.keys 메서드를 사용해서 배열의 각 객체가 함수의 인자로 전달한 모든 키값을 가지고 있는지 검사합니다. 또한 각 객체의 검사는 each 반복문 안에서 이루어집니다. Cypress는 each 콜백 함수 안의 코드를 제어할 수 없기 때문에 각 객체에 필요한 속성들을 검사하고 나면 함수로 전달한 done 메서드를 호출해주어야만 합니다.

게시글 ID를 주면 해당 게시글을 읽어오는 API 테스트도 만듭니다.

```
test('should correctly return a an article given an ID', (done) => {
  cy.request('http://localhost:3000/api/article?id=u12w3o0d')
    .then(({ body }) => {
      expect(body)
        .to.have.keys('id', 'title', 'body', 'author', 'image');
      expect(body.author).to.have.keys('id', 'name');
      expect(body.image).to.have.keys('url', 'author');
```

```
            done();
        });
    });
```

지정한 ID에 해당하는 게시글이 없는 경우 서버가 404 상태 코드를 반환하는지도 테스트할 수 있습니다. 이를 위해 Cypress의 request 메서드를 약간 수정해서 응답 코드가 400 이상인 경우에도 예외 처리를 하지 않도록 만듭니다.

```
test('should return 404 when an article is not found', () => {
  cy.request({
    url: 'http://localhost:3000/api/article?id=unexistingID',
    failOnStatusCode: false,
  })
    .its('status')
    .should('be.equal', 404);
});
```

테스트를 다 만들었지만 아직 해결해야 할 문제가 남아 있습니다. yarn cypress 명령을 실행해서 테스트를 시작하면 콘솔에 다음과 같은 오류 메시지가 출력됩니다.

```
λ → yarn cypress
yarn run v1.22.10
$ cypress run
Cypress could not verify that this server is running:

  > http://localhost:3000

We are verifying this server because it has been configured as your `baseUrl`.

Cypress automatically waits until your server is accessible before running tests.

We will try connecting to it 3 more times...
```

그림 9-2 Cypress가 서버에 접근할 수 없다는 오류 메시지

Cypress가 실제 서버를 대상으로 테스트를 실행하기 때문에 현재는 당연히 접근이 불가능한 상태입니다. 이 문제는 다음과 같이 패키지를 설치해서 해결할 수 있습니다.

```
yarn add -D start-server-and-test
```

이 패키지는 서버를 만들고 시작한 후에 접근 가능한 상태가 되면 Cypress를 시작할 수 있도록 도와줍니다. Cypress 시작 전 서버를 실행할 수 있도록 packages.json에 다음과 같이 스크립트를 추가합니다.

```
"scripts": {
  "dev": "next dev",
  "build": "next build",
  "start": "next start",
  "test": "jest",
  "cypress": "cypress run",
  "e2e": "start-server-and-test 'yarn build && yarn start'
    http://localhost:3000 cypress"
},
```

그런 다음 yarn e2e 명령을 실행하면 테스트가 제대로 실행될 것입니다.

페이지 간 이동을 확인할 마지막 테스트 파일을 만들어보겠습니다. cypress/integration/navigation.spec.js 파일을 만들고 다음과 같이 내용을 작성합니다.

```
describe('Navigation', () => {
  test('should correctly navigate to the article page', () => {
    cy.visit('http://localhost:3000/');
    cy.get('a[href*="/articles"]').first().click();
    cy.url().should('be.equal',
      'http://localhost:3000/articles/healthy-summer-meloncarrotsoup- u12w3o0d');
    cy.get('h1').contains('Healthy summer melon-carrot soup');
  });

  test('should correctly navigate back to the homepage', () => {
    cy.visit('http://localhost:3000/articles/
      healthy-summer-meloncarrot-soup-u12w3o0d');
    cy.get('a[href*="/"]').first().click();
    cy.url().should('be.equal', 'http://localhost:3000/');
    cy.get('h1').contains('My awesome blog');
  });
});
```

첫 번째 테스트는 Cypress가 웹 사이트의 홈 페이지를 방문하도록 합니다. 그리고 해당 페이지에서 href 속성값이 /articles인 링크를 찾습니다. 처음 발견한 링크를 클릭하고 이동하는

URL이 지정한 값인 `http://localhost:3000/articles/healthy-summer-meloncarrot-soupu12w3o0d`와 일치하는지 확인합니다. 페이지 간 이동을 통해 링크에 문제가 없다는 사실을 알 수 있으며 링크에 대한 다른 테스트도 추가할 수 있습니다. 또한 `<h1>` HTML 요소가 원하는 문자열을 표시하는지도 검사합니다. 렌더링된 페이지가 제대로 된 제목을 표시하므로 Next.js 서버가 제대로 데이터 요청을 보내고 서버가 올바른 응답을 반환한다는 점을 확인할 수 있습니다.

두 번째 테스트는 Cypress가 특정 게시글 페이지를 방문하도록 한 다음 홈 페이지로 돌아가는 링크를 클릭하게 만듭니다. 여기서도 연결되는 URL 주소가 올바른 지, `<h1>` HTML 요소의 제목이 제대로 된 값을 가지고 있는지 검사합니다.

물론 실제 애플리케이션에서는 훨씬 더 많은 테스트를 진행합니다. 서로 다른 여러 웹 브라우저에서도 웹 사이트가 똑같이 작동하는지, 폼에 입력하는 값을 제대로 검사하는지, 사용자에게 상황에 맞는 메시지를 표시하는지 등 다양한 추가 검사가 필요합니다. 단위 테스트나 통합 테스트처럼 엔드 투 엔드 테스트 역시 아주 광범위하고 복잡한 주제이므로 상용 소프트웨어 수준의 테스트를 이 책에서 전부 설명할 수는 없습니다. 하지만 애플리케이션의 품질을 높이고 버그를 줄이고 싶다면 충분히 많은 테스트를 만들고 실행해야 합니다. Cypress에 관해 더 자세히 알고 싶다면『End-to-End Web Testing with Cypress』(Packt, 2021)를 읽어보기 바랍니다.

정리하기

CHAPTER 9에서는 유명한 테스트 러너 및 라이브러리인 Cypress, Jest, react-testing-library를 활용하여 단위 테스트, 통합 테스트, 엔드 투 엔드 테스트를 만들어보았습니다. 테스트는 애플리케이션의 개발 및 배포 과정에서 매우 중요한 단계이며, 테스트 단계의 유무에 따라 성공한 애플리케이션과 실패한 애플리케이션이 나뉜다고 봐도 과언이 아닙니다.

CHAPTER 10에서는 SEO와 성능에 관한 주제를 다룹니다. 코드가 100% 테스트되고, 잘 설계되고, 잘 작동한다고 해도 SEO 점수와 성능을 무시할 수 없습니다. 더 많은 사용자에게 애플리케이션을 노출하고 검증받기 위해서는 SEO와 성능 문제를 반드시 해결해야 합니다.

CHAPTER 10

SEO와 성능 관리

검색 엔진 최적화(SEO)와 성능 역시 웹 애플리케이션 개발 과정 내내 신경 써야 하는 중요한 주제입니다. Next.js는 성능과 SEO 점수를 향상시키기 위해 여러 번 개선되었지만 SEO 점수나 성능에 나쁜 영향을 미칠 수 있는 잠재적인 문제가 여전히 웹 애플리케이션에 있을 수 있습니다.

CHAPTER 10에서는 다음 내용을 다룹니다.

- SSR, SSG, CSR 중 애플리케이션에 가장 잘 맞는 렌더링 전략 선택 방법
- 애플리케이션의 성능에 영향을 미치는 일반적인 원인
- Vercel Analytics 모듈 사용법
- SEO 친화적인 웹 애플리케이션 개발에 도움이 되는 도구

학습을 마치면 웹 애플리케이션을 최적화하여 SEO 점수를 높이고 애플리케이션 성능을 향상시키는 다양한 방법과 도구를 알 수 있습니다.

10.1 SEO와 성능

대규모 검색 엔진이 등장하고 난 뒤부터 웹 개발자들은 구글, 빙, Yandex, DuckDuckGo와 같은 수많은 검색 엔진에서 자신의 웹 애플리케이션이 검색 결과의 상단에 노출되도록 최적화

하는 데 많은 노력을 기울였습니다. 하지만 이런 노력은 프런트엔드 웹 프레임워크의 혁신 이후로 점점 더 복잡하고 힘들어졌습니다. 리액트, 앵귤러, 뷰, 그 외에 많은 프레임워크가 복잡한 UI를 훨씬 쉽고 간단하게 구현할 수 있는 환경을 제공해주었기 때문에 웹 스파이더나 봇과 같이 검색 엔진으로 웹 사이트 검색 결과와 색인 정보를 수집하는 도구는 오히려 원활하게 작동하기 어려워졌습니다. 이러한 도구는 자바스크립트를 실행하고 UI가 렌더링될 때까지 기다려서 만들어진 아주 동적인 웹 페이지에 대해 색인 작업을 해야 합니다. 또한 프런트엔드에서 콘텐츠가 사용자와의 상호 작용을 통해 자바스크립트로 렌더링되는 경우가 많아 웹 사이트 정보를 수집하는 봇은 대부분의 콘텐츠를 볼 수 없습니다. 이는 많은 문제를 야기했고 결국 수많은 개발자들은 옛날 옛적 서버 측에서만 웹 페이지가 렌더링되던 단순한 상황을 그리워했습니다. 그 시절 자바스크립트는 UI에 약간의 동적인 요소를 가미하기 위한 용도로만 사용됐었죠. 조금 과장해서 말하긴 했지만 어쨌든 대부분의 개발자는 이런 문제에도 불구하고 리액트나 앵귤러와 같이 웹 개발에 엄청난 혁신을 가져온 프레임워크를 결코 포기하진 않을 것입니다.

Next.js는 부분적으로 이런 문제의 해결책을 보여줍니다. 물론 웹 페이지 전체를 정적으로 만들어서 SEO 점수를 높이고 성능을 향상시키는 프레임워크도 있습니다. 그러나 Next.js는 어떤 페이지를 정적으로 만들고 서버에서 렌더링할지와 어떤 컴포넌트를 클라이언트에서만 렌더링할지를 정할 수 있습니다. 〈CHAPTER 2 렌더링 전략〉에서 각 렌더링 전략의 차이점을 살펴보았으니 다음 절에서는 예제를 통해 Next.js를 사용하는 실제 웹 애플리케이션의 상황별 전략을 알아보겠습니다.

10.2 SEO와 성능 관점에서의 렌더링 전략

렌더링 전략은 만들고자 하는 웹 사이트나 웹 애플리케이션의 성격에 따라 달라야 합니다. 모든 렌더링 전략은 저마다의 장단점을 가지고 있지만 Next.js를 사용할 때의 이점은 이러한 장단점과 타협할 필요가 없다는 것입니다. 그저 웹 애플리케이션의 각 페이지에 알맞은 렌더링 전략을 고르기만 하면 됩니다.

이해를 돕기 위해 Next.js가 없다고 가정해보겠습니다. 웹 애플리케이션을 리액트로 만들고 있으며 렌더링 전략을 선택하는 데 있어서 타협을 보아야 하는 상황입니다.

우선 클라이언트에서 렌더링하는 것을 시작점으로 삼겠습니다. 애플리케이션은 하나의 자바스크립트 번들 형태로 배포되며 웹 브라우저가 이 자바스크립트 번들 전체를 다운로드한 뒤 코드를 실행해서 HTML 콘텐츠를 동적으로 만들 것입니다. 렌더링과 관련된 모든 연산이 클라이언트에서 이루어지므로 성능은 매우 훌륭합니다. 또한 웹 애플리케이션이 마치 네이티브 앱처럼 작동하기 때문에 사용자 경험 역시 좋습니다. 반면 검색 엔진 봇이 애플리케이션을 렌더링하고 분석하기 어려워서 SEO 점수는 낮아집니다.

그럼 서버가 렌더링하는 방법은 어떨까요? SEO 점수를 높이기에 유리한 콘텐츠들은 전부 서버가 렌더링하고 나머지는 클라이언트에서 렌더링하도록 만들 수 있습니다. 서버가 데이터를 불러오고 검사하기 때문에 민감한 API 호출 등을 숨길 수 있어서 보안 측면에서도 좀 더 안전합니다. 하지만 장점만큼 단점도 있습니다. 클라이언트에서 렌더링할 때는 하나의 자바스크립트 번들 파일만 만들어서 제공하면 됩니다. 하지만 서버가 렌더링한다면 서버를 준비하고 유지 및 보수해야하며 필요하다면 확장도 해야 합니다. 트래픽이 늘어날수록 서버는 느려지고 비용이 증가하며 유지 보수도 어려워집니다.

마지막 방법은 전체 웹 사이트를 정적 사이트로 만드는 것입니다. 이 방법은 가장 뛰어난 성능을 보이며 SEO 점수 역시 눈에 띄게 향상됩니다. 하지만 SEO 점수에 큰 영향을 미치는 콘텐츠가 자주 바뀐다면 한 시간에도 몇 번씩 전체 웹 사이트를 다시 빌드해야 할 수 있습니다. 대형 웹 사이트의 경우 전체를 빌드하는 데 시간이 오래 걸리기 때문에 큰 문제가 될 수 있죠. 또한 모든 민감한 API 호출이나 연산 등이 클라이언트에서만 이루어지기 때문에 사용자 보안에 악영향을 줄 수 있습니다.

지금까지 살펴본 내용을 정리해봅시다.

클라이언트 사이드 렌더링(CSR)

성능이 뛰어나고 매우 동적인 콘텐츠를 만들 수 있으나 SEO 점수가 낮고 보안상 문제가 있을 수 있습니다.

서버 사이드 렌더링(SSR)

SEO 점수가 더 높고 보안상 매우 안전하지만 성능에 영향을 받으며 서버 관리에 많은 부담이 발생할 수 있습니다.

정적 사이트 재생성(SSG)

SEO 점수와 성능 면에서 가장 뛰어날 수 있지만 보안상 문제가 있으며 동적 콘텐츠 생성이 어렵습니다.

이제 막 Next.js가 세상에 등장했다고 생각하고 이 프레임워크로 무엇을 할 수 있을지 생각해봅시다. Next.js를 사용하면 한 가지 렌더링 전략을 선택하지 않아도 됩니다. 세 가지 전략을 한꺼번에 쓸 수 있으니까요.

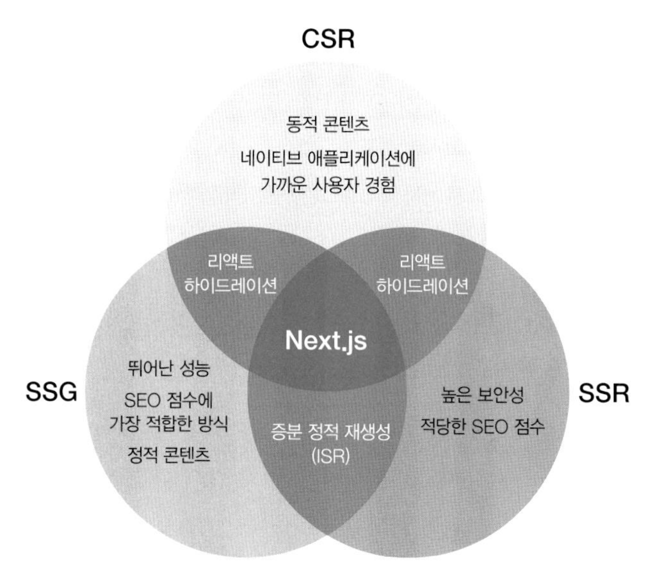

그림 10-1 Next.js 렌더링 전략

Next.js의 핵심은 바로 각 페이지를 서버가 렌더링할지, 빌드 시점에 정적으로 만들지, 전적으로 클라이언트에서 렌더링할지를 정할 수 있다는 점입니다. 웹 사이트를 영역별로 나누어 목적에 따라 각기 다른 방법으로 렌더링할 수 있는 것이죠. 실제 웹 사이트를 통해 올바른 렌더링 전략을 어떻게 선택하는지 알아봅시다.

실제 웹 사이트를 통해 살펴본 렌더링 전략의 선택 이유

사진 서비스를 제공하는 웹 사이트를 만든다고 가정해봅시다. 사용자는 사진을 업로드하고 플랫폼의 다른 사용자로부터 피드백과 점수를 얻을 수 있습니다. 사용자가 로그인하면 홈 페이지에 팔로우하는 다른 사용자들의 사진 목록이 표시됩니다. 사진을 클릭하면 사진 세부 정보와 함께 답글, 피드백, 사진에 얽힌 이야기 등을 읽을 수 있는 상세 페이지가 보여집니다. 이 정보를 이용하여 웹 사이트의 각 영역을 어떤 방법으로 렌더링할 것인지 생각해볼 수 있습니다.

먼저 홈 페이지의 콘텐츠는 사용자가 홈 페이지를 사용하는 방식에 따라 달라집니다. 여기서는 사진의 목록을 표시하는 것이 홈 페이지의 주된 용도이기 때문에 콘텐츠가 동적입니다. 따라서 빌드 시점에 정적으로 페이지를 만드는 방식은 제외하는 것이 좋습니다. 그러면 다음 두 가지 방법이 남습니다.

- 이미지를 표시할 영역이 포함된 홈 페이지를 정적으로 렌더링하고 이미지는 리액트 하이드레이션을 통해 클라이언트에서 가져옵니다. 그리고 홈 페이지에서는 사용자가 로그인했는지, 팔로우하는 사용자가 있는지 여부 등을 통해 이미지를 불러오고 동적으로 표시합니다.
- 서버가 페이지를 렌더링합니다. 세션 쿠키를 사용해서 사용자가 로그인했는지 파악한 다음 서버가 이미지를 불러와서 페이지를 렌더링하고 클라이언트로 보냅니다.

사진 목록을 다룰 때 SEO 점수를 신경 쓸 필요가 없다는 점은 확실합니다. 사용자별로 콘텐츠 목록과 내용이 다르기 때문에 검색 봇이 웹 사이트에 로그인할 이유도 없습니다.

홈 페이지를 렌더링하는 방법을 고르기 전에 성능 관점에서 몇 가지 생각해볼 문제가 있습니다. 사진 목록을 생성하고 전송하는 API가 충분히 빠르고 이미지가 잘 최적화된다면 전체 사진 목록을 서버가 렌더링해도 괜찮습니다. 그렇지 않다면 클라이언트 측에서 API를 호출하여 사진 목록이 클라이언트에 도착하기 전까지 사용자에게 표시될 콘텐츠 페이지를 예쁘게 만들어서 제공하는 것이 더 유리합니다. 최악의 상황은 API가 느리고 이미지가 최적화되지 않는 것이며 개발자라면 이런 상황이 닥칠 것을 언제나 대비해야 합니다. 따라서 전체 페이지는 정적으로 만들면서 리액트 하이드레이션을 통해 API를 호출하고, CHAPTER 3에서 배운 Next.js의 내장 이미지 컴포넌트를 사용해서 최적화된 이미지를 만들 것입니다.

지금까지 설명한 이유로 최종 선택은 SSG와 CSR입니다. 홈 페이지는 정적으로 빌드하고 사진 목록은 클라이언트가 불러오는 것이죠.

사진 세부 정보 페이지

웹 사이트의 다른 부분인 사진 세부 정보 페이지에 관해 고민해봅시다. 사용자가 업로드한 사진과 설명, 태그, 다른 사용자들이 작성한 답글과 피드백을 전부 표시할 것입니다. 따라서 검색 엔진이 색인 작업을 하도록 만들고자 합니다. 로그인한 사용자에게 보여지는 페이지 내용이 모두 동일하고 다른 변수도 없기 때문이죠.

이 페이지에 적용할 렌더링 전략도 선택해봅시다. 페이지의 SEO 점수가 중요하다는 사실을 알았기 때문에 페이지를 완전히 클라이언트에서만 렌더링하는 방식은 제외하겠습니다. 페이지를 빌드 시점에 정적으로 렌더링하거나 각 요청별로 서버가 렌더링하는 방법을 사용할 것입니다. 두 가지 방식 모두 좋은 SEO 점수를 받을 수 있지만 잘못된 선택은 웹 사이트를 확장할 때 성능에 악영향을 줄 것입니다. 이 페이지의 경우 SSG와 SSR 각각이 어떤 장단점을 가지는지 알아봅시다.

동적 페이지에 SSG를 사용할 때의 장단점

SSG는 이런 유형의 애플리케이션에 많은 이점을 가져다줍니다.

- 빌드 시점에 만든 정적 페이지의 경우 각 요청별로 서버가 다시 렌더링할 필요가 없습니다. 따라서 서버에 가해지는 부하가 줄어들고 인프라에 드는 비용이 감소합니다. 또한 웹 사이트의 부하가 증가하는 경우에도 더 효율적으로 확장할 수 있습니다.
- 정적 페이지를 생성한 이후 사진을 업로드한 사용자가 정적 콘텐츠의 일부를 수정하고 싶을 수도 있습니다. 이 경우 언제 정적 페이지를 다시 생성해야 하는지 알 수 있습니다. 정적 콘텐츠가 변경될 경우 서버가 정적 증분 재성성을 주기적으로(이를테면 30분에 한 번씩) 실행해서 정적 페이지를 다시 만들도록 할 수 있습니다.
- 페이지 성능이 가장 뛰어납니다.
- SEO 점수에 크게 영향을 주지 않는 답글이나 좋아요 수 등의 동적 콘텐츠는 클라이언트가 데이터를 불러와서 렌더링할 수 있습니다.
- 사용자가 새로운 사진을 업로드한 경우 다음 빌드까지 기다려야만 웹 사이트에 해당 사진을 표시할 수 있는 것은 아닙니다. `getStaticPaths` 함수가 반환하는 객체 내에 `fallback: true` 속성을 추가하면 Next.js가 페이지 요청 시점에 새로운 페이지를 정적으로 만듭니다.

이런 유형의 웹 페이지를 빌드 시점에 렌더링할 때 가장 큰 단점은 페이지 수가 많을수록 빌드

시간이 길어진다는 점입니다. SSG를 사용할 때는 동적 라우트 사용 여부를 반드시 염두에 두어야 합니다. 향후 웹 사이트가 얼마나 많은 동적 페이지를 지원할 것인지, 그리고 이런 웹 페이지를 빌드할 때 어느 정도의 시간이 소요되는지를 항상 고민해야 합니다.

동적 페이지에 SSR을 사용할 때의 장단점

SSR은 특정 유형의 페이지에서 SSG보다 더 많은 이점을 제공합니다. 먼저 사용자가 페이지 콘텐츠를 변경하는 경우 증분 정적 재생성을 통해 해당 콘텐츠가 웹 페이지에 반영될 때까지 기다릴 필요가 없습니다. 사진과 관련된 새로운 정보를 추가하거나 변경하는 즉시 웹 페이지가 해당 수정사항을 반영하고 표시합니다.

두 번째 이점이 훨씬 중요한데, SSG는 빌드해야 하는 정적 페이지의 수가 아주 많으면 빌드 시간이 오래 걸립니다. 하지만 SSR은 요청한 페이지를 그때그때 렌더링하기 때문에 페이지 빌드 시간이 짧아지며 배포에 소요되는 시간 역시 단축됩니다. 구글이나 페이스북과 같이 규모가 아주 큰 웹 사이트를 생각해보면 정적 페이지를 빌드하는 데 소요되는 시간이 얼마나 중요한지 짐작할 수 있습니다. 수십 또는 수백 개 정도 규모의 페이지라면 SSG를 사용해도 문제없겠지만 수십만 또는 수백만 개의 페이지를 빌드하는 것은 그 자체로도 병목이 될 것입니다.

여기서 만들고 있는 사진 서비스 웹 사이트에는 수천 장의 사진이 업로드 될 것이며 각 사진별로 세부 정보 페이지가 제공될 것입니다. 이 경우 SSG보다는 SSR이 더 적합합니다. 아니면 가장 인기 있는 천 개의 사진에 대한 페이지에는 정적 생성 기법을 적용하고 나머지 페이지는 실행 시간 동안 요청이 있을 때 생성되도록 만들 수도 있습니다.

이제 사용자가 자신의 프로필 세부 정보를 수정할 수 있는 프라이빗 라우트에 대한 렌더링 전략만 선택하면 됩니다. 다음 부분에서는 프라이빗 라우트를 다루겠습니다.

프라이빗 라우트

'프라이빗'이라는 단어에서 알 수 있듯이 프라이빗 페이지는 아무나 접근할 수 없는 페이지를 뜻합니다. 이 페이지에는 로그인한 사용자만 접근할 수 있으며 사용자 이름, 비밀번호, 이메일 등과 같이 계정 설정 및 관리와 관련된 중요한 정보가 담겨 있습니다. 따라서 프라이빗 페이지에서는 무엇보다 보안이 가장 중요합니다. SEO 점수나 성능 등을 신경 쓰느라 보안에 소홀해서는 안 됩니다. 프라이빗 페이지의 데이터는 아주 민감하며 많은 비용을 치르더라도 보호해야 합니다. 이는 보안을 지키기 위해 성능 저하를 감수하는 몇 안 되는 사례이기도 합니다.

프라이빗 라우트에 대한 페이지를 정적으로 빠르게 빌드하고 클라이언트 측에서 필요한 API 호출을 처리하도록 만들 수도 있습니다. 하지만 클라이언트 측에서 API 호출을 제대로 다루지 못하면 민감한 개인 정보나 비밀 데이터가 노출될 수 있습니다. 따라서 SSR을 사용하여 익명의 사용자가 접근했는지 탐지하고 권한이 없는 사용자는 다른 페이지로 리다이렉트할 것입니다. 페이지에 접근한 사용자가 로그인한 상태라면 `getServerSideProps` 함수를 통해 필요한 모든 데이터를 백엔드에서 미리 불러온 다음 클라이언트로 더 안전하게 전송할 수 있습니다.

선택한 렌더링 전략 정리

지금까지 사진 서비스 웹 사이트의 각 페이지 유형별로 적합한 렌더링 전략을 고민해보았습니다. 이런 방식의 접근과 분석은 향후 모든 웹 사이트에서 이루어져야 할 아주 중요한 작업입니다. 기존 Next.js 웹 사이트에 새 페이지를 추가할 일이 생기면 반드시 분석을 통해 각 페이지의 성능과 보안 및 SEO 점수를 만족할 수 있는 렌더링 전략을 선택해야 합니다.

여기서는 다음과 같은 구조로 사진 서비스 웹 사이트를 만들 것입니다.

홈 페이지

커스텀 이미지 목록을 제외한 모든 페이지를 정적으로 생성합니다. 이미지 목록은 사용자가 탐색한 결과에 따라 클라이언트에서 렌더링됩니다.

사진 세부 정보 페이지

SSR을 사용하면 페이지의 SEO 점수를 향상시킬 수 있으며, 특히 사진이 아주 많은 경우 사진 세부 정보 페이지를 처리하기 위해 필요한 웹 사이트 자원을 효율적으로 확장할 수 있습니다. 인기 있는 페이지들은 SSG를 사용해서 빌드 시점에 미리 정적 페이지로 만들어두고, 그렇지 않은 페이지의 경우에는 실행 시간 동안 요청이 있을 때 정적 페이지를 만드는 방식을 사용할 수 있습니다.

프라이빗 페이지

프라이빗 페이지에 접근하는 사용자가 로그인한 상태인지 검사하기 위해 SSR을 사용합니다. 또한 서버가 필요한 프라이빗 데이터를 모두 불러와서 처리한 후 클라이언트에 제공하기 때문에 프런트엔드에서 API 호출을 숨길 수 있습니다.

CHAPTER 13에서 실제 온라인 상거래 웹 사이트를 만들 때도 이런 방식으로 렌더링 전략을 고민하고 선택할 것입니다. 그에 앞서 여러분이 가장 자주 접속하는 웹 사이트를 직접 만든다면 어떤 식으로 구성하고 어떤 렌더링 전략을 사용할지 고민해보는 것도 좋은 연습이 될 것입니다. 페이스북, 구글, 유튜브, 아마존 등의 웹 사이트는 각각 고유한 용도와 목적이 있으며 보안 요구사항이나 SEO 명세 등을 포함하고 있습니다. 이런 것들을 어떻게 처리할 수 있을지 생각해본 다음 각 사이트의 실제 처리 방법을 알아보고 비교해보는 것도 좋습니다.

다음 절에서는 검색 엔진 봇을 다룰 수 있는 오픈소스 도구를 활용하여 SEO 점수를 향상시키는 방법을 배워보겠습니다.

10.3 SEO 다루기

Next.js에서 SEO는 다른 프레임워크와 별반 다르지 않습니다. 검색 엔진 봇 역시 프레임워크별로 다르게 작동하지 않습니다. 봇은 오직 웹 사이트의 콘텐츠와 품질만 봅니다. Next.js를 사용해서 많은 부분을 간소화할 수 있지만 검색 사이트에서 좋은 색인 점수를 받으려면 웹 사이트를 개발할 때 검색 엔진 명세에 기초한 특정 규칙을 반드시 지켜야 합니다. 앞서 Next.js가 제공하는 렌더링 방식을 살펴볼 때 특정 전략이 SEO 점수에 좋지 않은 영향을 줄 수 있다는 점도 확인했습니다. 예를 들어 중요한 데이터를 클라이언트에서 렌더링하면 SEO 점수가 낮아지죠.

웹 사이트를 개발하면서 어찌할 수 없는 SEO 지표도 있습니다. 도메인 권한, 참조 도메인, 페이지 조회 수, 클릭률 등이 대표적으로 조절할 수 없는 SEO 지표입니다. 이런 지표는 웹 사이트의 좋은 콘텐츠나 관리 등으로 향상시키는 것이기 때문에 개발 과정에서 개선할 수 없습니다. 하지만 개발하면서 개선할 수 있는 SEO 지표들은 반드시 최선을 다해 고쳐야 합니다. 대표적으로 다음과 같은 내용을 염두에 두는 것이 좋습니다.

SEO 친화적인 라우팅 구조를 만듭니다

잘 만들어진 라우팅 시스템은 검색 엔진 봇이 웹 사이트를 색인하는 데 있어서 매우 중요합니다. URL은 사용자 친화적이어야 하며 특정 로직에 따라 구성되어야 합니다. 예를 들어 블로그를 만들면 페이지의 URL만 가지고도 페이지 콘텐츠를 식별할 수 있어야 합니다. *https://myblog.com/posts/1*과 같은 URL은 만들기는 쉽지만 블로그 사용자나 검색 엔진 봇이 이 URL의 의미를 파악하기 어렵습니다. 대신 *https://myblog.com/posts/how-to-deal-with-seo*와 같은 형태의 URL은 페이지가 어떤 내용을 담고 있는지 더 잘 알려주기 때문에 좋은 URL이라고 볼 수 있습니다.

페이지에서 정확하고 완성된 메타데이터를 제공합니다

메타데이터는 모든 페이지에 예외 없이 포함되어야 하는 핵심 정보입니다. next-seo[62]와 같은 라이브러리를 사용하면 개발 과정에서 큰 부담 없이 메타데이터를 관리하고 구현할 수 있습니다.

이미지를 최적화합니다

이미지 최적화는 이미 배웠습니다. Next.js의 내장 이미지 컴포넌트는 구글 크롬 팀과의 협업을 통해 이미지를 더 잘 지원할 수 있도록 만들어졌으며 누적 레이아웃 이동이나 최초 콘텐츠 풀 페인트first contentful paint(FCP)와 같은 SEO 지표도 반영합니다.

적절한 사이트맵을 만듭니다

웹 사이트를 배포했다면 검색 엔진에 사이트맵을 제공하여 검색 엔진 측에서 콘텐츠 색인을 더 쉽게 만들도록 해줍니다. 잘 만든 사이트맵은 검색 엔진이 웹 사이트에 대한 색인을 생성할 때 따라갈 수 있는 간결하고 구조화된 경로를 제공하기 때문에 높은 SEO 점수를 얻고자 하는 모든 웹 사이트에서 필수입니다. 현재 Next.js는 내장 사이트맵 관련 기능을 제공하지는 않지만 nextjs-sitemap-generator[63]와 같은 좋은 라이브러리를 사용해서 사이트맵을 만들 수 있습니다.

---

62 *https://github.com/garmeeh/next-seo*

63 *https://github.com/IlusionDev/nextjs-sitemap-generator*

올바른 HTML 태그를 사용합니다

시맨틱 HTML 태그를 사용해서 웹 사이트를 만들면 검색 엔진 봇이 우선순위나 중요도에 따라 콘텐츠를 색인화합니다. 그렇다고 웹 사이트의 콘텐츠가 항상 색인화되도록 텍스트 콘텐츠마다 <h1> HTML 태그를 사용한다면 SEO 점수는 별로 좋지 못할 것입니다. 사용자나 검색 엔진 봇 모두에게 HTML 태그가 의미가 있도록 적절한 균형을 맞추어야 합니다.

SEO는 다루기 어려운 주제입니다. 해결해야 할 문제도 많고 새로운 기술이나 규칙이 생길 때마다 점점 더 다루기 어려워지는 부분도 있습니다. 좋은 소식은 모든 웹 사이트에 똑같은 규칙이 적용된다는 점입니다. 다른 웹 애플리케이션 프레임워크나 CMS, 그 외 개발 도구를 통해 얻은 경험을 바탕으로 Next.js 웹 애플리케이션을 만드는 것이 훨씬 적은 노력으로 최적화된 웹 사이트를 만들 수 있는 유일한 방법이 될 것입니다.

SEO 점수에 영향을 줄 수 있는 또 다른 지표는 성능입니다. 성능 역시 중요한 주제이므로 다음 절에서 살펴보겠습니다.

10.4 성능 다루기

웹 애플리케이션에서 성능은 SEO만큼 중요한 지표입니다. 특히 성능은 SEO 점수에도 영향을 줄 수 있습니다. 느린 웹 사이트는 좋은 SEO 점수를 받기 힘들죠.

앞서 성능을 향상시킬 수 있는 렌더링 전략 선택 방법을 알아보았지만 비즈니스 로직을 구현하거나 보안 요구사항을 만족하기 위해 성능을 일부 포기해야 하는 상황도 있습니다. 그리고 애플리케이션을 어디에 배포하는지에 따라 성능이 향상될 수도 낮아질 수도 있습니다. Next.js로 만든 정적 웹 사이트를 Cloudflare나 AWS Cloudfront와 같은 CDN에 배포하면 아마도 기대할 수 있는 최상의 성능을 보여줄 것입니다. 반면 서버 사이드 렌더링 애플리케이션을 작고 저렴한 서버에 배포하면 들어오는 요청을 제대로 처리할 수 없을 만큼 나쁜 성능을 보여줄 것이며 결국 서버를 확장할 수밖에 없게 될 것입니다. 이렇게 다양한 플랫폼에 배포하는 것은 〈CHAPTER 11 배포 플랫폼〉에서 더 자세히 다루겠습니다. 당장은 성능 문제에 있어서 배포 플랫폼 역시 중요한 요인이 된다는 점만 알아두기 바랍니다.

성능은 서버에서만 측정되는 지표가 아닙니다. 프런트엔드 성능 역시 중요하며 신경 쓰지 않으면 SEO 점수를 낮출 뿐 아니라 사용자 경험도 나빠집니다. Vercel 팀은 Next.js 10부터 페이지에서 사용할 수 있는 내장 함수인 `reportWebVitals`를 제공하고 있습니다. 이 기능은 구글과의 협업을 통해 만들어졌으며 다음 내용을 포함하여 프런트엔드 성능 측정에 중요한 정보를 수집합니다.

최대 콘텐츠풀 페인트largest contentful paint(LCP)

불러오기 성능을 측정합니다. 불러오기는 처음 페이지를 불러온 뒤 2.5초 이내에 이루어져야 합니다.

최초 입력 지연first input delay(FID)

페이지와의 상호 작용이 가능한 상태까지 도달하는 시간을 측정합니다. 0.1초 이내에 상태에 도달해야 합니다.

누적 레이아웃 이동

시각적 안정성을 나타내는 지표입니다. 아주 큰 사진의 경우 불러오는 데 오랜 시간이 걸리기 때문에 다 불러오고 나면 사진을 화면에 표시하면서 레이아웃이 움직이게 되고, 이로 인해 사용자는 보고 있던 곳이 어딘지 잊어버리게 됩니다. 사진뿐만 아니라 광고 배너나 위젯 등과 같은 다양한 요소들도 페이지의 레이아웃을 움직이게 만들 수 있습니다.

Next.js로 만든 웹 사이트를 배포할 때 이런 성능 지표들을 측정하여 실제 웹 애플리케이션이 어느 정도의 성능을 보이는지 관찰하는 것이 좋습니다. Vercel에서는 배포한 애플리케이션들을 관찰하고 새로 추가한 기능이 전체 웹 사이트 성능에 어떤 영향을 미치는지 보여줄 수 있는 훌륭한 대시보드를 제공합니다(그림 10-2).

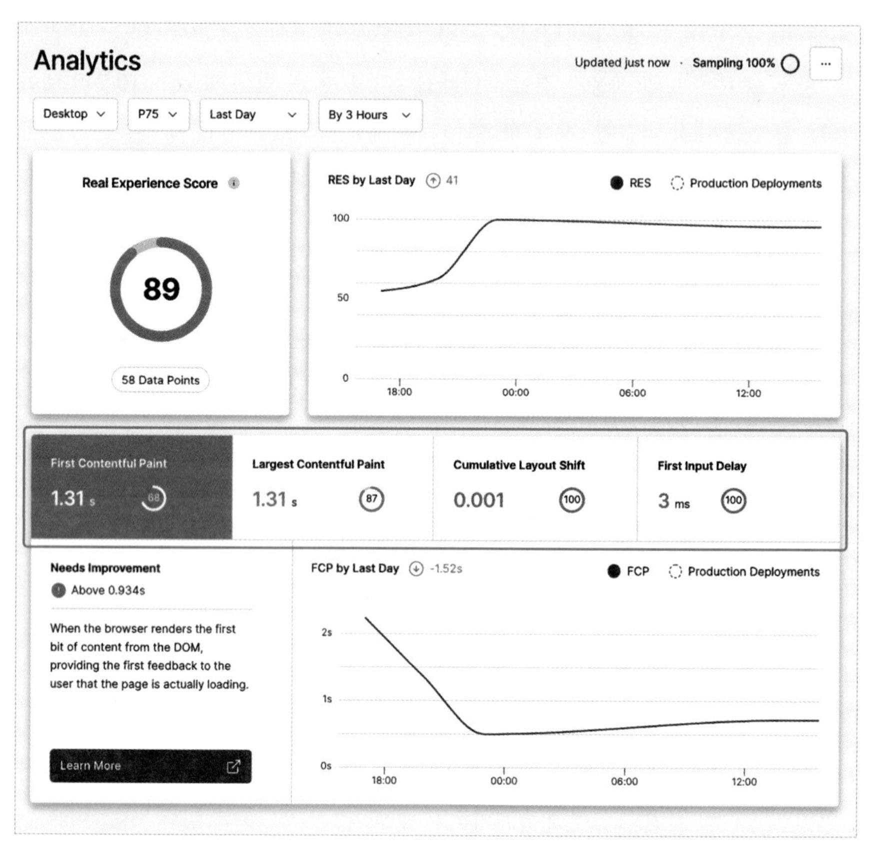

그림 10-2 Vercel 분석 대시보드

이 대시보드는 전체 웹 사이트의 평균 데이터를 보여줍니다. CLS와 FID는 상당히 높은 반면 FCP와 LCP는 여전히 개선할 필요가 있습니다.

웹 애플리케이션을 Vercel에서 서비스할 계획이 없다면 `_app.js` 페이지에서 `reportWebVitals` 함수를 구현해서 이러한 성능 지표 데이터를 수집할 수 있습니다.

```
export const reportWebVitals = (metrics) => console.log(metrics);

export default function MyApp({ Component, pageProps }) {
  return <Component {...pageProps} />;
}
```

한 줄로 된 함수만 정의해도 새로운 페이지에 접근할 때마다 [그림 10-3]과 같이 콘솔에서 메시지를 출력하는 것을 볼 수 있습니다.

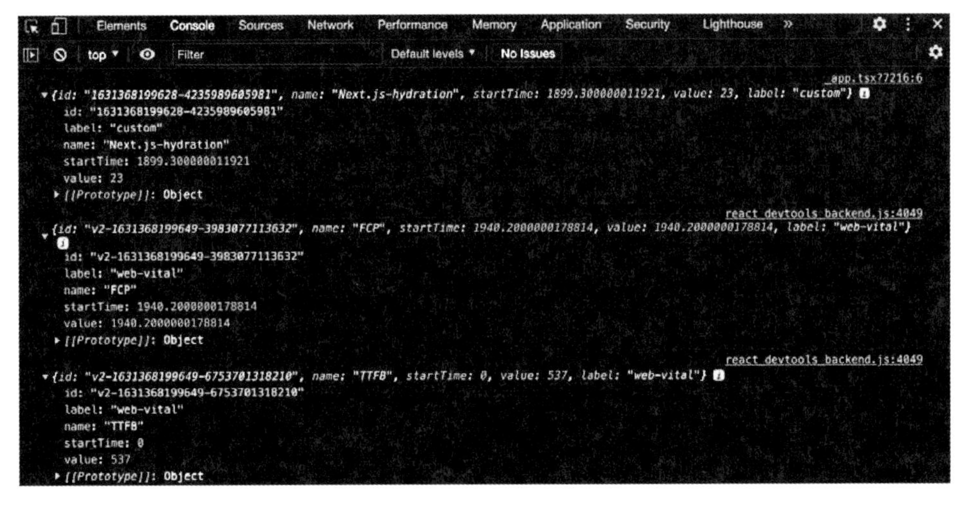

그림 10-3 콘솔에 성능 지표값 출력하기

이런 성능 지표 데이터를 Google Analytics나 Plausible과 같은 외부 서비스로 보내서 의미 있는 정보를 얻을 수도 있습니다.

```
export const reportWebVitals = (metrics) =>
  sendToGoogleAnalytics(metric);

export default function MyApp({ Component, pageProps }) {
  return <Component {...pageProps} />;
}
```

Web Vitals에 관한 더 자세한 내용은 구글이 운영하는 공식 사이트[64]에서 얻을 수 있습니다. 웹 애플리케이션 프런트엔드의 지표 데이터를 수집하고 성능을 측정하기 전에 관련 내용을 꼭 읽어보기 바랍니다.

64 https://web.dev/vitals

정리하기

CHAPTER 10에서는 SEO와 성능 그리고 보안과 관련된 내용을 살펴보았습니다. 각각의 주제는 방대하고 복잡하기 때문에 여기서는 개념과 접근법만 알아보았습니다. 웹 기술 자체가 빠르게 발전하고 있고 성능 지표나 SEO 규칙 및 보안 표준 등이 자주 바뀌는 만큼 각 분야가 향후에 어떻게 변경될지는 예측하기 어렵습니다.

CHAPTER 11에서는 여기서 다룬 주제들을 다른 관점에서 바라보고자 합니다. 필요에 따라서 웹 애플리케이션을 어디에, 어떻게 배포할 것인지 생각해봅시다.

CHAPTER 11 배포 플랫폼

앞서 Next.js의 작동 방식과 SEO 및 성능 최적화, UI 프레임워크 적용, 데이터 불러오기 등을 살펴보며 웹 애플리케이션을 만드는 방법에 관해 배웠습니다. 이제 남은 문제는 만든 웹 애플리케이션을 어떻게 배포하고 서비스할 것인가입니다. 수많은 호스팅 업체나 클라우드 플랫폼, 서비스형 플랫폼platform as a service (PaaS)을 사용할 수 있는데, 이 중 무엇을 사용해야 할까요?

CHAPTER 11에서는 어떤 플랫폼이 웹 애플리케이션 배포에 적절한지 알아보겠습니다. 세부 내용은 다음과 같습니다.

- 성능에 적합한 배포 플랫폼을 고르는 방법
- 여러 클라우드 솔루션 중에서 적합한 서비스를 선택하는 방법
- Next.js 애플리케이션 배포에 많이 사용되는 호스팅 서비스 소개

학습을 마치면 웹 애플리케이션에 잘 맞는 배포 플랫폼을 선택하고 Next.js 애플리케이션을 다양한 호스팅 서비스에 배포할 수 있습니다.

11.1 다양한 배포 플랫폼

새로운 웹 애플리케이션을 만들 때는 많은 부분을 고민해야 합니다. 페이지를 어떻게 렌더링하고 어떤 스타일링 방식을 사용할 것인지, 데이터는 어디서 어떻게 불러올 것인지, 애플리케이션 상태는 어떻게 관리할 것인지, 애플리케이션을 어디에 배포할 것인지 등을 말이죠. 특히 배

포라는 관점에서 봤을 때는 크게 두 가지 부분을 고민하게 됩니다. 애플리케이션을 '어디에', '어떻게' 배포할지에 관한 것이죠.

다른 배포 플랫폼을 고르면 배포 방식도 조금씩 바뀌게 됩니다. Vercel, Netlify, Heroku 같은 클라우드 플랫폼에서의 배포 과정은 거의 표준화되어 있으며 누구나 접근이 쉽도록 간소화되어 있습니다. AWS, Azure, DigitalOcean 등과 같은 클라우드 서비스 제공 업체는 배포 과정 전체를 완전히 제어할 수 있도록 지원합니다. 대개 이런 클라우드 서비스에서의 배포 과정은 서드파티 소프트웨어를 통해 제어되고 관리됩니다.

클라우드 인프라는 지난 수년간 급속도로 증가했으며 수많은 경쟁 업체들은 애플리케이션 배포에 있어서 혁신적인 기술을 앞다투어 도입하고 있습니다. 따라서 배포에 사용할 수 있는 기술 종류도 무척 다양하지만 여기서는 가장 많이 사용하는 배포 방식을 살펴보겠습니다. 관련 문서도 쉽게 찾을 수 있고 지원도 많이 받을 수 있기 때문이죠.

먼저 Next.js 애플리케이션과 가장 잘 맞는 배포 플랫폼인 Vercel에 관해 알아보겠습니다.

11.2 Vercel에 배포하기

Vercel의 develop, preview, ship은 단순한 모토가 아닙니다. Next.js를 비롯한 많은 오픈소스 라이브러리를 만들고 웹 애플리케이션 배포를 위한 훌륭한 클라우드 인프라를 개발 및 운영하는 회사를 가리키는 완벽한 설명이죠. Vercel에 배포하면 따로 설정해야 할 것이 거의 없습니다. 명령줄에서 CLI 도구를 사용해 배포할 수도 있고 Git 브랜치에 코드를 푸시한 후 자동으로 애플리케이션을 배포하도록 만들 수도 있습니다.

배포하기 전에 한 가지 알아두어야 할 점은 Vercel이 오직 정적 사이트와 프런트엔드 프레임워크만을 위해 만들어졌다는 점입니다. 따라서 별도의 Node.js 서버를 사용할 수 없습니다. 엄밀히 이야기하면 Vercel이 클라이언트 사이드 렌더링 또는 정적으로 생성된 웹 사이트만 지원하는 것은 아닙니다. Vercel에서는 서버리스 펑션[65]을 사용해서 서버 사이드 렌더링 페이지를 지원합니다.

65 옮긴이_서버리스 펑션이라는 용어를 널리 사용하지는 않지만, 이 글에서는 서버리스 환경에서 실행되는 함수 등의 코드를 널리 지칭하는 뜻으로 사용하였기 때문에 서버리스 펑션이라고 그대로 음차하였습니다. 서버리스 함수 또는 서버리스 코드 등으로 이해해도 무방합니다.

서버리스 펑션

서버리스 펑션이란 임의의 프로그래밍 언어로 작성된 단일 함수로서 관리형 인프라에서 호출할 수 있는 것을 의미합니다. '서버리스'라는 것이 서버가 없다는 뜻은 아니며, 단지 함수를 만들 때 이를 어떤 서버가 실행할 것인지 고민할 필요 없이 함수 그 자체만 만들고 실행하면 된다는 것을 말합니다. 전통적인 서버와 다르게 시간 단위로 과금을 하는 등 다양한 과금 방식을 적용할 수 있습니다. 실행할 때마다 비용을 지불할 수도 있고 실행 시간이나 메모리 사용량 등의 다양한 지표를 통해 과금할 수도 있습니다. 예를 들어 가장 널리 사용되는 서버리스 환경인 AWS 람다는 집필 시점에 매 200만회 요청마다 0.2달러, 128MB의 메모리를 사용하는 환경에서 1/1000초 실행 시간마다 0.0000000021달러를 청구합니다. 실제 사용한 만큼 비용을 지불한다는 점에서 전통적인 방식보다 더 매력적인 비용 모델을 가지고 있다고 할 수 있습니다.

Next.js 애플리케이션을 배포하면 Vercel이 서버리스 펑션 설정 작업을 알아서 해줍니다. 여러분은 웹 애플리케이션에만 집중하면 되는 것이죠.

Vercel에서의 애플리케이션 배포는 상당히 직관적입니다. 다음 두 가지 배포 방법을 사용할 수 있습니다.

Vercel에 GitHub, GitLab, Bitbucket 저장소를 연결합니다

해당 저장소에 풀 리퀘스트pull request를 만들 때마다 Vercel이 애플리케이션의 미리보기를 만들어서 배포하고 실제 상용 서비스로 배포하기 전 테스트가 가능하도록 해줍니다. 메인 브랜치로 병합하거나 푸시하는 경우 Vercel이 자동으로 해당 애플리케이션을 상용 서비스로 배포합니다.

명령줄에서 모든 것을 수동으로 할 수 있습니다

예를 들면 애플리케이션에 관한 미리보기를 만들어 로컬에서 테스트할 수도 있고 `vercel --prod` 명령으로 Vercel CLI 도구를 사용해 상용 서비스를 위한 애플리케이션을 바로 만들고 배포할 수도 있습니다.

어떤 방법이든 쉽게 배포가 가능하며 뛰어난 개발 경험을 제공합니다. 두 가지 배포 방식을 모두 사용해보고 마음에 드는 것을 골라 사용하면 됩니다.

Next.js 애플리케이션을 배포하고 서비스를 제공하는 여러 다른 방법과 비교해보면 Vercel이 아마도 가장 쉬운 방법일 것입니다. 또한 Vercel은 〈CHAPTER 10 SEO와 성능 관리〉에서 간단히 살펴본 바와 같이 프런트엔드 성능을 측정하고 분석하는 훌륭한 도구를 제공합니다. 다른 플랫폼에서는 불가능한 프런트엔드 최적화를 쉽게 할 수 있는 것이죠.

Vercel 대신 사용할 만한 플랫폼으로는 Netlify가 있습니다. Netlify의 배포 방식은 Vercel과 비슷하며 개발 경험 역시 비슷합니다. 두 가지 플랫폼 중 어떤 것을 사용할지 선택하기 전에 각 플랫폼의 비용 모델을 잘 비교해보기 바랍니다.

Vercel과 Netlify 둘 다 정적 웹 사이트 배포에 있어서는 더할 나위 없이 훌륭하지만 다른 배포 플랫폼 역시 성장하고 있습니다. 다음 절에서는 사용할 수 있는 다른 배포 플랫폼을 더 알아보겠습니다.

11.3 CDN에 정적 사이트 배포하기

CDN의 한 가지 중요한 특징은 바로 데이터 센터가 지리적으로 분산되어 있다는 점입니다. 따라서 전 세계에 서비스나 콘텐츠를 제공할 때 높은 가용성과 성능을 보여줍니다. 이해를 돕기 위해 간단한 예를 들어보겠습니다. 웹 애플리케이션 개발 팀은 이탈리아 밀라노에 위치해 있으며 전 세계를 대상으로 애플리케이션을 서비스하고자 합니다. 그럼 이 애플리케이션을 어디에 배포하고 실행해야 할까요? AWS, DigitalOcean, Azure와 같은 클라우드 서비스에서는 애플리케이션을 배포할 데이터 센터를 선택할 수 있습니다. 가령 AWS는 이탈리아 밀라노에 위치한 eu-south-1, 서울의 ap-northeast-2, 브라질 상 파울로의 sa-east-1과 같은 데이터 센터 선택지를 제공합니다. 웹 애플리케이션을 이탈리아 밀라노에서 서비스한다면 이탈리아에 거주하는 사람들은 웹 애플리케이션을 사용할 때 느리다고 느끼지 못할 것입니다. 프랑스, 스위스, 독일 사용자들 역시 비슷하겠죠. 하지만 아시아, 아프리카, 북미 사용자의 경우 상당한 지연을 느낄 것입니다. 지리적으로 데이터 센터가 멀수록 지연 시간이 기하급수적으로 늘기 때문입니다. 결국 멀리 있는 사용자들은 웹 애플리케이션이 느리고 성능이 안 좋으며 서버로 요청을 보낼 때마다 답답하다고 생각할 것입니다. 서비스가 아닌 이미지, CSS, 자바스크립트 파일과 같은 정적 자원의 경우에도 마찬가지입니다. 크기가 큰 파일을 지리적으로도 먼 데이터 센터에서 받아온다면 당연히 다운로드 속도가 아주 느릴 것입니다.

CDN은 거의 모든 대륙에 인프라를 제공하여 이런 문제를 해결합니다. 정적 자원을 CDN에 배포하면 해당 자원은 CDN의 모든 지역에 복제되어 사용자와 가장 가까운 곳에서 제공됩니다.

Next.js로 만든 정적 생성 웹 사이트의 경우 요청 시점에 페이지를 렌더링해야 할 서버가 필요하지 않습니다. 대신 웹 사이트 전체가 빌드 시점에 정적으로 렌더링되고 페이지가 만들어지기 때문에 결과물은 정적 HTML, CSS, 자바스크립트 파일밖에 없습니다. 이런 유형의 자원은 CDN에 배포하기에 안성맞춤이죠.

웹 사이트를 정적으로 만들고 배포할 수 있다면 정말 운이 좋은 것입니다. 정적 HTML 페이지를 CDN으로 배포하고 제공하면 아마도 최고의 성능을 보여줄 테니까요. 하지만 어떤 CDN에 배포해야 할까요? 다음 절에서는 다양한 CDN을 알아보겠습니다.

11.4 적절한 CDN 고르기

웹 애플리케이션을 배포할 수 있는 CDN은 다양합니다. 그 중에서도 널리 사용되는 것으로 AWS, Azure, Cloudflare를 꼽을 수 있습니다. 이 외에도 다양한 CDN을 골라 사용할 수 있지만 필자가 사용해본 것은 이 세 가지이며 아주 만족스러웠습니다.

CDN 배포에는 몇 가지 설정 작업이 필요하지만 조금만 시간을 투자하면 최고의 성능을 얻을 수 있기 때문에 그만한 가치가 있습니다. 예를 들면 Vercel에 비해 AWS는 배포 과정이 그다지 직관적이지 않습니다. GitHub Actions나 GitLab Pipelines를 사용하여 정적 웹 애플리케이션을 만든 후 AWS S3에 업로드하는 파이프라인을 만들고 AWS CDN인 CloudFront를 사용해서 사용자가 HTTP 요청을 통해 웹 애플리케이션의 정적 자원에 접근할 수 있도록 해줘야 합니다. 그리고 AWS 전용 DNS 서비스인 AWS Route 53을 사용해서 도메인과 CloudFront를 연결해야 합니다.

Cloudflare의 경우 이보다는 좀 더 쉽습니다. Cloudflare Pages라는 직관적인 UI를 제공하기 때문에 Git 저장소와 프로젝트를 쉽게 연결할 수 있으며 브랜치에 새로운 코드를 올릴 때마다 자동으로 새로운 웹 사이트 버전을 만들고 배포할 수 있습니다. 물론 메인 브랜치에 코드를 올리면 웹 애플리케이션을 상용 서비스로 배포합니다. 특정 기능을 구현한 브랜치에 관한 미리보기를 만든 다음 배포하고 싶다면 코드를 아무 브랜치에 올린 후 Cloudflare가 미리보기 애플리케이션을 만들고 배포할 때까지 기다리기만 하면 됩니다.

Azure는 색다른 방식을 사용합니다. Azure 포털에 접속해서 새로운 자원을 만들 때 자원 유형으로 'static web app'을 선택하고 설정에 필요한 데이터를 입력합니다. 그런 다음 GitHub 계정을 연결하면 Cloudflare나 Vercel처럼 자동 배포를 사용할 수 있습니다. Azure가 GitHub에 빌드 과정에 대한 워크플로 파일을 만들어주기 때문에 코드를 새로 올리면 GitHub에서 워크플로를 실행하고 그 결과를 Azure에 업로드해줍니다.

이렇게 다양한 CDN 중 어디에 애플리케이션을 배포할 것인지 고르는 것은 결코 쉬운 일이 아니지만 어떤 CDN이 웹 애플리케이션과 잘 맞는지 알아볼 수 있는 방법이 있습니다.

AWS는 가장 복잡해 보이는 CDN 서비스를 제공합니다. 하지만 이미 AWS 인프라를 사용하고 있다면 그곳에 웹 애플리케이션을 배포하는 것이 가장 쉽습니다. Azure 또한 마찬가지로 기존에 Azure에서 서비스하던 애플리케이션이나 플랫폼이 있다면 웹 애플리케이션 역시 Azure에 배포하는 것이 좋습니다. Cloudflare의 경우에는 다릅니다. 서버리스 펑션이나 Cloudflare가 제공하는 서비스[66] 외에 다른 서비스를 사용하지 않는 정적 웹 사이트 배포에 좋습니다.

정적 웹 사이트와는 상관없이 AWS Lambda, Azure Function, Cloudflare Workers 등을 사용해서 서버리스 펑션을 실행할 수도 있지만 어떤 경우에는 서버리스 펑션을 수십에서 수백 개 만들고 사용해야 할 수 있습니다. 특히 개발 또는 운영 팀의 규모가 작고 데브옵스를 경험해 보지 못한 경우라면 이런 복잡한 배포 환경을 관리하는 것 자체가 부담스러울 수 있습니다. 아니면 정적 사이트와 서버 사이드 렌더링을 함께 사용해야 해서 Node.js 코드를 실행할 환경이 필요할 수도 있습니다. 이런 다양한 제약 조건에서 웹 사이트를 완전한 서버리스 형태로 배포하는 것은 상당히 흥미로운 주제입니다.

이 경우 serverless-next.js[67]라는 오픈소스 프로젝트가 도움이 될 수 있습니다. 이 프로젝트는 마치 `Serverless` 컴포넌트처럼 작동하는데, 여기서 `Serverless`는 서버리스 플랫폼에 코드를 배포할 때 사용하는 npm 라이브러리 이름입니다. 다음 규칙을 따라 AWS에 배포하도록 설정할 수 있습니다.

---

66 *https://developers.cloudflare.com*

67 *https://github.com/serverless-nextjs/serverless-next.js*

- SSR 페이지와 API 경로는 AWS Lambda로 배포되고 서비스됩니다.
- 정적 페이지, 클라이언트 측 자원, 퍼블릭 파일들은 S3로 배포되고 CloudFront로 서비스됩니다.

이렇게 배포 방식을 혼합해 사용하면 각각의 요청이나 상황에 따라 최적화된 성능을 제공할 수 있습니다. Node.js 실행 환경이 필요한 SSR 및 API는 서버리스 펑션으로 서비스되고 나머지는 CDN을 통해서 제공됩니다.

그렇게 복잡한 내용은 아니지만 애플리케이션 라이프 사이클 관리가 너무 어렵고 서버 사이드 렌더링과 API 서비스 제공도 필요한 상황이라면 다른 방법을 고려해볼 수 있습니다. 다음 절에서는 서버 사이드 렌더링이 필요한 Next.js 애플리케이션을 플랫폼에 배포하는 방법을 알아보겠습니다.

11.5 아무 서버에나 Next.js 배포하기

지금까지 Next.js 애플리케이션을 CDN, Vercel, Netlify 같은 관리형 인프라에 배포하는 방법을 알아보았습니다. 그렇다면 애플리케이션을 관리형 인프라가 아닌 서버에 배포하는 것은 어떻게 할까요? 가장 많이 사용하는 방법이지만 가장 복잡한 방법이기도 합니다. Vercel, Netlify, Heroku 등을 사용해 서버를 대신 관리할 수도 있으며, 경우에 따라서는 전용 서버를 사용하고 제어할 필요도 있습니다. 관리형 플랫폼은 다음과 같은 이점을 제공합니다.

- 자동 배포
- 이전 배포로의 롤백
- 기능별 브랜치에 대한 자동 배포 지원
- Node.js 환경이나 리버스 프록시 등 다양한 서버 설정 자동화
- 내장 확장 기능

커스텀 서버를 사용하면 이런 기능을 전부 별도로 구현하거나 도입해야 합니다. 하지만 이 기능들이 모두 필요할까요? 그건 상황에 따라 다릅니다. 아주 큰 회사라면 대규모 인프라나 AWS와 같은 클라우드 서비스를 사용하고 있을 것이며 동일한 인프라에 Next.js 애플리케이

션을 배포하는 것이 최선의 방법일 것입니다. 작은 웹 사이트를 만들거나 사이드 프로젝트를 진행한다면 이미 살펴본 관리형 인프라나 CDN을 사용해서 배포하는 것이 좋습니다.

AWS, Google Cloud, Azure 중 하나에 웹 애플리케이션을 배포해야 한다고 생각해봅시다. 여기에 애플리케이션을 배포하고 서비스를 제공하려면 무엇을 해야 할까요? 먼저 고려해야 할 것은 애플리케이션을 어떻게 제공할 것인가 하는 점입니다. 아무것도 없는 빈 서버에서 시작한다는 것은 Node.js 애플리케이션을 실행하기 위해 할 일이 많다는 뜻이며, 다음과 같은 준비 작업이 필요합니다.

Node.js 실행 환경 구성

Node.js가 모든 운영체제에 미리 설치되어 있지는 않습니다. API 또는 서버 사이드 렌더링 페이지를 사용한다면 Node.js를 설치해야 합니다.

프로세스 관리자 설정

Node.js를 사용해본 경험이 있다면 메인 프로세스에 문제가 생겨서 종료되는 경우 수동으로 프로세스를 재시작해야만 전체 애플리케이션이 작동한다는 사실을 알고 있을 것입니다. Node.js가 단일 스레드를 사용하는 구조이기 때문인데 이 구조는 향후에도 바뀌지 않을 가능성이 큽니다. 따라서 메인 프로세스에 문제가 생기는 상황에 대비해야 합니다. 널리 사용되는 방법은 PM2[68]와 같은 프로세스 관리자를 사용해 Node.js 프로세스를 감시 및 관리하여 애플리케이션이 계속 실행되도록 하는 것입니다. PM2는 Node.js 프로그램 관련 추가 기능들을 많이 제공하고 있으므로 관심이 있다면 PM2의 공식 문서[69]를 읽어보기 바랍니다.

리버스 프록시 사용

Node.js 애플리케이션 스스로도 HTTP 요청을 잘 처리할 수 있지만 NGINX, Caddy, Envoy와 같은 리버스 프록시를 두고 그 뒤에서 애플리케이션을 서비스하는 것이 좋습니다. 프록시를 추가하면 예상치 못한 보안 취약점 등으로 인해 발생할 수 있는 보안 문제를 해결할 수 있지만 리버스 프록시를 관리해야 한다는 부담도 함께 생깁니다.

68 https://github.com/Unitech/pm2

69 https://pm2.keymetrics.io

방화벽 규칙 설정

외부로부터의 HTTP 요청을 받아서 처리할 수 있도록 `:443` 및 `:80` 포트를 열어야 합니다.

효율적인 개발 파이프라인 구성

Jenkins, CircleCI, GitHub Action 등을 사용해서 개발 및 배포 파이프라인을 구성합니다.

모든 환경 구성이 끝나면 똑같이 구성한 서버를 추가해서 서비스 요청이 증가했을 때 확장할 수 있는 인프라를 추가로 준비해둘 것인지 정해야 합니다. 한두 개의 서버를 준비해두는 것은 별로 어렵지 않지만 수십 대의 서버를 미리 준비해두는 것은 어려운 일입니다. 그리고 많은 서버에 대한 Node.js 업그레이드 또는 리버스 프록시 설정 변경 작업 역시 어려워집니다. 규모가 커지고 관리해야 할 애플리케이션의 수가 증가하면 작업 자체도 어려워질 뿐만 아니라 시간도 많이 소요됩니다. 이럴 때 사용할 수 있는 방법이 바로 컨테이너를 이용한 Next.js 애플리케이션 배포입니다. 이 내용은 다음 절에서 알아보겠습니다.

11.6 도커 컨테이너에서 Next.js 애플리케이션 실행하기

도커나 가상화 기술은 애플리케이션 빌드 및 배포에 큰 변화를 가져왔습니다. 다양한 도구, 명령, 설정을 통해 애플리케이션을 만들고, 프로그램이나 웹 애플리케이션을 실행하는 가상 머신을 생성하여 운영체제에 관계없이 모든 서버에서 배포하고 실행할 수 있습니다.

Next.js 애플리케이션을 도커에서 실행하는 것은 그다지 어렵지 않습니다. 간단한 `Dockerfile`을 다음과 같이 몇 개의 명령으로 구성할 수 있습니다.

```
FROM node:18-alpine

RUN mkdir -p /app

WORKDIR /app

COPY . /app/

RUN npm install
```

```
RUN npm run build

EXPOSE 3000

CMD npm run start
```

이 Dockerfile은 다음 작업을 순서대로 진행합니다.

1 애플리케이션을 실행할 때 사용할 이미지를 정합니다. 여기서는 node:14-alpine이라는 이미지를 사용합니다.

2 별도의 작업 디렉터리를 만들고 사용하는 것이 좋기 때문에 /app이라는 디렉터리를 먼저 만듭니다.

3 앞서 만든 /app 디렉터리를 작업 디렉터리로 지정합니다.

4 로컬 디렉터리의 모든 콘텐츠를 도커의 작업 디렉터리로 복사합니다.

5 필요한 모든 의존성 패키지를 설치합니다.

6 컨테이너의 작업 디렉터리에서 Next.js 애플리케이션을 빌드합니다.

7 컨테이너 외부에서 애플리케이션에 접근할 수 있도록 3000번 포트를 외부에 노출합니다.

8 Next.js 애플리케이션을 서비스할 서버를 시작합니다.

이 Dockerfile을 테스트하기 위해 다음과 같이 빈 Next.js 애플리케이션 프로젝트를 하나 만듭니다.

```
npx create-next-app my-first-dockerized-nextjs-app
```

이 내용을 채워 넣은 Dockerfile을 만든 다음 .dockerignore 파일을 만들어서 그 안에 다음과 같이 컨테이너를 만들 때 복사하지 않을 디렉터리나 파일들을 지정합니다. 여기서는 패키지를 설치하는 node_modules와 Next.js의 빌드 결과가 저장되는 디렉터리인 .next를 제외합니다.

```
.next
node_modules
```

다음 명령을 실행해서 도커 컨테이너 이미지를 만듭니다.

```
docker build -t my-first-dockerized-nextjs-app .
```

여기서는 이미지에 커스텀 태그인 my-first-dockerized-nextjs-app을 지정합니다. 빌드가 끝나면 다음 명령으로 컨테이너를 시작합니다.

```
docker run -p 3000:3000 my-first-dockerized-nextjs-app
```

그리고 *http://localhost:3000*으로 접속하면 애플리케이션이 실행되고 있음을 확인할 수 있습니다.

이렇게 간단한 설정만으로 AWS ECS, Google Cloud Run, 쿠버네티스 같은 관리형 컨테이너 서비스 또는 도커가 설치된 모든 서버에서 애플리케이션을 실행할 수 있습니다.

상용 서비스에서 컨테이너를 사용하게 되면 애플리케이션을 실행하기 위해 간단한 환경 설정만 하면 된다는 이점이 있습니다. 애플리케이션을 복제하거나 확장하거나 다시 빌드하고자 할 때는 Dockerfile을 사용해서 이미지를 만들거나 미리 만들어둔 이미지로 애플리케이션을 실행하기만 하면 됩니다.

정리하기

CHAPTER 11에서는 Next.js 애플리케이션을 배포할 수 있는 다양한 플랫폼을 살펴보았습니다. 애플리케이션마다 용도와 목적, 특징이 다르기 때문에 모든 애플리케이션을 빌드하고 배포할 수 있는 완벽한 방법은 없습니다.

Vercel, Netlify, Heroku와 같은 관리형 인프라는 상용 애플리케이션을 배포하고 실행할 좋은 플랫폼을 제공합니다. 정적 사이트의 경우 Cloudflare Pages, AWS S3 및 CloudFront, Azure CDN 등을 사용해서 배포하는 것이 성능 측면에서 가장 좋습니다.

도커를 사용하는 것은 아마도 가장 유연한 방법일 것입니다. 도커를 사용하면 애플리케이션을 어디든지 배포하고 실행할 수 있으며, 상용 서비스 환경에서 동일한 컨테이너를 쉽게 복제하고 실행할 수 있습니다.

중요한 점은 Next.js 애플리케이션에 완벽히 들어맞는 방법은 없다는 것입니다. 시장에서는 아주 많은 경쟁자들이 저마다의 좋은 기술과 배포 방식 등을 개발자에게 제공하고 있으며 사용자 경험 역시 점점 더 향상되고 있습니다. 대신 Next.js 애플리케이션을 배포할 때 애플리케이션을 개발하는 팀이 얼마나 큰지 고려하는 것이 좋습니다. Vercel, Netlify, Heroku, Cloudflare와 같은 관리형 인프라는 규모가 크든 작든 대부분의 팀에서 사용하기 좋지만 다른 플랫폼의 경우에는 더 많은 경험이나 배경 지식 등을 요구하기 때문에 좀 더 큰 팀에서 사용하는 것이 좋을 수도 있습니다. 가령 DigitalOcean 또는 Google Cloud에서 AWS EC2 인스턴스나 사용자 지정 컴퓨팅 머신을 바닥부터 설정해 사용하면 애플리케이션의 라이프 사이클을 온전히 제어할 수는 있겠지만 설정과 유지 보수 등에 필요한 비용과 시간도 함께 증가합니다.

정말 큰 회사에서 애플리케이션을 개발한다면 아마도 별도의 데브옵스 팀이 존재할 것이며 애플리케이션의 빌드 및 배포를 관리해줄 수도 있습니다. 그리고 데브옵스 팀이 직접 제어하는 다양한 커스텀 솔루션을 사용할 가능성도 크겠죠.

물론 애플리케이션을 혼자 개발하는 경우에도 클라우드 인프라에 애플리케이션을 배포할 수 있습니다. 그러나 설정이나 관련 도구를 바닥부터 만드는 것보다는 Vercel, Netlify, Cloudflare와 같은 관리형 인프라를 사용하는 것이 더 좋습니다.

지금까지 프레임워크의 기본적인 내용과 다양한 라이브러리 및 데이터 소스 사용법, 그리고 애플리케이션을 빌드하고 배포하는 것까지 아주 많은 내용을 다루었습니다. 이제부터는 실제 사용할 법한 애플리케이션을 만들어보면서 상용 수준의 Next.js 웹 애플리케이션을 만들 때 마주칠 수 있는 다양한 문제들을 해결해보겠습니다.

PART 3

Next.js로 상용 애플리케이션 만들기

PART 3에서는 지금까지 배운 내용을 바탕으로 상용 수준의 애플리케이션을 만들어봅니다. 인증 및 권한 검사, GraphQL API 사용, Stripe를 사용한 결제 시스템 구축에 관한 내용을 다룹니다.

또한 몇 가지 예제 애플리케이션을 만들어보며 자신감을 향상키시고, 프레임워크와 관련된 최신 기술을 계속해서 습득하고 유지하는 방법도 알아봅니다.

CHAPTER 12

인증과 사용자 세션 관리

지금까지 Next.js의 기본적인 기능과 더불어 다양한 렌더링 전략, SEO 및 성능 관리, 스타일링 방법과 라이브러리 사용법, 애플리케이션 상태 관리, 외부 API 호출 등 애플리케이션 개발에 필요한 다양한 내용을 배웠습니다.

여기서부터는 이러한 내용을 바탕으로 보안, 성능, 최적화 등 다양한 요구사항을 만족하는 상용 수준의 실제 애플리케이션을 개발해볼 것입니다. CHAPTER 12에서는 동적 웹 애플리케이션의 핵심 부분인 사용자 세션과 인증 관리를 알아볼 것이며, 구체적으로 다음과 같은 내용을 다룹니다.

- 애플리케이션에 커스텀 인증 서비스를 적용하는 방법
- 산업 표준 수준의 서비스인 Auth0, NextAuth.js, Firebase 사용 방법
- 페이지 이동 시에도 세션을 유지하는 방법
- 데이터를 안전하게 보호하는 방법

학습을 마치면 사용자를 인증하고 세션을 관리할 수 있으며, 다양한 인증 방식의 차이점을 알고 독자적인 인증 서비스도 적용할 수 있습니다.

12.1 인증과 사용자 세션

사용자 인증은 대개 사용자를 식별하고 해당 사용자가 특정 콘텐츠에 대해 가진 권한에 따라 읽기, 쓰기, 변경, 삭제와 같은 작업을 허용하거나 막는 것을 의미합니다. 블로그를 예로 들자

면 사용자는 로그인을 해야만 글을 쓰거나 수정하고 삭제할 수 있는 것이죠.

여러 가지 인증 방식이 있지만 일반적으로 다음과 같은 방법을 사용합니다.

자격 증명 기반 인증credential-based authentication

사용자의 자격을 증명할 수 있는 비밀 정보를 통해 사용자를 식별합니다. 이메일 주소와 비밀번호를 사용하는 것이 대표적인 예입니다.

소셜 로그인

페이스북, 트위터, 구글과 같은 소셜 계정을 사용해서 시스템에 로그인하는 방식입니다.

비밀번호 없이 로그인

최근 몇 년간 많이 사용하게 된 인증 방식입니다. Medium, Slack과 같은 플랫폼은 사용자의 이메일로 소위 '매직 링크'라는 것을 보내서 비밀번호를 입력하지 않고도 인증 및 로그인할 수 있게 합니다.

싱글 사인온single sign-on(SSO)

대규모 회사라면 한 번쯤 사용해보았을 방식입니다. Okta와 같은 서비스를 사용해서 각기 다른 서비스에 고유한 자격 증명을 발급하고 중앙에서 사용자 인증을 처리합니다. SSO에 한 번 로그인하면 이와 연결된 웹 사이트에서는 다시 로그인할 필요가 없습니다.

시스템에 로그인하면 사용자는 애플리케이션이 자신을 기억하길 원합니다. 페이지를 이동할 때마다 사용자 인증을 거쳐야 한다면 정말 귀찮을 테니까요. 이런 이유로 세션 관리가 필요합니다. 사용자 세션은 다양한 방법으로 관리됩니다. PHP를 사용해본 경험이 있다면 PHP가 사용자 세션을 관리하는 내장 메서드를 제공한다는 사실도 기억할 것입니다.

```php
<?php
  session_start();

  $_SESSION["first_name"] = "John";
  $_SESSION["last_name"] = "Doe";
?>
```

이는 서버가 세션을 관리하는 전형적인 방법이라 볼 수 있습니다. 세션 쿠키를 만들고 해당 세션과 관련된 모든 속성을 관리합니다. 예를 들면 로그인한 사용자 세션에 사용자 이메일 또는 계정 이름을 기록해두고 페이지를 렌더링할 때마다 이 정보를 가져와서 사용하는 것이죠. 이런 방식을 **스테이트풀**stateful **세션**이라고 부릅니다. 사용자 상태를 전부 서버에서 관리하고 특정 세션 쿠키를 사용해서 이 세션을 해당 클라이언트와 연결하기 때문이죠. 스테이트풀 세션 방식은 애플리케이션 초기 구현 단계에서는 사용하기 쉬운 편이지만 애플리케이션 규모가 점점 커지면 복잡해지기 일쑤입니다.

앞서 우리는 애플리케이션을 Vercel이나 AWS와 같은 관리형 호스팅 플랫폼에 배포해보았습니다. Vercel의 경우 아주 직관적인 방법으로 Next.js 앱을 배포하고 서비스할 수 있는데, 이때 모든 API와 SSR 페이지를 서버리스 펑션으로 처리합니다. 이렇게 별도의 서버가 없는 환경에서 서버 사이드의 스테이트풀 세션을 어떻게 관리할 수 있을까요?

사용자가 로그인하면 환영 페이지를 렌더링해야 한다고 가정해보겠습니다. 사용자가 로그인하면 서버에 세션 쿠키를 만들 수 있지만 서버리스 펑션의 실행이 끝나고 나면 해당 인스턴스가 사라지면서 서버에 만든 스테이트풀 세션 데이터는 모두 삭제될 것입니다. 이런 경우 세션을 어떻게 유지할 수 있을까요? 사용자가 페이지를 빠져나가서 다른 페이지로 이동하면 서버가 가지고 있는 세션 정보는 사라지고 사용자가 다시 로그인해야 하는 상황이 벌어지게 됩니다.

이런 환경이라면 **스테이트리스**stateless **세션**이 더 좋습니다. 스테이트리스 세션은 세션 쿠키를 서버가 아닌 프런트엔드 쪽에 두고 새로운 요청을 보낼 때마다 사용자를 식별할 수 있는 정보를 함께 보내는 방식입니다. 로그인한 사용자가 백엔드에 요청을 보낼 때마다 인증 방식에 따라 인증에 필요한 정보를 HTTP 헤더 또는 쿠키로 보내는 것이죠. 서버는 이 인증 정보를 받아서 검증하고 사용자를 식별한 다음 권한에 따라 사용자가 요구한 서비스 또는 콘텐츠를 제공합니다. **JWT 기반 인증**이 이런 상황에서 표준으로 사용되는데 이 내용은 다음 절에서 자세히 알아보겠습니다.

12.2 JSON web token

JWT 홈페이지[70]에 따르면 JWT, 즉 JSON Web Token은 공개된 산업 표준(RFC-7519)

70 https://jwt.io

방식으로, 인증에 참여하는 두 대상 간에 클레임을 안전하게 주고받을 수 있는 방법입니다. 좀 더 간단하게 말하면 JWT는 base64 방식으로 인코딩된 세 개의 JSON 데이터를 하나로 연결한 것이라고 볼 수 있습니다. 다음 JWT를 예로 들어보겠습니다.

```
eyJhbGciOiJIUzI1NiIsInR5cCI6IkpXVCJ9.eyJzdWIiOiI5MDhlYWZhNy03MWJkLTQyMDMtOGY3Ni1iN
jA3MmNkMTFlODciLCJuYW1lIjoiSmFuZSBEb2UiLCJpYXQiOjE1MTYyMzkwMjJ9.HCl73CTg8960TvLP7i
5mV2hKQlSJLaLAlmvHk-38kL8o
```

JWT는 점(.)으로 연결된 세 부분의 데이터로 나눌 수 있습니다. 첫 번째 부분은 JWT 헤더입니다. 여기에는 두 가지 핵심 정보가 있는데, 하나는 토큰의 타입이고 다른 하나는 이 토큰을 사인할 때 사용한 알고리즘입니다. 두 번째 부분은 페이로드입니다. 여기에는 사용자를 식별하기 위해 필요한 민감하지 않은 데이터들이 포함됩니다. **JWT 페이로드는 누구나 볼 수 있기 때문에 비밀번호나 계좌 정보와 같은 민감한 데이터를 절대 포함해서는 안 됩니다.** 세 번째 부분은 JWT 토큰의 사인, 즉 시그니처signature 입니다. 이 사인이 JWT를 안전하게 해주는데, 자세한 내용은 나중에 살펴보겠습니다.

이 JWT를 별도의 라이브러리나 온라인 JWT 관련 웹 사이트에서 풀어보면 다음과 같은 JSON 데이터로 구성되어 있음을 알 수 있습니다.

```
// 첫 번째 부분
{
  "alg": "HS256", // 토큰 사인에 사용한 알고리즘 종류
  "typ": "JWT"    // 토큰 타입
}

// 두 번째 부분
{
  "sub": "908eafa7-71bd-4203-8f76-b6072cd11e87", // JWT 서브젝트
  "name": "Jane Doe",                            // 사용자 이름
  "iat": 1516239022                              // 토큰 발행 일시
}
```

첫 번째 데이터는 이 JWT가 HS256 알고리즘으로 사인되었음을 나타냅니다. 두 번째 데이터 부분에는 사용자 식별에 필요한 정보가 있습니다. 대개 사용자 ID를 의미하는 JWT 서브젝트, 사용자 이름, 토큰을 발행한 일시가 기록되어 있습니다.

가장 좋은 JWT 페이로드 형식

공식 RFC7519 명세에는 페이로드 속성으로 사용할 수도 있는 `"sub"`(subject)나 `"aud"`(audience), `"exp"`(expiration time) 등을 명시하고 있습니다. 이 속성들은 사용하지 않아도 되지만 JWT 페이로드는 공식 문서의 권고사항을 따라서 구현하는 것이 가장 좋습니다. 공식 문서는 웹 사이트[71]에서 확인할 수 있습니다.

필요한 사용자 관련 정보를 가져오면 JWT를 쿠키 또는 HTTP 인증 헤더의 `bearer` 토큰으로 지정해서 사용할 수 있습니다. 서버가 해당 인증 정보를 받으면 토큰을 검증하는데, 이때 토큰의 세 번째 부분이 중요한 역할을 맡습니다. 해당 JWT에 대한 사인이기 때문이죠. 간단한 예시를 통해 왜 JWT 토큰을 사인해야 하는지 알아보겠습니다.

JWT는 누구나 풀어서 볼 수 있습니다. JSON 데이터를 base64로 인코딩했을 뿐이니까요. 자바스크립트 내장 함수를 사용해 디코딩하고 `"admin": true`와 같은 속성을 추가한 다음 다시 base64로 인코딩하면 됩니다. 아무나 이런 식으로 JWT를 수정할 수 있다면 큰 문제가 될 것입니다. 그러나 JWT는 디코딩하고 수정하고 다시 인코딩하는 것만으로는 위조할 수 없습니다. JWT를 위조하려면 내용을 변경한 JWT의 토큰 사인을 다시 만들어야 하는데, 이를 위해서는 JWT를 발행한 서버가 토큰의 사인을 만들 때 사용한 비밀값을 반드시 알아야 합니다. jsonwebtoken 라이브러리로 토큰을 만드는 다음 예제 코드를 살펴봅시다.

```
const jwt = require('jsonwebtoken');

const myToken = jwt.sign(
  {
    name: 'Jane Doe',
    admin: false,
  },
  'secretpassword',
);
```

이렇게 하면 다음과 비슷한 JWT를 얻게 됩니다.


```
eyJhbGciOiJIUzI1NiIsInR5cCI6IkpXVCJ9.eyJuYW1lIjoiSmFuZSBEb2UiLCJhZG1pbiI6ZmFsc2UsI
mlhdCI6MTYzNDEzMTI2OH0.AxLW0CwWpsIUk71WNbb-ZS9jTPpab8z4LVfJH6rsa4Nk
```


71 *https://datatracker.ietf.org/doc/html/rfc7519#section-4*

토큰은 다음과 같이 검증할 수 있습니다.

```
const jwt = require('jsonwebtoken');

const myToken = jwt.sign(
  {
    name: 'Jane Doe',
    admin: false,
  },
  'secretpassword',
);
const tokenValue = jwt.verify(myToken, 'secretpassword');

console.log(tokenValue);
// => { name: 'Jane Doe', admin: false, iat: 1634131396 }
```

`jwt.verify` 메서드는 사인으로 확인한 올바른 JWT의 페이로드만 풀어서 보여줍니다. 만약 검증에 실패하면 에러가 발생합니다.

여기서 만든 JWT 코드를 웹 페이지[72]에 복사해서 테스트해볼 수 있습니다. [그림 12-1]과 같이 페이로드에 `"admin": true`라는 클레임을 추가해봅시다.

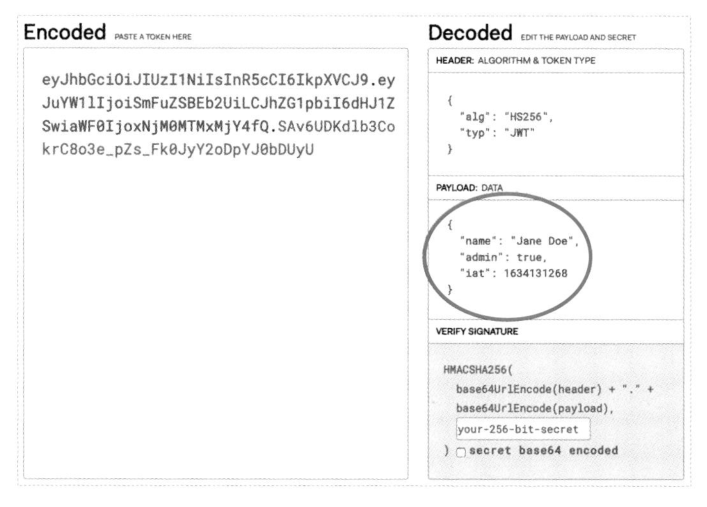

그림 12-1 *https://jwt.io*에서 JWT 수정

72 *https://jwt.io*

웹 페이지는 JWT값을 수정하면 JWT 헤더 또는 페이로드 부분의 값도 변경해줍니다. 변경한 JWT값을 복사해서 다음 코드로 테스트해봅시다.

```
const tokenValue = jwt.verify(
  'eyJhbGciOiJIUzI1NiIsInR5cCI6IkpXVCJ9.eyJuYW1lIjoiSmFuZSBEb2UiLCJhZG1pbiI6dHJ1ZS
    wiaWF0IjoxNjM0MTMxMjY4fQ.SAv6UDKdlb-3CokrC8o3e_pZs_Fk0JyY2oDpYJ0bDUyU',
  'secretpassword',
);
```

그러면 다음과 같이 콘솔에 에러가 표시되는 것을 확인할 수 있습니다.

```
JsonWebTokenError: invalid signature
```

JWT의 사인 덕분에 JWT는 안전합니다. 물론 누구나 JWT를 읽고 풀어볼 수도 있습니다. 하지만 JWT를 수정하더라도 사인에 사용한 비밀값을 알지 못한다면 사인을 다시 만들고 검증 과정을 통과할 수 없습니다.

다음 절에서는 Next.js 애플리케이션에서 JWT 인증을 사용하는 방법에 관해 배워보겠습니다.

12.3 커스텀 인증

분명히 말하지만 인증 방식을 따로 구현하는 것은 결코 좋은 생각이 아닙니다. Auth0, Firebase, AWS Cognito, Magic.link 외에도 수없이 많은 인증 서비스가 있으며, 이를 사용해서 아주 쉽게 안전하고 신뢰할 수 있는 최적화된 인증 서비스를 구성할 수 있습니다. 웹 애플리케이션의 인증을 구현해야 한다면 이미 제공하고 있는 인증 서비스 중 하나를 선택하는 것을 권장합니다.

하지만 이 절에서는 커스텀 인증 기법을 만들어볼 것입니다. 인증이 어떻게 작동하고 애플리케이션을 보호하며 인증 시스템의 중요한 요소가 무엇인지 알아보기 위해서죠. 커스텀 인증 기법을 구현하다 보면 여러 가지 한계에 부딪히게 될 것입니다. 이를테면 클라이언트 또는 정적으로 생성한 웹 사이트에서 사용자를 인증하고 관리하면 민감한 데이터가 네트워크에 노출될 수 있습니다. 이런 이유로 여기서는 Next.js 웹 애플리케이션을 만든 다음 API 경로를 통해 데이터 소스와 연결하고 사용자 데이터를 가져올 것입니다.

먼저 Next.js 애플리케이션을 만듭니다.

```
npx create-next-app with-custom-auth
```

기본 코드가 준비되면 로그인 API를 만듭니다. 명심할 점은 다음 예제 코드를 상용 수준의 애플리케이션에 바로 적용해서는 안 된다는 점입니다. 예제 코드는 인증이 어떻게 작동하는지 이해를 돕기 위해 간단하게 만든 것일 뿐입니다.

`/pages/api/login.js` 파일을 만들고 다음 함수를 익스포트합니다.

```
export default (req, res) => {}
```

이 함수는 사용자 입력을 받고 인증을 처리합니다. 먼저 요청 메서드가 `POST`인 경우에만 사용자 입력을 받도록 합니다.

```
export default (req, res) => {
  const { method } = req;
  const { email, password } = req.body;

  if (method !== 'POST') {
    return res.status(404).end();
  }
}
```

왜 POST 외의 요청은 무시하나요?

기본적으로 Next.js API 경로는 모든 HTTP 메서드를 허용합니다. 하지만 특정 라우트의 경우 특정 메서드만 허용하는 것이 좋습니다. 예를 들어 새로운 콘텐츠를 만들 때는 `POST`만 허용하고 데이터를 읽을 때는 `GET` 메서드만, 수정은 `PUT`, 삭제는 `DELETE`만 허용하는 것이죠.

이제 사용자 입력을 검사합니다. 이메일 주소와 비밀번호를 검사할 경우 이메일 주소가 올바른 형식인지, 비밀번호는 보안 정책을 따르는 비밀번호인지 먼저 확인합니다. 검사를 통과하지 못하면 해당 데이터는 어차피 정책에 따라 데이터베이스에 존재할 수 없기 때문에 상태 코드 401로 응답해서 해당 사용자를 식별할 수 없음을 알리고 불필요한 데이터베이스 접근을 줄일 수 있습니다.

예제 애플리케이션에서는 데이터베이스를 사용하지 않으므로 테스트를 위해 코드에 사용자 이메일과 비밀번호를 임시로 저장하여 사용하겠습니다. 간단하게 구현하기 위해 요청의 바디가 이메일 주소와 비밀번호를 가지고 있는지만 확인하도록 하겠습니다.

```
export default (req, res) => {
  const { method } = req;
  const { email, password } = req.body;

  if (method !== 'POST') {
    return res.status(404).end();
  }

  if (!email || !password) {
    return res.status(400).json({
      error: 'Missing required params',
    });
  }
}
```

이메일 또는 비밀번호가 요청 바디에 없는 경우 400 상태 코드로 요청을 잘못 보냈다는 사실을 알려줍니다.

요청이 HTTP POST 메서드를 사용하고 이메일과 비밀번호 정보를 모두 제공하면 어떤 방법으로든 사용자를 인증할 수 있습니다. 데이터베이스에서 해당 이메일과 비밀번호 정보를 가져와서 비교할 수도 있고 외부 인증 서비스를 통해 사용자를 인증할 수도 있습니다. 여기서는 인증이 어떻게 작동하는지 간단히 확인하기 위해 코드에 이메일 주소와 비밀번호를 문자열로 저장해두고 비교하는 방법을 사용하겠습니다. 물론 상용 애플리케이션에서 이런 식으로 구현해서는 절대 안 됩니다.

/api/login.js 파일에 다음과 같이 사용자 정보를 확인하는 코드를 추가합니다.

```
function authenticateUser(email, password) {
  const validEmail = 'johndoe@somecompany.com';
  const validPassword = 'strongpassword';

  if (email === validEmail && password === validPassword) {
    return {
      id: 'f678f078-fcfe-43ca-9d20-e8c9a95209b6',
      name: 'John Doe',
      email: 'johndoe@somecompany.com',
    };
  }

  return null;
}
```

다시 말하지만 상용 애플리케이션에서는 절대로 이렇게 사용자를 인증하지 않습니다. 대신 데이터베이스 또는 외부 인증 서비스를 통해 사용자 정보를 조회하고 식별합니다.

이제 API를 사용해서 사용자를 인증해보겠습니다. 사용자 입력 데이터가 올바르게 전달되었다면 API를 통해 사용자 정보를 획득하고 클라이언트로 이를 전달합니다. 그렇지 않다면 401 응답 코드로 인증에 실패했음을 알려줍니다.

```
export default (req, res) => {
  const { method } = req;
  const { email, password } = req.body;

  if (method !== 'POST') {
    return res.status(404).end();
  }

  if (!email || !password) {
    return res.status(400).json({
      error: 'Missing required params',
    });
  }

  const user = authenticateUser(email, password);

  if (user) {
    return res.json({ user });
  } else {
```

```
    return res.status(401).json({
      error: 'Wrong email of password',
    });
  }
};
```

이런 인증 방식이 어떤 측면에서 위험한지 알아보겠습니다. 프런트엔드 애플리케이션이 이 방식을 사용해서 로그인을 시도한 다음 서버가 필요한 정보를 제공하면 프런트엔드가 그 정보를 쿠키로 저장한다고 가정해봅시다. 사용자 정보와 같은 추가 데이터를 요청하려는 경우 서버에 해당 요청을 전송하면 서버가 쿠키값을 읽고 현재 사용자 ID를 토대로 데이터베이스에서 사용자 정보를 가져와 응답할 것입니다. 이 방법에 어떤 문제가 있는지 눈치챘나요?

사실 쿠키는 크롬의 개발자 도구 등과 같은 방법을 사용해서 누구나 수정할 수 있습니다. 아무나 쿠키를 읽고 수정한 다음 서버에 쿠키를 전달하면 악의적인 사용자도 마치 정상 사용자처럼 로그인하고 비밀 정보를 얻을 수 있게 됩니다.

쿠키 자체는 세션 데이터를 저장할 수 있는 좋은 방법입니다. `localStroage`, `sessionStorage`, `indexedDB`와 같은 브라우저 기능을 사용해서 쿠키를 저장하고 사용할 수 있습니다. 문제는 악의적인 사용자가 웹 페이지에 악성 스크립트를 삽입해서 이런 정보를 훔쳐갈 수 있다는 것이죠. 그래서 쿠키를 사용할 때는 반드시 `httpOnly` 플래그를 `true`로 설정해서 서버 측에서만 쿠키를 사용할 수 있도록 해야 합니다. 이를 통해 데이터를 좀 더 안전하게 저장할 수 있습니다. 또한 모든 사용자가 웹 브라우저의 개발 도구 등으로 쿠키에 접근할 수 있다는 점을 염두에 두고 중요한 정보는 절대 쿠키 등에 저장하고 공유하지 않아야 합니다.

JWT를 사용하면 이런 상황에서 데이터를 더 안전하게 보호할 수 있습니다. 로그인 핸들러를 약간 수정해서 데이터를 반환하기 전에 쿠키에 JWT를 포함시키도록 하겠습니다. 우선 jsonwebtoken 패키지를 설치합니다.

```
yarn add jsonwebtoken
```

그리고 `lib/jwt.js` 파일을 만들어서 다음 내용을 채워 넣습니다.

```
import jwt from 'jsonwebtoken';
```

```
const JWT_SECRET = 'my_jwt_password';

export function encode(payload) {
  return jwt.sign(payload, JWT_SECRET);
}

export function decode(token) {
  return jwt.verify(token, JWT_SECRET);
}
```

다시 pages/api/login.js 파일을 열어서 사용자 페이로드를 인코딩하고 JWT에 넣도록 코드를 추가합니다.

```
import { encode } from '../../lib/jwt';

function authenticateUser(email, password) {
  const validEmail = 'johndoe@somecompany.com';
  const validPassword = 'strongpassword';

  if (email === validEmail && password === validPassword) {
    return encode({
      id: 'f678f078-fcfe-43ca-9d20-e8c9a95209b6',
      name: 'John Doe',
      email: 'johndoe@somecompany.com',
    });
  }

  return null;
}
```

쿠키에 JWT를 저장할 때 사용할 패키지를 추가합니다.

```
yarn add cookie
```

패키지를 설치하고 나면 pages/api/login.js 파일에서 세션 쿠키를 만들고 저장하도록 수정합니다.

```
import { serialize } from 'cookie';

// ...

export default (req, res) => {
  const { method } = req;
  const { email, password } = req.body;

  if (method !== 'POST') {
    return res.status(404).end();
  }

  if (!email || !password) {
    return res.status(400).json({
      error: 'Missing required params',
    });
  }

  const user = authenticateUser(email, password);

  if (user) {
    res.setHeader('Set-Cookie',
      serialize('my_auth', user, { path: '/', httpOnly: true })
    );
    return res.json({ success: true });
  } else {
    return res.status(401).json({
      success: false,
      error: 'Wrong email of password',
    });
  }
};
```

my_auth라는 쿠키를 만들고 그 안에 사용자 JWT를 저장합니다. JWT를 클라이언트 측에 직접 제공하지 않기 때문에 클라이언트 측에서 발생할 수 있는 잠재적인 보안 위험성을 사전에 차단합니다.

이렇게 만든 코드가 제대로 작동하는지 Postman 또는 Insomnia[73]와 같은 HTTP 클라이언트 도구를 사용해서 확인할 수 있습니다(그림 12-2).

73 https://insomnia.rest

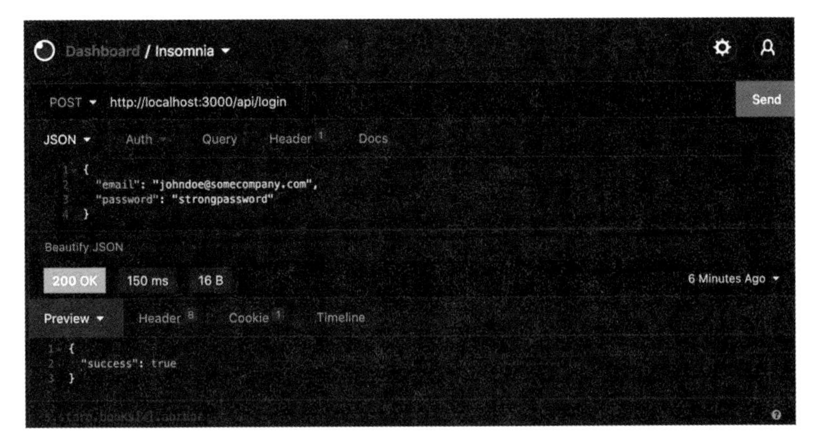

그림 12-2 Insomnia에서 확인한 로그인 API 응답

Cookie 탭으로 가면 [그림 12-3]과 같이 인증 관련 쿠키값을 볼 수 있습니다.

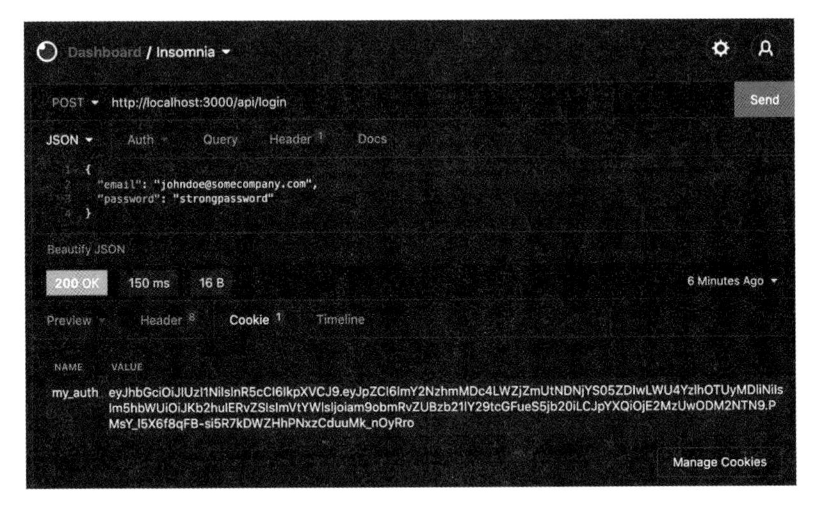

그림 12-3 Insomnia에서 확인한 인증 쿠키값

마지막으로 클라이언트 측에서 로그인하고 인증된 경우에만 볼 수 있는 페이지를 만들어서 인증 부분을 관리할 수 있도록 만듭니다. 먼저 `/pages/protected-route.js` 파일을 만들고 다음 내용을 채워 넣습니다.

```
import styles from '../styles/app.module.css';

export default function ProtectedRoute() {
  return (
    <div className={styles.container}>
      <h1>Protected Route</h1>
      <p>You can't see me if not logged-in!</p>
    </div>
  );
}
```

ProtectedRoute 함수는 로그인하지 않은 익명의 사용자가 접근하는 것도 허용하는 상태입니다. 이 부분은 나중에 수정해서 로그인하지 않은 사용자는 접근하지 못하도록 만듭니다.

애플리케이션을 꾸미기 위해 /styles/app.module.css 파일을 만듭니다. 아주 예쁜 애플리케이션을 만드는 것이 목적은 아니므로 간단한 스타일만 지정하겠습니다.

```
.container {
  min-height: 100vh;
  padding: 0 0.5rem;
  display: flex;
  flex-direction: column;
  justify-content: center;
  align-items: center;
  height: 100vh;
}
```

이제 로그인 폼을 만듭니다. /pages/login.js 파일을 만들고 로그인 UI를 구현합니다.

```
import { useState } from 'react';
import { useRouter } from 'next/router';
import styles from '../styles/app.module.css';

export default function Home() {
  const [loginError, setLoginError] = useState(null);

  return (
    <div className={styles.container}>
      <h1>Login</h1>
      <form className={styles.form} onSubmit={handleSubmit}>
```

```
        <label htmlFor="email">Email</label>
        <input type="email" id="email" />

        <label htmlFor="password">Password</label>
        <input type="password" id="password" />

        <button type="submit">Login</button>

        {loginError && (
          <div className={styles.formError}>
            {loginError}
          </div>
        )}
      </form>
    </div>
  );
}
```

handleSubmit 함수 구현에 앞서 styles/app.module.css 파일에 필요한 폼 관련 스타일을 추가합니다.

```
.form {
  display: flex;
  flex-direction: column;
}

.form input {
  padding: 0.5rem;
  margin: 0.5rem;
  border: 1px solid #ccc;
  border-radius: 4px;
  width: 15rem;
}

.form label {
  margin: 0 0.5rem;
}

.form button {
  padding: 0.5rem;
  margin: 0.5rem;
  border: 1px solid #ccc;
```

```
  border-radius: 4px;
  width: 15rem;
  cursor: pointer;
}

.formError {
  color: red;
  font-size: 0.8rem;
  text-align: center;
}
```

handleSubmit 함수는 폼의 submit 이벤트를 받고 원격 API로 요청을 보내는 브라우저의 기본 submit 관련 작동을 차단한 다음 로그인 성공 또는 실패를 처리해야 합니다. 로그인에 성공하면 사용자를 보호된 페이지로 보냅니다. 로그인에 실패하는 경우 loginError 상태를 지정합니다.

```
export default function Home() {
  const router = useRouter();
  const [loginError, setLoginError] = useState(null);

  const handleSubmit = (event) => {
    event.preventDefault();
    const { email, password } = event.target.elements;
    setLoginError(null);
    handleLogin(email.value, password.value)
      .then(() => router.push('/protected-route'))
      .catch((err) => setLoginError(err.message));
  };

  // ...
```

이제 로그인 API로 요청을 보내는 함수만 남았습니다. 이 함수는 Home 컴포넌트 바깥에 정의해서 테스트 단계에서도 별도로 테스트가 가능하도록 만듭니다.

```
// ...

async function handleLogin(email, password) {
  const resp = await fetch('/api/login', {
    method: 'POST',
    headers: {
      'Content-Type': 'application/json',
```

```
      },
      body: JSON.stringify({
        email,
        password,
      }),
    });

    const data = await resp.json();

    if (data.success) {
      return;
    }

    throw new Error('Wrong email or password');
  }

  // ...
```

로그인 페이지를 테스트하고 제대로 작동하는지 확인해봅시다. 로그인에 성공하면 보호되는 페이지로 이동해야 하며 로그인에 실패할 경우 폼의 [submit] 버튼 아래에 관련 메시지가 표시될 것입니다.

이제 보호된 페이지가 실제로 로그인하지 않은 사용자로부터 보호되도록 만들어봅시다. 비슷한 작업을 로그인 페이지에도 구현합니다. 로그인한 사용자는 로그인 페이지를 볼 수 없는 것이죠.

추가로 코드를 더 구현하기 전에 애플리케이션에서 인증 부분을 어떻게 구현할 것인지 먼저 정해야 합니다. 서버가 요청별로 쿠키를 검사해서 페이지를 렌더링할 수도 있고 프런트엔드에서 실제 페이지 콘텐츠를 렌더링하기 전에 로딩 아이콘 등을 표시하고 훅을 통해 사용자가 로그인했는지 검사하는 방법도 있습니다. 둘 중 어떤 방법이 더 나을지 판단하는 기준은 다양합니다. SEO 관점에서 생각해볼까요? 로그인한 사용자만 볼 수 있는 답글 등의 정보는 SEO 관점에서 보자면 별로 중요하지 않습니다. 정적으로 생성한 페이지를 보내고 훅을 통해서 사용자가 로그인했는지 검사할 수도 있습니다. 글과 저자, 태그 등과 같은 공개 가능한 콘텐츠를 렌더링할 수 있다면 SEO 점수에는 영향을 미치지 않을 것입니다. 그리고 사용자가 로그인했다는 사실을 클라이언트가 알면 사용자는 답글을 다는 등의 행동을 할 수 있습니다. 성능 면에서도 좋은 방법입니다. 정적으로 생성한 페이지를 기반으로 클라이언트에서 몇 가지 동적 데이터만 가져와서 렌더링할 수 있으면 좋은 성능을 기대할 수 있습니다.

다른 방법으로는 서버 사이드 렌더링을 통해 `getServerSideProps` 함수에서 사용자 쿠키를 읽고 JWT를 검사한 다음 사용자가 인증받은 경우에만 페이지 콘텐츠를 렌더링할 수도 있습니다. 하지만 약간의 지연이 발생할 수 있으며 모든 페이지를 서버 측에서 렌더링하도록 강제해야 합니다.

여기서는 첫 번째 방법을 사용하겠습니다. 커스텀 훅을 만들어서 사용자가 로그인 했는지를 판단할 것입니다. 이를 위해 쿠키 내용을 분석하고 사용자 세션에 관한 최소한의 정보를 제공하는 API를 먼저 만듭니다. `pages/api/get-session.js` 파일을 다음과 같이 작성합니다.

```
import { parse } from 'cookie';
import { decode } from '../../lib/jwt';

export default (req, res) => {
  if (req.method !== 'GET') {
    return res.status(404).end();
  }

  const { my_auth } = parse(req.headers.cookie || '');

  if (!my_auth) {
    return res.json({ loggedIn: false });
  }

  return res.json({
    loggedIn: true,
    user: decode(my_auth),
  });
};
```

이제 로그인 폼으로 로그인한 다음 *http://localhost:3000/api/get-session* 주소로 API를 호출하면 다음과 같은 응답을 볼 수 있습니다.

```
{
  "loggedIn": true,
  "user": {
    "id": "f678f078-fcfe-43ca-9d20-e8c9a95209b6",
    "name": "John Doe",
    "email": "johndoe@somecompany.com",
    "iat": 1635085226
```

```
    }
  }
```

이제 크롬 등에서 '새 시크릿 창'을 열고 같은 API로 접근하면 `{ "loggedIn": false }` 응답을 받을 것입니다.

이 API를 사용해서 사용자가 로그인했는지를 판단하는 커스텀 훅을 만들어보겠습니다. `lib/hooks/auth.js` 파일을 만들고 다음 내용을 작성합니다.

```
import { useState, useEffect } from 'react';

export function useAuth() {
  const [loggedIn, setLoggedIn] = useState(false);
  const [user, setUser] = useState(null);
  const [loading, setLoading] = useState(true);
  const [error, setError] = useState(null);

  useEffect(() => {
    setLoading(true);
    fetch('/api/get-session')
      .then((res) => res.json())
      .then((data) => {
        if (data.loggedIn) {
          setLoggedIn(true);
          setUser(data.user);
        }
      })
      .catch((err) => setError(err))
      .finally(() => setLoading(false));
  }, []);

  return {
    user,
    loggedIn,
    loading,
    error,
  };
}
```

훅은 간단합니다. 리액트 `useEffect` 훅이 시작되면 `/api/get-session` API로 HTTP 요청을 보냅니다. API 호출이 성공 또는 실패하면 사용자 상태나 에러값을 반환하고 `loading` 상태값을

false로 만들어서 UI를 다시 렌더링하도록 합니다.

이제 보호해야 할 페이지에서 이 커스텀 훅을 사용하여 사용자가 인증을 받은 상태에서만 콘텐츠를 표시하도록 만듭니다.

```
import { useRouter } from 'next/router';
import { useAuth } from '../lib/hooks/auth';
import styles from '../styles/app.module.css';

export default function ProtectedRoute() {
  const router = useRouter();
  const { loading, error, loggedIn } = useAuth();

  if (!loading && !loggedIn) {
    router.push('/login');
  }

  return (
    <div className={styles.container}>
      {loading && <p>Loading...</p>}
      {error && <p> An error occurred. </p>}
      {loggedIn && (
        <>
          <h1>Protected Route</h1>
          <p>You can't see me if not logged-in!</p>
        </>
      )}
    </div>
  );
}
```

보호된 페이지로 이동해서 로그인한 상태에 따라 작동하는지 확인해봅시다. loading이라는 문자열이 잠깐 보인 후 보호된 페이지 콘텐츠가 표시되는 것을 알 수 있습니다.

로그인한 사용자에게는 로그인 페이지가 보이지 않도록 비슷한 방식을 적용해보겠습니다. pages/login.js 파일을 열어서 다음과 같이 수정합니다.

```
import { useState } from 'react';
import { useRouter } from 'next/router';
import { useAuth } from '../lib/hooks/auth';
import styles from '../styles/app.module.css';
// ...
```

useAuth 훅을 불러왔으니 컴포넌트 로직도 수정합니다. 사용자가 로그인했는지 여부를 확인하기 전까지는 로그인 폼을 렌더링하지 않도록 만듭니다.

```
// ...

export default function Home() {
  const router = useRouter();
  const [loginError, setLoginError] = useState(null);
  const { loading, loggedIn } = useAuth();

  if (loading) {
    return <p>Loading...</p>;
  }

  if (!loading && loggedIn) {
    router.push('/protected-route');
    return null;
  }

// ...
```

로그인 페이지는 보호된 페이지와 반대 방식으로 작동한다고 볼 수 있습니다. 훅을 사용해서 로딩 단계가 끝날 때까지 기다리고 로딩이 끝나면 사용자가 로그인한 상태인지 알 수 있습니다. 사용자가 로그인했다면 Next.js의 useRouter 훅을 사용해서 사용자를 보호된 페이지로 이동시킵니다.

상용 수준의 애플리케이션에 쓸 수는 없지만 간단한 로그인 기능을 구현해보았습니다. 하지만 여기서 놓친 문제는 무엇일까요? 파악하지 못한 잠재적인 보안 위험성은 없을까요? 다른 인증 방식을 사용하는 것과 어떤 차이가 있을까요? 이 모든 것을 파악하고 적용하려면 아마도 인증이나 보안 관련 팀이 따로 있어야 할 것입니다. 커스텀 인증 방식을 사용하면 인증 과정에서 고민해야 할 보안 문제나 그 외의 다양한 문제점을 쉽게 파악하고 이해할 수 있기 때문에 여기서는 커스텀 인증 방식을 구현해볼 것입니다. 하지만 상용 애플리케이션에서 커스텀 인증 방식을 사용하는 것은 위험성이 높습니다. 많은 인증 서비스 제공 업체가 큰 돈을 들여 안전한 인증 기법을 구축 및 제공하고 있습니다. 신뢰할 수 있는 인증 시스템을 만드는 것은 결코 쉬운 일이 아니며 만든다고 해도 Auth0, Okta, 구글, AWS와 같은 수준의 보안을 구현하기란 정말 힘든 일입니다. 만약 높은 수준의 보안을 만족하는 커스텀 인증 시스템을 구현한다고 하더라도 그 외 모든 과정을 전부 다 만들어야 한다는 점에서 커스텀 인증 방식은 추천하지 않습니다. 인증 시스템에는 사용자 가입, 정보 수정, 이중 인증 절차, 가입 이메일 검증 등 인증과 관련된 수많은 기능과 프로세스가 있으며 이를 전부 만들고 애플리케이션에서 사용해야 하기 때문이죠. Auth0나 구글의 인증 서비스를 사용하는 기존 서비스를 위해서 호환성을 유지해야 하는 것은 말할 것도 없습니다.

따라서 다음 절에서는 커스텀 인증 방식을 대신하여 사용할 수 있는 Auth0를 알아봅니다. Auth0는 산업 표준 인증 프로토콜을 제공하며 널리 알려진 인증 서비스 제공자입니다.

12.4 Auth0

앞서 커스텀 인증 방식을 구현하면서 인증의 기본적인 작동 방식을 알아보았습니다. 하지만 상용 수준의 웹 애플리케이션을 만들 때는 이미 만들어진 외부 인증 서비스를 사용하는 것이 보안이나 신뢰도 측면에서 훨씬 좋습니다.

현재 AWS Cognito, Firebase, Magic.link와 같은 여러 인증 서비스가 제공되고 있으며 대부분의 서비스는 신뢰도나 보안 측면에서 무척 뛰어납니다. 이 절에서는 그 중에서도 널리 사용되는 Auth0를 다뤄볼 것입니다. Auth0는 안전하고 적용하기 쉬우며 무료로 사용할 수 있습니다. 이 절의 내용을 따라가려면 Auth0 웹 사이트[74]에서 계정을 생성해야 합니다. 무료 사용자의 경우 별도의 결제 정보를 입력하지 않아도 됩니다.

Auth0에서는 인증 방식과 관련된 다양하고 복잡한 과정을 관리해주며 사용하기 쉬운 API도 제공합니다. 덕분에 다음과 같은 복잡한 기능이나 과정을 따로 구현할 필요가 없습니다.

- 사용자 등록
- 사용자 로그인
- 이메일 주소 검증
- 비밀번호 분실 처리
- 비밀번호 초기화

74 https://auth0.com

Auth0를 사용해보기 위해 새로운 Next.js 앱을 만들어봅시다.

```
npx create-next-app with-auth0
```

Auth0에 로그인하고 [그림 12-4]와 같이 새로운 애플리케이션을 만듭니다.

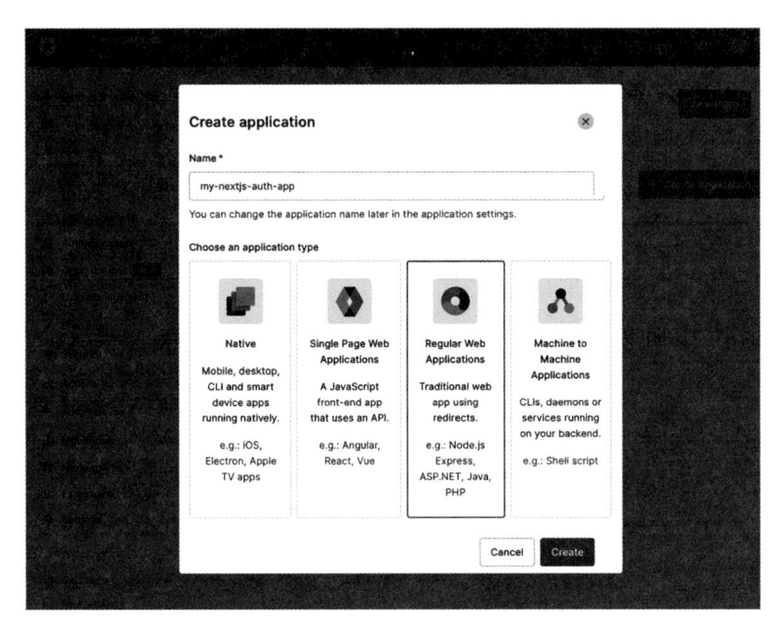

그림 12-4 새로운 Auth0 애플리케이션 생성

Auth0에서 새로운 애플리케이션을 만들면 어떤 기술을 사용할 것인지 물어봅니다. Next.js를 선택하면 Auth0가 프레임워크에 Auth0 인증 방식을 어떻게 적용할 수 있는지 튜토리얼을 보여줍니다. [Settings] 항목으로 가면 콜백 URL을 지정할 수 있습니다. 콜백 URL은 사용자가 로그인이나 로그아웃, 사용자 등록과 같은 특정 행동을 완료했을 때 해당 사용자를 보낼 페이지를 의미합니다. 로컬에서 애플리케이션을 개발하고 테스트한다면 `Allowed Callback URLs`에 *http://localhost:3000/api/auth/callback*을, `Allowed Logout URLs`에 *http://localhost:3000/*을 추가합니다. 그러면 로컬에서 개발 및 테스트되는 애플리케이션이 로그인, 사용자 등록, 비밀번호 초기화와 같은 Auth0의 기능을 사용한 후 Auth0가 지정한 URL로 사용자를 다시 보내줄 것입니다. 예를 들어 *https://example.com*과 같은 주소에서 로그인을 한다고 생각해봅시다.

이때 Auth0의 콜백 URL에 `https://example.com/api/auth/callback`과 같은 주소를 등록하면 Auth0가 사용자 로그인 후 해당 주소로 보내줄 것입니다. 로컬에서 테스트하기 때문에 *http://localhost:3000* 주소를 `Allowed Callback URLs`와 `Allowed Logout URLs` 항목에 추가하는 것이며 필요한 경우 다른 URL을 더 추가할 수도 있습니다. 이렇게 URL 항목을 추가하면 로컬에서 개발할 준비가 끝납니다.

로컬 개발 환경을 위해 환경 변수 파일을 만듭니다. `.env.local`이라는 파일을 만들고 다음과 같이 내용을 작성합니다.

```
AUTH0_SECRET=f915324d4e18d45318179e733fc25d7aed95ee6d6734c8786c03
AUTH0_BASE_URL='http://localhost:3000'
AUTH0_ISSUER_BASE_URL='https://YOUR_AUTH0_DOMAIN.auth0.com'
AUTH0_CLIENT_ID='YOUR_AUTH0_CLIENT_ID'
AUTH0_CLIENT_SECRET='YOUR_AUTH0_CLIENT_SECRET'
```

이 환경 변수 파일 안에는 민감한 정보가 포함되어 있으므로 절대 GitHub 저장소와 같은 곳에 저장해서는 안 됩니다.

이 파일에 지정되는 다섯 개의 환경 변수를 하나씩 살펴봅시다.

AUTH0_SECRET

임의로 생성된 문자열값으로 Auth0가 세션 쿠키값을 암호화할 때 사용할 비밀키입니다. 콘솔 등에서 `openssl rand -hex 32` 명령을 실행하여 새로운 비밀키를 만들고 지정할 수도 있습니다.

AUTH0_BASE_URL

애플리케이션의 기본 URL입니다. 로컬에서 개발하는 경우 *http://localhost:3000*이 됩니다. 다른 포트를 사용하는 경우 `.env.local`에도 같은 포트를 지정해야 합니다.

AUTH0_ISSUER_BASE_URL

Auth0 애플리케이션의 URL입니다. 콜백 URL을 지정하는 [Settings] 화면 첫 부분의 [Domain]이 여기에 해당합니다.

AUTH0_CLIENT_ID

Auth0 애플리케이션의 클라이언트 ID입니다. [Domain] 설정에서 이 값을 찾을 수 있습니다.

AUTH0_CLIENT_SECRET

Auth0 애플리케이션의 클라이언트 비밀값입니다. Auth0 대시보드의 [Client ID] 설정 아래에 있습니다.

환경 변수 설정이 끝나면 API를 만들어서 Next.js 애플리케이션이 Auth0를 사용할 수 있도록 합니다. 커스텀 인증 방식을 사용하면 로그인이나 로그아웃, 비밀번호 초기화 등과 같은 수많은 기능을 따로 구현해야 하지만 Auth0를 사용하면 이 모든 기능을 제공해주기 때문에 `/pages/api/auth/[...auth0].js` 형태로 매우 직관적인 API를 만들 수 있습니다. 파일을 만들고 다음 내용을 채워 넣습니다.

```
import { handleAuth } from '@auth0/nextjs-auth0';

export default handleAuth();
```

Auth0가 제공하는 공식 Next.js SDK를 설치하지 않았다면 다음 명령을 실행하여 설치합니다.

```
yarn add @auth0/nextjs-auth0
```

Next.js 서버를 시작하면 `handleAuth()` 메서드가 다음 API를 제공해줍니다.

/api/auth/login

애플리케이션에 로그인할 수 있는 API

/api/auth/callback

Auth0를 통해 성공적으로 로그인한 경우 사용자를 다시 되돌려보내는 콜백 URL

/api/auth/logout

애플리케이션에서 로그아웃할 수 있는 API

/api/auth/me

사용자가 로그인한 후 사용자 정보를 JSON 형태로 가져올 수 있는 엔드포인트

웹 애플리케이션에서 페이지 간 세션이 계속 유지되도록 컴포넌트를 Auth0의 `UserProvider` 콘텍스트로 감쌉니다. `pages/_app.js` 파일을 열어서 다음 내용을 추가합니다.

```
import { UserProvider } from '@auth0/nextjs-auth0';

export default function App({ Component, pageProps }) {
  return (
    <UserProvider>
      <Component {...pageProps} />
    </UserProvider>
  );
}
```

그리고 브라우저에서 *http://localhost:3000/api/auth/login* 주소로 접근하면 [그림 12-5]와 같은 페이지를 볼 수 있습니다.

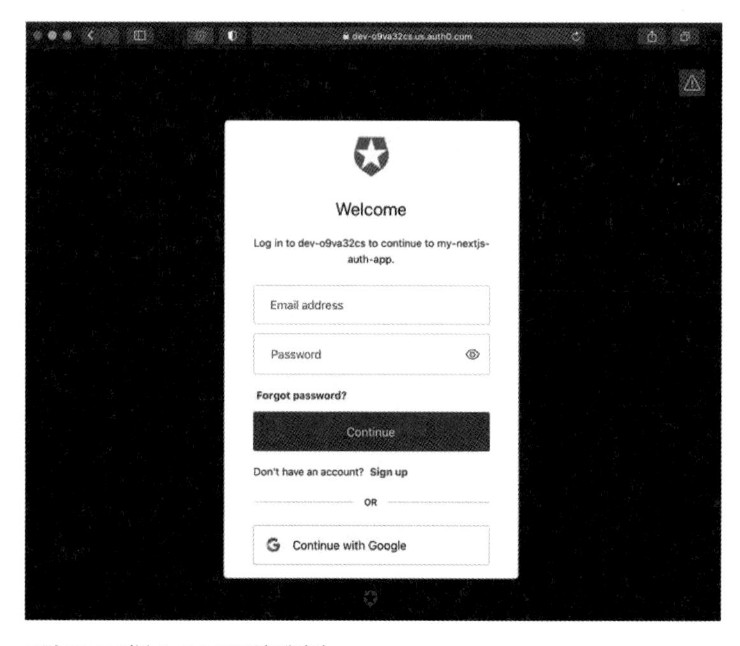

그림 12-5 기본 Auth0 로그인 페이지

계정이 없는 상태이므로 로그인 페이지 역시 처음 볼 것입니다. [Sign up]을 클릭하고 계정을 새로 만듭니다. 계정을 만들면 애플리케이션의 홈 페이지로 이동하며 입력한 이메일 주소로 확인 메일이 올 것입니다.

로그인한 상태에서는 로그인한 사용자의 정보를 가져와서 표시할 수 있습니다. 간단한 환영 메시지를 출력하는 것부터 시작해보겠습니다. /pages/index.js 파일을 열어서 다음 내용을 작성합니다.

```
import { useUser } from '@auth0/nextjs-auth0';

export default function Index() {
  const { user, error, isLoading } = useUser();

  if (isLoading) {
    return <div>Loading...</div>;
  }

  if (error) {
    return <div>{error.message}</div>;
  }

  if (user) {
    return (
      <div>
        <h1> Welcome back! </h1>
        <p>
          You're logged in with the following email address: {user.email}!
        </p>
        <a href="/api/auth/logout">Logout</a>
      </div>
    );
  }

  return (
    <div>
      <h1> Welcome, stranger! </h1>
      <p>
        Please <a href="/api/auth/login">Login</a>.
      </p>
    </div>
  );
}
```

커스텀 인증 방식을 구현하고 사용할 때와 별반 다르지 않습니다. 페이지를 정적으로 만들고 클라이언트 측에서 사용자 정보를 불러온 다음 해당 내용을 화면에 표시하기만 하면 됩니다. 애플리케이션에 로그인하거나 로그아웃해서 인증 서비스가 제대로 작동하는지 확인합니다.

로그인하거나 로그아웃할 때 인증에 사용하는 사용자 입력 폼을 마음대로 바꿀 수 있는지 또는 사용자 정보를 별도의 데이터베이스에 저장할 수는 있는지 여부가 궁금할 수 있습니다. 다음 절에서는 Auth0을 입맛에 맞게 커스터마이징하는 방법을 알아보겠습니다.

12.5 Auth0 커스터마이징

Auth0로 직관적인 인증 기법을 도입할 수 있다는 점 외에도 Auth0는 커스텀 인증 방식보다 많은 장점이 있습니다. 안전한 인증 과정이나 다양한 인증 관리 기능은 극히 일부에 지나지 않죠. 반면 커스텀 인증 방식은 개발자가 완전히 마음대로 제어할 수 있다는 점이 장점입니다. 모든 인증 과정, 로그인 폼의 형태, 계정 생성을 위해 필요한 데이터 정의 등 모든 것을 원하는 대로 설정할 수 있습니다. Auth0의 경우는 어떨까요?

우선 로그인이나 사용자 등록 폼의 경우 Auth0의 대시보드에 있는 [Branding] 항목에서 커스터마이징할 수 있습니다(그림 12-6).

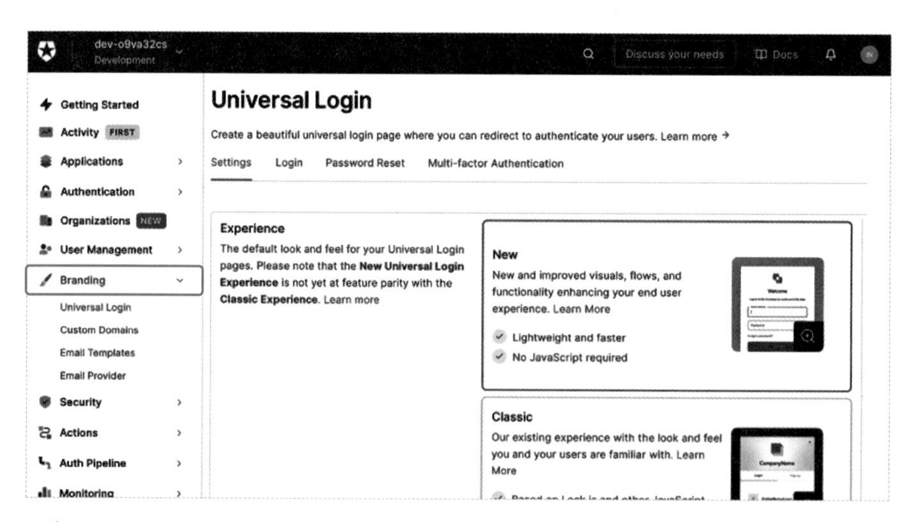

그림 12-6 Auth0 Branding

여기서는 애플리케이션 스타일에 맞게 HTML 폼을 직접 수정할 수 있습니다. 전송하는 이메일 형식도 웹 애플리케이션 스타일에 따라 자유롭게 바꿀 수 있습니다.

또 다른 부분은 Auth0가 사용자 데이터를 저장하는 방식입니다. 기본적으로 Auth0는 로그인 데이터를 자체 데이터베이스에 저장하지만 Auth0 대시보드의 [Authentication] ▶ [Database] 항목에서 [Custom database] 페이지로 들어가서 외부 데이터베이스에 접근하고 데이터를 읽어오는 커스텀 스크립트를 만들 수 있습니다. 이를 통해 데이터를 완전히 제어할 수 있습니다.

이 외에도 신규 사용자 등록, 로그인, 계정 삭제 등과 같은 일이 발생하면 웹 훅을 사용해서 외부 REST API를 호출하도록 하여 외부 서비스의 데이터를 변경하거나 데이터베이스를 수정할 수 있습니다.

필자는 Auth0가 가장 완성도 높은 인증 서비스를 제공한다고 생각합니다. Auth0는 인증 서비스에 필요한 다양한 부분을 커스터마이징할 수 있을 뿐만 아니라 대부분의 기능을 무료로 사용할 수 있습니다. 상용 수준의 애플리케이션에서 사용할 인증 서비스가 필요하다면 Auth0를 적극 추천합니다.

정리하기

CHAPTER 12에서는 기본적인 인증 방식의 작동 및 구현 방법과 더불어 복잡하고 어려운 인증 서비스를 구현하지 않고 사용할 수 있는 서드파티 인증 서비스에 관해 살펴보았습니다.

과연 인증 시스템을 별도로 만들어야 할까요? 필자는 극히 일부의 경우를 제외한다면 이미 있는 인증 서비스를 사용하는 것이 좋다고 봅니다. 전체 인증 과정 및 서비스의 보안 문제나 취약점 등을 면밀히 파악하고 대책을 세울 수 있는 별도의 전문가 팀이 없다면 인증 서비스 개발은 정말 어려운 일이니까요.

Auth0 외에도 NextAuth.js, Firebase, AWS Cognito와 같은 좋은 인증 서비스가 많이 있습니다. 이런 외부 인증 서비스를 사용해본 적이 없거나 사용하고 싶지 않다면 인증 기능을 제공하는 다른 웹 프레임워크를 사용하는 것도 좋은 방법입니다. 루비 온 레일즈, Laravel, 스프링부트를 사용한다면 외부 인증 서비스 대신 사용할 수 있는 좋은 프레임워크들을 쉽게 찾을 수 있습니다. 이런 프레임워크들은 유연성이나 보안성 측면에서도 뛰어나며 문제의 해결책을 찾거나 도움을 받을 수 있는 좋은 커뮤니티도 있습니다.

다른 방법은 Headless CMS를 사용해서 사용자와 데이터를 관리하는 것입니다. Strapi와 같은 오픈소스 CMS는 자체적으로 인증을 지원하며 CMS를 개발한 회사와 커뮤니티로부터 인증 서비스 관련 지원도 받을 수 있습니다.

어떤 경우라도 커스텀 인증 시스템을 따로 만드는 것은 추천하고 싶지 않습니다. 정말 많은 잠재적인 보안 위험성을 고민해야 하고 악의적인 사용자로부터 시스템을 지킬 수 있어야 하는 어려운 일이니까요.

CHAPTER 13에서는 GraphCMS를 사용해서 온라인 상거래 웹 사이트를 만들어보겠습니다.

CHAPTER 13

GraphCMS로 온라인 상거래 웹 사이트 만들기

지금까지 Next.js의 다양한 기능과 더불어 렌더링 전략, 스타일링 기법, 다른 애플리케이션이나 기능과의 통합, 배포 전략 등 많은 주제를 배웠습니다. 이제는 배운 것을 활용해서 상용 수준의 웹 애플리케이션을 만들어볼 차례입니다.

CHAPTER 13에서는 Next.js로 온라인 상거래 웹 사이트를 만들어볼 것이며 다음과 같은 세부 주제를 다룹니다.

- GraphCMS 소개 및 Next.js에 적용하는 방법
- Stripe 같은 결제 시스템과 통합하는 방법
- 웹 사이트에 배포하는 방법

학습을 마치면 Next.js로 온라인 상거래 애플리케이션을 구축할 때 어떤 구조로 만들어야 하는지, SEO 점수와 성능 간 균형점을 어떻게 찾을 것인지, Next.js 애플리케이션에 적합한 클라우드 플랫폼을 어떻게 선택하고 배포하는지 알 수 있습니다.

13.1 온라인 상거래 웹 사이트 만들기

1990년대 후반 인터넷이 대중적인 인기를 끌면서 온라인 비즈니스에 새로운 가능성이 열렸습니다. 그 결과 많은 회사에서 온라인 쇼핑 플랫폼을 만들고 운영할 수 있는 서비스형 소프트웨

어software as a service(SaaS)를 상품으로 판매하기 시작했습니다. 대표적인 서비스로는 Shopify, Big Cartel, (WooCommerce나 다른 플러그인을 활용한) 워드프레스, Magento 등이 있습니다.

PayPal이나 Stripe와 같은 회사는 플랫폼에 결제 기능을 쉽게 추가하는 것 외에도 거의 모든 기능을 지원합니다. 덕분에 온라인 상거래 웹 사이트를 만들고 커스터마이징하기가 더욱 쉬워졌습니다. SaaS 형태의 서비스로 온라인 상거래 웹 사이트를 만들 때의 한계는 기껏해야 UI와 결제 과정을 입맛대로 고칠 수 없다는 정도에 불과합니다.

Shopify의 경우 Hydrogen이라는 서버 사이드 렌더링 리액트 프레임워크를 만들어서 사용자가 웹 사이트를 커스터마이징하기 어려운 문제를 해결했습니다. Hydrogen은 내장 컴포넌트와 훅을 사용해서 GraphQL API를 호출하기 때문에 프런트엔드 개발자에게 무척 독특한 경험을 선사합니다.

Next.js의 경우에는 Next.js Commerce를 출시했습니다. Next.js Commerce를 사용하면 별다른 노력 없이 온라인 상거래 사이트를 만들 수 있으며 다른 플랫폼과도 간단하게 통합할 수 있습니다. 또한 온라인 상거래 웹 사이트를 위한 일종의 템플릿 역할을 하기 때문에 Next.js 프레임워크와 다른 점이 없습니다. 따라서 Next.js를 사용한 경험이 있다면 쉽게 커스터마이징할 수 있습니다. 여기서는 커스터마이징 방법을 다루지 않지만 Next.js Commerce로 성능이 뛰어나고 최적화된 온라인 쇼핑 애플리케이션을 만들 수 있다는 사실을 알게 될 것입니다.

Next.js Commerce에서는 Shopify, BigCommerce, Saleor 같이 백엔드와 통신할 수 있는 API를 제공하는 모든 서비스를 사용할 수 있습니다. 따라서 다음 절부터는 GraphCMS를 백엔드 서비스로 사용해볼 것입니다. GraphCMS는 가장 뛰어난 Headless CMS 플랫폼으로, 재고 관리나 콘텐츠 변환 등 최신 온라인 상거래 플랫폼에서 제공해야 하는 대부분의 기능을 지원합니다.

13.2 GraphCMS 설정하기

온라인 상거래 소프트웨어 시장에는 여러 경쟁자가 있습니다. 대부분의 소프트웨어가 다양하고 훌륭한 기능을 제공하기 때문에 어떤 것을 사용해도 좋은 온라인 상거래 플랫폼을 만들 수 있지만 늘 그렇듯 소프트웨어마다 장단점이 있습니다.

여기서는 GraphCMS를 사용할 것입니다. GraphCMS는 통합하기 쉽고 무료로 사용할 수 있으며 복잡한 배포 파이프라인이나 데이터베이스 등에 대한 설정이 필요 없기 때문입니다. 계정을 만든 다음 온라인 상거래 웹 사이트 개발에 필요한 막강한 기능들을 가져다 쓰기만 하면 됩니다. 또한 미리 정의된 온라인 상거래 웹 사이트 시작 템플릿을 제공합니다. 이 템플릿은 GraphQL 스키마로 변환되어 프런트엔드가 제품이나 카탈로그 등의 정보를 가져올 수 있게 합니다. 물론 템플릿을 완전히 커스터마이징하는 것도 가능합니다.

먼저 GraphCMS 웹 사이트[75]에서 계정을 만듭니다. 그리고 대시보드에 로그인하면 GraphCMS 페이지가 미리 만들어진 여러 템플릿 중 하나를 골라 새 프로젝트를 생성할 수 있도록 안내합니다. [Commerce Shop] 템플릿을 선택하면 목업 콘텐츠가 생성됩니다.

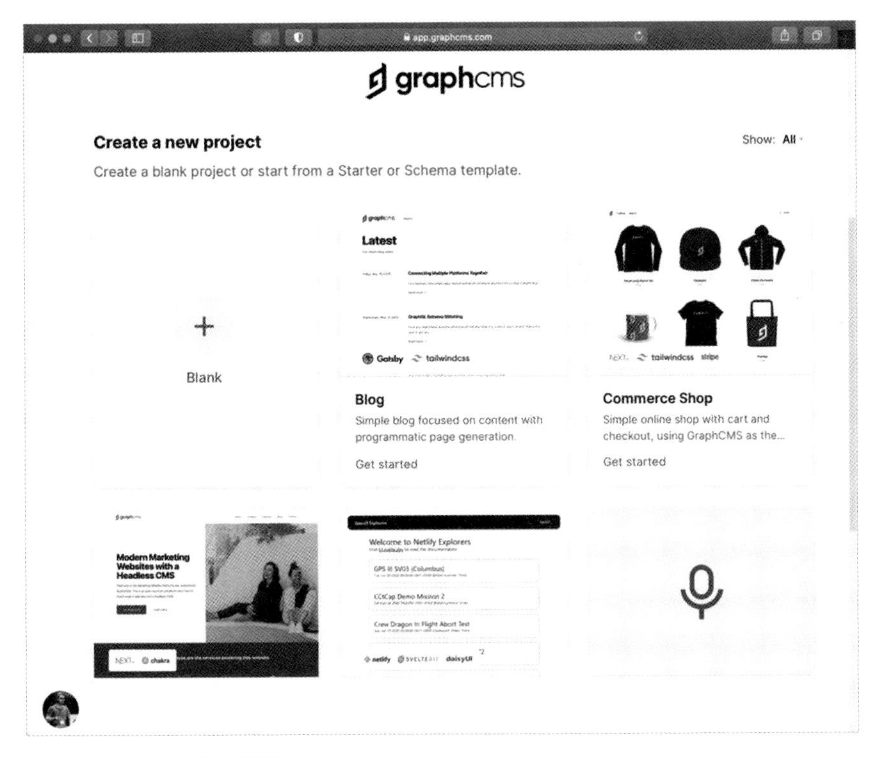

그림 13-1 GraphCMS 대시보드

75 https://graphcms.com

템플릿을 선택한 후 대시보드의 [Content] 항목에서 어떤 목업 데이터가 있는지 확인할 수 있습니다. 제품, 분류, 리뷰 등과 같은 유용한 콘텐츠들이 있으며 이 데이터들은 나중에 만들 Next.js 애플리케이션에 사용될 것입니다.

콘텐츠를 확인했으니 이제 GraphCMS GraphQL API를 사용할 Next.js 애플리케이션을 만들어봅시다.

```
npx create-next-app with-graphcms
```

어떤 UI를 사용할지도 선택해야 합니다. 애플리케이션을 쉽게 만들기 위해 Chakra UI를 사용해서 컴포넌트를 꾸며보도록 하겠습니다. 다음 명령으로 관련 패키지를 설치하고 Next.js 애플리케이션에서 설정해봅시다.

```
yarn add @chakra-ui/react @emotion/react@^11 @emotion/styled@^11 framer-motion@^4
```

_app.js 파일에 ChakraPrivoder를 사용하도록 설정합니다.

```
import { ChakraProvider } from '@chakra-ui/react';

function MyApp({ Component, pageProps }) {
  return (
    <ChakraProvider>
      <Component {...pageProps} />
    </ChakraProvider>
  );
}

export default MyApp;
```

애플리케이션의 기본 설정이 끝났으니 GraphCMS를 연결해보겠습니다. GraphCMS는 훌륭한 GraphQL API를 제공하므로 적절한 프로토콜을 통해 API에 연결할 수 있습니다. 〈CHAPTER 4 코드 구성과 데이터 불러오기〉에서 Apollo를 사용해 GraphQL 엔드포인트에 접근하는 방법을 배웠기 때문에 여기서는 간단하게 graphql-request라는 직관적인 라이브러리를 사용하여 GraphCMS에 연결해보겠습니다.

```
yarn add graphql-request graphql
```

그런 다음 기본적인 GraphQL 인터페이스를 만들어서 GraphCMS와 연결해보겠습니다. lib/graphql/index.js 파일을 만들어서 다음 내용을 채워 넣습니다.

```
import { GraphQLClient } from 'graphql-request';

const { GRAPHCMS_ENDPOINT, GRAPHCMS_API_KEY = null } = process.env;
const authorization = `Bearer ${GRAPHCMS_API_KEY}`;

export default new GraphQLClient(GRAPHCMS_ENDPOINT, {
  headers: {
    ...(GRAPHCMS_API_KEY && { authorization} }),
  },
});
```

여기서는 GRAPHCMS_ENDPOINT와 GRAPHCMS_API_KEY라는 두 개의 환경 변수를 사용합니다. 첫 번째 변수는 GraphCMS 엔드포인트 URL이고, 두 번째는 보호받는 데이터에 접근할 수 있는 API 키입니다. GraphCMS에서는 이런 데이터들을 공개하도록 설정할 수도 있고 API 키 등을 사용해서 인증된 클라이언트에서만 접근하도록 만들 수도 있습니다. 환경 변수에 지정할 값은 GraphCMS 대시보드의 [Settings] ▶ [API Access]에서 확인할 수 있습니다.

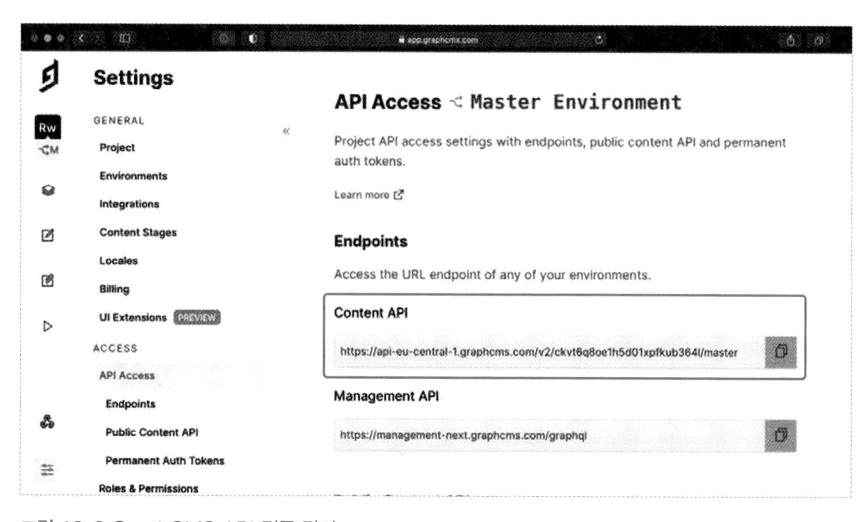

그림 13-2 GraphCMS API 접근 관리

[그림 13-2]에서 `Content API` 부분이 GraphCMS 엔드포인트 URL이므로 `.env.local` 파일에 다음 내용을 추가합니다. 파일이 없으면 새로 만듭니다.

```
GRAPHCMS_ENDPOINT=https://api-eu-central-1.graphcms.com/v2/
ckvt6q8oe1h5d01xpfkub364l/master
```

CMS의 데이터를 변경할 때 필요한 API 키도 지정해야 합니다. GraphCMS의 [API Access] ▶ [Permanent] 항목에 있는 Auth Tokens의 기본 Mutation 토큰을 API 키로 사용할 수 있습니다. 이 값을 `.env.local` 파일의 `GRAPHCMS_API_KEY`값으로 지정합니다.

이로써 GraphCMS를 사용할 준비가 끝났습니다. CMS에 연결하고 GraphQL API를 사용해서 데이터 읽고, 쓰고, 수정하고, 삭제할 수 있습니다. 다음 절에서는 이를 활용해서 상점 홈 페이지와 제품 상세 페이지 등을 만들어보겠습니다.

13.3 상점 홈 페이지, 장바구니 및 제품 상세 페이지 만들기

GraphCMS는 온라인 상거래 웹 사이트를 만들기 위한 좋은 오픈소스 템플릿[76]을 제공합니다. 하지만 여기서는 전반적인 기술을 이해하고 개발 과정에서 맞닥트릴 수 있는 문제의 해결 방법을 알아볼 것이므로 템플릿을 사용하지 않고 페이지를 만들겠습니다.

앞으로 만들 애플리케이션에는 Chakra UI `Box`를 사용해서 모든 페이지가 비슷한 레이아웃을 갖도록 할 것입니다. 이를 위해 `_app.js` 파일을 열어서 다음 내용을 추가합니다.

```
import { Box, Flex, ChakraProvider } from '@chakra-ui/react';

function MyApp({ Component, pageProps }) {
  return (
    <ChakraProvider>
      <Flex w="full" minH="100vh" bgColor="gray.100">
        <Box maxW="70vw" m="auto">
          <Component {...pageProps} />
        </Box>
```

76 *https://github.com/GraphCMS/graphcms-commerce-starter*

```
        </Flex>
      </ChakraProvider>
    );
  }

  export default MyApp;
```

이제 홈 페이지에서 제품을 어떻게 보여줄 것인지 고민해봅시다. CMS의 GraphQL API를 통해 얻을 수 있는 제품 관련 데이터를 이해하면 제품을 어떻게 표시할 것인지 정하는 데 도움이 됩니다. 이 정보는 GraphCMS 대시보드의 [API Playground]에서 쉽게 찾을 수 있습니다. 여기에서 GraphQL 질의문을 만든 다음 `Explorer` 기능을 사용해서 질의문을 테스트하고 그 결과를 확인할 수 있습니다.

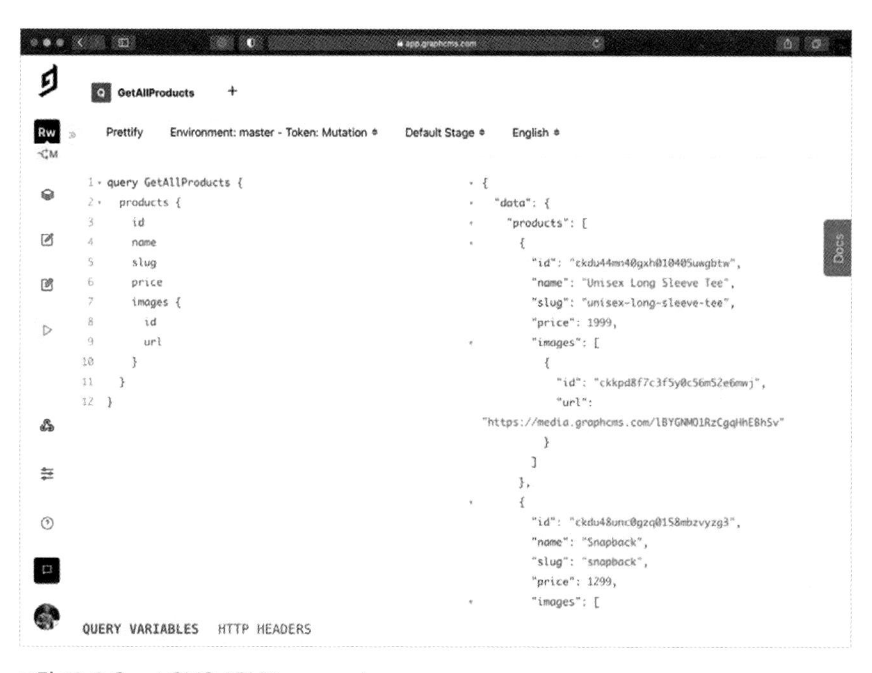

그림 13-3 GraphCMS API Playground

[그림 13-3]의 질의문은 제품의 모든 정보를 가져옵니다. 똑같은 질의문을 Next.js 애플리케이션에서 실행하기 위해 `/lib/graphql/queries/getAllProducts.js` 파일을 만들고 다음 내용을 채워 넣습니다.

```
import { gql } from 'graphql-request';

export default gql`
  query GetAllProducs {
    products {
      id
      name
      slug
      price
      images {
        id
        url
      }
    }
  }
`;
```

홈 페이지에 표시할 제품 정보를 가져올 준비가 끝났습니다. 빌드 시간 동안 정적 페이지를 만들 수 있도록 pages/index.js 페이지를 열어서 getStaticProps 함수를 다음과 같이 정의합니다.

```
import graphql from '../lib/graphql';
import getAllProducts from '../lib/graphql/queries/getAllProducts';

export const getStaticProps = async () => {
  const { products } = await graphql.request(getAllProducts)
    return {
      props: {
        products,
    },
  };
}
```

새 제품을 등록하고 홈 페이지에 바로 표시하려면 다음 두 가지 방법을 사용할 수 있습니다.

- getStaticProps 대신 getServerSideProps 함수를 사용하여 요청이 발생할 때마다 서버 측에서 페이지를 동적으로 생성하도록 만듭니다. 〈CHAPTER 10 SEO와 성능 관리〉에서 살펴본 바와 같이 이는 장단점이 있습니다.
- 증분 정적 재생성 방식을 사용하여 특정 기간이 지나면 페이지를 다시 생성하도록 만듭니다.

여기서는 두 번째 방법을 사용하겠습니다. 다음과 같이 getStaticProps 함수가 반환하는 객체에 새로운 속성값을 추가합니다.

```
import graphql from '../lib/graphql';
import getAllProducts from '../lib/graphql/queries/getAllProducts';

export const getStaticProps = async () => {
  const { products } = await graphql.request(getAllProducts)
  return {
    revalidate: 60, // 60 초
    props: {
      products,
    },
  };
}
```

홈 페이지에 모든 제품 정보를 표시할 준비를 마쳤습니다. /components/ProductCard/index.js에 새 컴포넌트를 만듭니다.

```
import Link from 'next/link';
import { Box, Text, Image, Divider } from '@chakra-ui/react';

export default function ProductCard(props) {
  return (
    <Link href={`/product/${props.slug}`} passHref>
      <Box
        border="1px"
        borderColor="gray.200"
        px="10"
        py="5"
        rounded="lg"
        boxShadow="lg"
        bgColor="white"
        transition="ease 0.2s"
        _hover={{
          boxShadow: 'xl',
          transform: 'scale(1.02)',
        }}>
        <Image src={props.images[0]?.url} alt={props.name} />
        <Divider my="3" />
        <Box>
```

```
          <Text fontWeight="bold" textColor="purple" fontSize="lg">
            {props.name}
          </Text>
          <Text textColor="gray.700">€{props.price/ 100}</Text>
        </Box>
      </Box>
    </Link>
  );
}
```

이 컴포넌트는 제품 사진, 이름, 가격을 표시합니다. 이 코드에서 강조 표시된 속성값을 보면 GraphCMS에서 질의를 통해 가져온 데이터와 일대일로 대응한다는 것을 알 수 있습니다. GraphQL을 사용했을 때의 장점이기도 하죠. GraphQL은 질의할 때 데이터의 모델을 정의할 수 있어서 컴포넌트, 함수, 알고리즘을 쉽게 만들 수 있습니다.

이제 만들어진 `ProductCard` 컴포넌트를 홈 페이지로 불러와서 CMS에서 가져온 모든 제품을 표시하도록 만듭니다.

```
import { Grid } from '@chakra-ui/layout';
import graphql from '../lib/graphql';
import getAllProducts from '../lib/graphql/queries/getAllProducts';
import ProductCard from '../components/ProductCard';

export async const getStaticProps = () => {
  // ...
}

export default function Home(props) {
  return (
    <Grid gridTemplateColumns="repeat(4, 1fr)" gap="5">
      {props.products.map((product) => (
        <ProductCard key={product.id} {...product} />
      ))}
    </Grid>
  );
}
```

서버를 실행하고 *http://localhost:3000* 주소로 접근하면 [그림 13-4]와 같이 상점 페이지를 볼 수 있습니다.

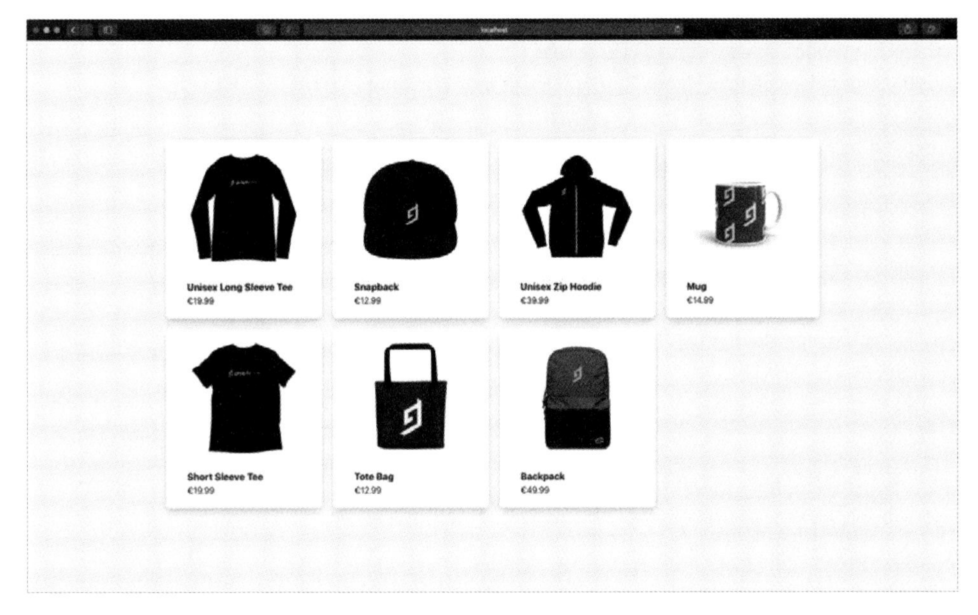

그림 13-4 상점 페이지

이번에는 제품 상세 페이지를 만들어보겠습니다. 홈 페이지와 마찬가지로 제품 상세 페이지 역시 정적 사이트 생성과 증분 정적 페이지 재생성 방식을 사용해서 SEO 점수와 성능을 높이고 사용자 경험도 더 좋게 만들 수 있습니다. 먼저 `pages/product/[slug].js` 파일을 만들고 다음과 같이 함수 정의를 추가합니다.

```
export async function getStaticPaths() {}

export async function getStaticProps() {}

export default function ProductPage() {}
```

제품 상세 페이지의 경우 Next.js의 `getStaticPaths` 함수를 사용해 각 제품별로 페이지를 만듭니다. 이 함수 안에서 CMS에 있는 모든 제품 정보를 가져온 다음, 빌드 과정에서 각 제품에 대한 동적 URL 경로를 생성합니다. 이렇게 하면 빌드 시 Next.js가 웹 사이트에 필요한 모든 페이지를 생성합니다. 나머지 두 함수는 나중에 구현하도록 하겠습니다.

우선 모든 제품 정보를 GraphCMS에서 가져올 GraphQL 질의문을 만듭니다. 간단하게 구현하기 위해 홈 페이지에서 모든 제품 목록을 가져올 때 사용했던 질의문을 재사용합니다.

```
import graphql from '../../lib/graphql';
import getAllProducts from '../../lib/graphql/queries/getAllProducts';

export async function getStaticPaths() {
  const { products } = await
    graphql.request(getAllProducts);

  const paths = products.map((product) => ({
    params: {
      slug: product.slug,
    },
  }));

  return {
    paths,
    fallback: false,
  };
}
```

이 함수에서는 빌드 시점에 생성해야 할 모든 페이지 정보를 담은 객체를 반환합니다. 실제로 반환하는 객체는 다음과 비슷합니다.

```
{
  paths: [
    {
      params: {
        slug: "unisex-long-sleeve-tee"
      }
    },
    {
      params: {
        slug: "snapback"
      }
    },
    // ...
  ]
  fallback: false
}
```

Next.js는 이 객체를 사용해서 `/product/[slug]` 경로를 만듭니다.

이번에는 제품 상세 정보를 가져올 GraphQL 질의문을 만듭니다. `lib/graphql/queries/getProductDetail.js` 파일을 만들고 다음 내용을 작성합니다.

```
import { gql } from 'graphql-request';

export default gql`
  query GetProductBySlug($slug: String!) {
    products(where: { slug: $slug }) {
      id
      images(first: 1) {
        id
        url
      }
      name
      price
      slug
      description
    }
  }
`;
```

이 질의문을 사용해서 제품의 `slug`값이 `$slug`값과 일치하는 모든 제품 정보를 가져올 수 있습니다. 제품의 `slug` 속성값은 GraphCMS에서 고유하기 때문에 질의문은 일치하는 제품이 하나만 있는 배열을 반환하거나 일치하는 제품이 없는 경우 빈 배열을 반환합니다.

이제 이 질의문을 불러와서 `getStaticProps` 함수를 다음과 같이 수정합니다.

```
import graphql from '../../lib/graphql';
import getAllProducts from '../../lib/graphql/queries/getAllProducts';
import getProductDetail from '../../lib/graphql/queries/getProductDetail';

export async function getStaticProps({ params }) {
  const { products } = await
    graphql.request(getProductDetail, {
    slug: params.slug,
  });

  return {
    props: {
      product: products[0],
```

```
    },
  };
}
```

ProductPage 함수에서 다음과 같이 제품의 이미지, 제목, 간단한 설명, 가격, 재고 수량 등을 포함한 제품 페이지 레이아웃을 만듭니다.

```
import { Box, Flex, Grid, Text, Image, Divider, Button, Select
} from '@chakra-ui/ react';

// ...

function SelectQuantity(props) {
  const quantity = [...Array.from({ length: 10 })];
  return (
    <Select placeholder="Quantity"
      onChange={(event) => props.onChange(event.target.value)}>
      {quantity.map((_, i) => (
        <option key={i + 1} value={i + 1}>
          {i + 1}
        </option>
      ))}
    </Select>
  );
}

export default function ProductPage({ product }) {
  return (
    <Flex rounded="xl" boxShadow="2xl" w="full" p="16" bgColor="white">
      <Image height="96" width="96" src={product.images[0].url}/>
      <Box ml="12" width="container.xs">
        <Text as="h1" fontSize="4xl" fontWeight="bold">
          {product.name}
        </Text>
        <Text lineHeight="none" fontSize="xl" my="3"
          fontWeight="bold" textColor="blue.500">
          €{product.price / 100}
        </Text>
        <Text maxW="96" textAlign="justify" fontSize="sm">
          {product.description}
        </Text>
```

```
          <Divider my="6" />
          <Grid gridTemplateColumns="2fr 1fr" gap="5" alignItems="center">
            <SelectQuantityonChange={() => {}} />
            <Button colorScheme="blue">
              Add to cart
            </Button>
          </Grid>
        </Box>
      </Flex>
  );
}
```

서버를 실행하고 제품 상세 페이지로 들어가면 [그림 13-5]와 비슷한 화면을 볼 수 있습니다.

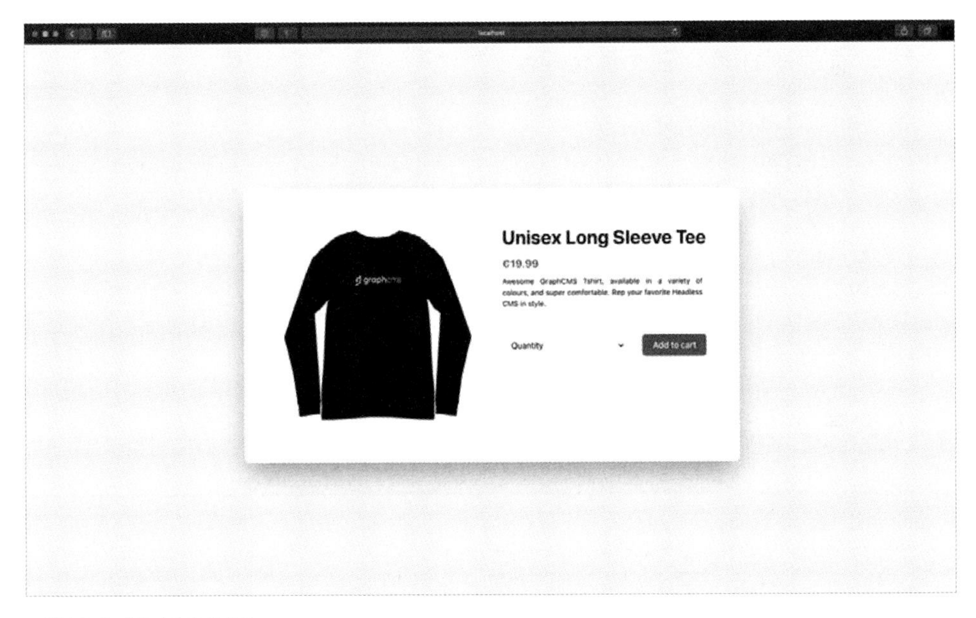

그림 13-5 제품 상세 페이지

이번에는 홈 페이지에서 제품 페이지로 이동할 수 있도록 내비게이션 바를 만들고, 상점 페이지로 돌아가거나 장바구니 페이지로 가서 구매할 물건들을 확인하고 결제할 수 있도록 만들어 보겠습니다. `components/NavBar/index.js` 파일을 만들고 다음과 같이 내용을 채워서 내비게이션 바를 만듭니다.

```
import Link from 'next/link';
import { Flex, Box, Button, Text } from '@chakra-ui/react';
import { MdShoppingCart } from 'react-icons/md';

export default function NavBar() {
  return (
    <Box position="fixed" top={0} left={0} w="full"
      bgColor="white" boxShadow="md">
      <Flex width="container.xl" m="auto" p="5"
        justifyContent="space-between">
        <Link href="/" passHref>
          <Text textColor="blue.800" fontWeight="bold" fontSize="2xl">
            My e-commerce
          </Text>
        </Link>
        <Box>
          <Link href="/cart" passHref>
            <Button>
              <MdShoppingCart />
            </Button>
          </Link>
        </Box>
      </Flex>
    </Box>
  );
}
```

그런 다음 react-icons 라이브러리를 설치하고 필요한 아이콘을 불러와서 사용합니다.

```
yarn add react-icons
```

이제 _app.js 파일을 열고 새로 만든 NavBar 컴포넌트를 불러와서 모든 애플리케이션 페이지에 내비게이션 바를 표시하도록 만듭니다.

```
import { Box, Flex, ChakraProvider } from '@chakra-ui/react';
import NavBar from '../components/NavBar';

function MyApp({ Component, pageProps }) {
  return (
    <ChakraProvider>
```

```
      <Flex w="full" minH="100vh" bgColor="gray.100">
        <NavBar />
        <Box maxW="70vw" m="auto">
          <Component {...pageProps} />
        </Box>
      </Flex>
    </ChakraProvider>
  );
}

export default MyApp;
```

상점 페이지와 제품 페이지를 자유롭게 오갈 수 있게 되었습니다.

웹 사이트가 점점 구색을 맞춰가고 있습니다! 이제 구매할 제품을 담을 장바구니를 만들어볼 차례입니다. 〈CHAPTER 5 지역 및 전역 상태 관리〉에서 비슷한 내용을 다루었기 때문에 어렵지 않을 것입니다.

우선 사용자가 결제할 때까지 제품 목록을 담고 있을 리액트 콘텍스트를 만들어보겠습니다. lib/context/Cart/index.js 파일을 만들고 다음 코드를 추가합니다.

```
import { createContext } from 'react';

const CartContext = createContext({
  items: {},
  setItems: () => {},
});

export default CartContext;
```

그리고 애플리케이션 전체를 콘텍스트로 감쌀 수 있도록 _app.js 파일을 다음과 같이 수정합니다.

```
import { useState } from 'react';
import { Box, Flex, ChakraProvider } from '@chakra-ui/react';
import NavBar from '../components/NavBar';
import CartContext from '../lib/context/Cart';

function MyApp({ Component, pageProps }) {
```

```
  const [items, setItems] = useState({});

  return (
    <ChakraProvider>
      <CartContext.Provider value={{ items, setItems }}>
        <Flex w="full" minH="100vh" bgColor="gray.100">
          <NavBar />
          <Box maxW="70vw" m="auto">
            <Component {...pageProps} />
          </Box>
        </Flex>
      </CartContext.Provider>
    </ChakraProvider>
  );
}

export default MyApp;
```

〈CHAPTER 5 지역 및 전역 상태 관리〉에서 만든 콘텍스트와 별반 다르지 않습니다.

각 제품별 상세 페이지도 콘텍스트와 연결해서 장바구니에 상품을 추가할 수 있도록 만듭니다. components/ProductCard/index.js 파일을 열고 다음과 같이 setQuantity와 addToCart 액션을 콘텍스트와 연결합니다.

```
import { useContext, useState } from 'react';
import CartContext from '../../lib/context/Cart';

// ...

export default function ProductPage({ product }) {
  const [quantity, setQuantity] = useState(0);
  const { items, setItems } = useContext(CartContext);

  const alreadyInCart = product.id in items;

  function addToCart() {
    setItems({
      ...items,
      [product.id]: quantity,
    });
  }
```

```
  return (
    <Flex rounded="xl" boxShadow="2xl" w="full" p="16" bgColor="white">
      <Image height="96" width="96" src={product.images[0].url} />
      <Box ml="12" width="container.xs">
        <Text as="h1" fontSize="4xl" fontWeight="bold">
          {product.name}
        </Text>
        <Text lineHeight="none" fontSize="xl" my="3"
          fontWeight="bold" textColor="blue.500">
          €{product.price / 100}
        </Text>
        <Text maxW="96" textAlign="justify" fontSize="sm">
          {product.description}
        </Text>
        <Divider my="6" />
        <Grid gridTemplateColumns="2fr 1fr" gap="5" alignItems="center">
          <SelectQuantity
            onChange={(quantity)=>setQuantity
            (parseInt(quantity))}
          />
          <Button colorScheme="blue" onClick={addToCart}>
            {alreadyInCart ? 'Update' : 'Add to cart'}
          </Button>
        </Grid>
      </Box>
    </Flex>
  );
}
```

웹 사이트가 좀 더 동적으로 보일 수 있도록 장바구니에 얼마나 많은 상품이 있는지 표시해봅시다. 다음과 같이 코드 몇 줄을 추가해서 NavBar 컴포넌트를 CartContext와 연결합니다.

```
import { useContext } from 'react';
import Link from 'next/link';
import { Flex, Box, Button, Text } from '@chakra-ui/react';
import { MdShoppingCart } from 'react-icons/md';
import CartContext from '../../lib/context/Cart';

export default function NavBar() {
  const { items } = useContext(CartContext);

  const itemsCount = Object
```

```
    .values(items)
    .reduce((x, y) => x + y, 0);

  return (
    <Box position="fixed" top={0} left={0} w="full"
      bgColor="white" boxShadow="md">
      <Flex width="container.xl" m="auto" p="5"
        justifyContent="space-between">
        <Link href="/" passHref>
          <Text textColor="blue.800" fontWeight="bold" fontSize="2xl">
            My e-commerce
          </Text>
        </Link>
        <Box>
          <Link href="/cart" passHref>
            <Button>
              <MdShoppingCart />
              <Text ml="3">{itemsCount}</Text>
            </Button>
          </Link>
        </Box>
      </Flex>
    </Box>
  );
}
```

장바구니에 담은 제품을 확인할 수 있는 장바구니 페이지도 만듭니다. pages/cart.js 파일을 만들고 다음과 같이 컴포넌트를 추가합니다.

```
import { useContext, useEffect, useState } from 'react';
import { Box, Divider, Text } from '@chakra-ui/react';

export default function Cart() {
  return (
    <Box
      rounded="xl"
      boxShadow="2xl"
      w="container.lg"
      p="16"
      bgColor="white"
    >
      <Text as="h1" fontSize="2xl" fontWeight="bold">
```

```
      Cart
    </Text>
    <Divider my="10" />
    <Box>
      <Text>The cart is empty.</Text>
    </Box>
  </Box>
 );
}
```

이 컴포넌트가 장바구니의 초기 상태이며 사용자가 제품을 담으면 장바구니 페이지에서 이를 표시할 것입니다. 그러기 위해서는 장바구니를 `CartContext`와 연결해서 사용자가 추가한 제품의 ID와 수량을 알려주어야 합니다.

```
import { useContext, useEffect, useState } from 'react';
import { Box, Divider, Text } from '@chakra-ui/react';
import cartContext from '../lib/context/Cart';

export default function Cart() {
  const { items } = useContext(cartContext);

  return (
    // ...
  );
}
```

이제 장바구니에 담은 제품 정보를 `{ [product_id]: quantity }` 형식의 객체로 받을 수 있습니다. `lib/graphql/queryis/getProductsById.js`에 새로운 질의문을 작성하고 이 객체의 키값을 이용하여 GraphCMS에서 관련된 제품 정보를 가져오도록 합니다.

```
import { gql } from 'graphql-request';

export default gql`
  query GetProductByID($ids: [ID!]) {
    products(where: { id_in: $ids }) {
      id
      name
      price
      slug
```

```
    }
  }
`;
```

질의문을 작성한 다음에는 cart.js 파일에 useEffect 리액트 훅을 추가해서 페이지를 로드한 후 모든 제품 정보를 가져오도록 합니다.

```
import { useContext, useEffect, useState } from 'react';
import { Box, Divider, Text } from '@chakra-ui/react';
import graphql from '../lib/graphql';
import cartContext from '../lib/context/Cart';
import getProductsById from '../lib/graphql/queries/getProductsById';

export default function Cart() {
  const { items } = useContext(cartContext);
  const [products, setProducts] = useState([]);
  const hasProducts = Object.keys(items).length;

  useEffect(() => {
    // 사용자가 장바구니에 제품을 담은 경우에만 정보를 가져옵니다.
    if (!hasProducts) return;

    graphql.request(getProductsById, {
        ids: Object.keys(items),
      })
      .then((data) => {
        setProducts(data.products);
      })
      .catch((err) =>console.error(err));
  }, [JSON.stringify(products)]);

  return (
    // ...
  );
}
```

하지만 지금 서버를 실행하고 장바구니에 물건을 담은 다음 장바구니 페이지로 이동하면 [그림 13-6]과 같은 오류를 보게 됩니다.

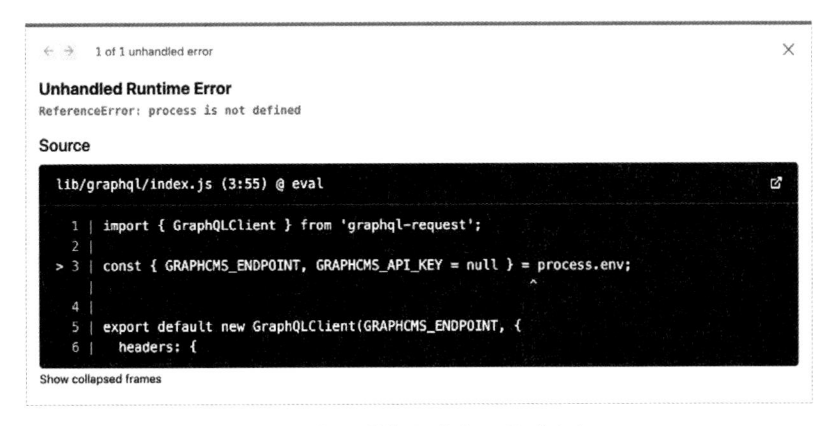

그림 13-6 브라우저에서 process 변수를 찾을 수 없다는 오류 메시지

Next.js가 브라우저에서 모든 환경 변수를 포함하고 있는 process 변수를 찾을 수 없다고 알려줍니다. 모든 브라우저가 이 변수를 공식적으로 지원하는 것은 아니지만 다행히 Next.js가 좋은 폴리필을 제공하기 때문에 이 문제를 해결할 수 있습니다.

먼저 GRAPHCMS_ENDPOINT 변수 이름을 NEXT_PUBLIC_GRAPHCMS_ENDPOINT로 바꿉니다. 환경 변수 앞에 NEXT_PUBLIC_이라는 접두사를 붙이면 Next.js가 process.env 객체에 추가해서 브라우저에서 접근할 수 있도록 해줍니다.

.env.local 파일을 수정했으면 lib/graphql/index.js 파일을 다음과 같이 수정합니다.

```
import { GraphQLClient } from 'graphql-request';

const GRAPHCMS_ENDPOINT = process.env.NEXT_PUBLIC_GRAPHCMS_ENDPOINT;
const GRAPHCMS_API_KEY = process.env.GRAPHCMS_API_KEY;

const authorization = `Bearer ${GRAPHCMS_API_KEY}`;

export default new GraphQLClient(GRAPHCMS_ENDPOINT, {
  headers: {
    ...(GRAPHCMS_API_KEY && { authorization }),
  },
});
```

GRAPHCMS_API_KEY 환경 변수는 외부에 노출되면 안 되는 중요한 정보를 가지고 있기 때문에 이름을 바꾸지 않는다는 점에 유념하기 바랍니다.

문제를 해결했으니 장바구니 페이지를 완성해보겠습니다. 먼저 장바구니에 담은 제품들의 최종 가격을 계산하는 함수를 만듭니다.

```
export default function Cart() {
  // ...

  function getTotal() {
    if (!products.length) return 0;

    // 결제 시스템으로 사용할 Stripe는 가격이 정수 형태가 되어야 합니다.
    // 예를 들어 가격이 €4.99라면, 499로 써야 합니다.
    // 따라서 여기서는 가격을 100으로 나누어서 표시합니다.
    // GraphCMS에서 가져온 가격은 Stripe에서 그대로 사용할 수 있는
    // 정수 형태의 가격입니다.
    return Object.keys(items)
      .map((id) =>
        products.find((product) => product.id === id).price
          * (items[id] / 100)
      )
      .reduce((x, y) => x + y)
      .toFixed(2);
  }

  // ...
}
```

그리고 장바구니에 담긴 제품 목록을 JSX 형태로 반환해서 컴포넌트가 업데이트되도록 해줍니다.

```
  return (
    <Box
      rounded="xl"
      boxShadow="2xl"
      w="container.lg"
      p="16"
      bgColor="white">
      <Text as="h1" fontSize="2xl" fontWeight="bold">
        Cart
      </Text>
      <Divider my="10" />
      <Box>
```

```
  {!hasProducts ? (
    <Text>The cart is empty.</Text>
  ) : (
    <>
      {products.map((product) => (
        <Flex
          key={product.id}
          justifyContent="space-between"
          mb="4">
          <Box>
            <Link href={`/product/${product.slug}`} passHref>
              <Text
                fontWeight="bold"
                _hover={{
                  textDecoration: 'underline',
                  color: 'blue.500' }}>
                {product.name}
                <Text as="span" color="gray.500">
                  {''}
                  x{items[product.id]}
                </Text>
              </Text>
            </Link>
          </Box>
          <Box>
            €{(items[product.id] *
            (product.price / 100)).toFixed(2)}
          </Box>
        </Flex>
      ))}
      <Divider my="10" />
      <Flex
        alignItems="center"
        justifyContent="space-between">
        <Text fontSize="xl" fontWeight="bold">
          Total: €{getTotal()}
        </Text>
        <Button colorScheme="blue">
          Pay now
        </Button>
      </Flex>
    </>
  )}
</Box>
```

```
    </Box>
  );
}
```

장바구니 구현이 끝났습니다. 이제 Stripe, Paypal, Braintree 같은 결제 서비스와 연결해서 사용자가 비용을 지불하고 제품을 구매할 수 있도록 만들면 됩니다. 다음 절에서는 Stripe를 사용해서 결제 기능을 구현해보겠습니다.

13.4 Stripe로 결제 구현하기

Stripe는 현존하는 최고의 결제 서비스입니다. 직관적인 서비스를 제공하며 API 사용에 도움이 되는 훌륭한 문서도 있습니다.

이 절의 내용을 따라가기에 앞서 Stripe 홈페이지[77]에서 계정을 만들어야 합니다. 계정이 이미 있다면 로그인한 다음 *https://dashboard.stripe.com/apikeys* 주소로 갑니다. 그러면 개발에 필요한 공개키 sharable key와 개인키 secret key값을 얻을 수 있습니다. 이 두 개의 값을 다음과 같이 환경 변수로 저장합니다.

```
NEXT_PUBLIC_STRIPE_SHARABLE_KEY=
STRIPE_SECRET_KEY=
```

다시 말하지만 `STRIPE_SECRET_KEY`와 같이 외부에 공개되면 안 되는 값에는 `NEXT_PUBLIC_` 접두사를 붙이지 않습니다. 또한 `.env.local` 파일을 `.gitignore` 파일에 추가해서 내부의 중요한 값들이 외부 저장소에 노출되는 일을 막도록 합니다.

Stripe를 사용할 수 있도록 다음 명령으로 Stripe 자바스크립트 SDK를 설치합니다.

```
yarn add @stripe/stripe-js stripe
```

패키지를 설치했다면 `lib/stripe/index.js` 파일을 만들고 다음 내용을 채워 넣습니다.

77 *https://stripe.com*

```
import { loadStripe } from '@stripe/stripe-js';

const key = process.env.NEXT_PUBLIC_STRIPE_SHARABLE_KEY;

let stripePromise;

const getStripe = () => {
  if (!stripePromise) {
    stripePromise = loadStripe(key);
  }
  return stripePromise;
};

export default getStripe;
```

이 코드는 장바구니 페이지를 여러 번 방문하더라도 Stripe를 딱 한 번만 불러오도록 합니다.

이번에는 Stripe 세션을 만들 API 페이지를 작성합니다. 이 API를 사용해서 Stripe가 안전하고 보기 좋은 결제 페이지를 만들면 사용자는 해당 페이지로 이동해서 장바구니에 담은 물건을 결제할 수 있게 됩니다. 사용자가 주문을 완료하면 Stripe가 사용자를 지정한 페이지로 이동시킬 수 있지만 이 부분은 나중에 살펴보겠습니다.

이제 /pages/api/checkout/index.js 파일에 API 경로를 만듭니다. 여기서는 아주 간단한 Stripe 결제 세션 요청을 보냅니다.

```
import Stripe from 'stripe';

const stripe = new Stripe(process.env.STRIPE_SECRET_KEY);

export default async function handler(req, res) {

}
```

기본적인 함수 골격을 만들었으니 구현에 앞서 Stripe 세션을 만들기 위해 무엇이 필요한지 알아봅시다. 우리는 다음 데이터를 Stripe에 특정 순서로 전달해야 합니다.

- 구매할 모든 제품의 이름, 수량, 가격, 부수적인 이미지 정보
- 신용카드, Alipay, SEPA Debig, Klarna와 같이 사용 가능한 지불 방법

- 배송비
- 성공 또는 취소 시 사용자를 보낼 각각의 URL

첫 번째 데이터부터 처리해봅시다. 이 경우에는 장바구니와 연결된 CartContext의 객체를 사용해서 해결할 수 있습니다. CartContext 객체에는 구매할 제품의 ID와 수량 정보 등이 포함되어 있으니까요. lib/graphql/queries/getProductDetailsById.js 파일을 만들고 새 질의문을 추가해서 GraphCMS에서 제품 정보를 가져옵니다.

```
import { gql } from 'graphql-request';

export default gql`
  query GetProductDetailsByID($ids: [ID!]) {
    products(where: { id_in: $ids }) {
      id
      name
      price
      slug
      description
      images {
        id
        url
      }
    }
  }
`;
```

그리고 /pages/api/checkout/index.js 파일에서 API를 수정해서 질의문을 통해 제품 상세 정보를 가져옵니다.

```
import Stripe from 'stripe';
import graphql from '../../../lib/graphql';
import getProductsDetailsById from '../../../lib/graphql/queries/
  getProductDetailsById';

const stripe = new Stripe(process.env.STRIPE_SECRET_KEY);

export default async function handler(req, res) {
  const { items } = req.body;
```

```
  const { products } = await graphql
    .request(getProductsDetailsById, { ids: Object.keys(items)});
}
```

Stripe는 line_items라는 속성을 갖는 설정 객체를 필요로 합니다. 이 속성에는 구매할 모든 제품의 정보가 포함됩니다. 모든 제품 관련 정보를 가져왔으니 다음과 같이 필요한 속성값을 설정합니다.

```
export default async function handler(req, res) {
  const { items } = req.body;
  const { products } = await graphql
    .request(getProductsDetailsById, { ids: Object.keys(items)});

  const line_items = products.map((product) => ({
    // 사용자가 결제 과정에서 수량을 변경할 수 있도록 합니다.
    adjustable_quantity: {
      enabled: true,
      minimum: 1,
    },
    price_data: {
    // 원하는 화폐 단위를 지정할 수 있습니다.
      currency: 'EUR',
      product_data: {
        name: product.name,
        images: product.images.map((img) => img.url),
      },
      // 앞서 설명한 바와 같이 GraphCMS의 제품 가격은 Stripe에서 요구하는
      // 정수 형태를 만족합니다.
      // 이를테면 €4.99는 Stripe에 499라고 알려주어야 합니다.
      unit_amount: product.price,
    },
    quantity: items[product.id],
  }));
```

예를 들어 사용자가 백팩을 산다면 line_items 속성값은 다음과 비슷할 것입니다.

```
[
  {
    "adjustable_quantity": {
      "enabled": true,
      "minimum": 1
```

```
    },
    "price_data": {
      "currency": "EUR",
      "product_data": {
        "name": "Backpack",
        "images": [
          https://media.graphcms.com/U5y09n80TpuRKJU6Gue1
        ]
      },
      "unit_amount": 4999
    },
    "quantity": 2
  }
]
```

line_items와 추가 정보를 통해 Stripe 결제 세션을 요청합니다.

```
export default async function handle(req, res) {

  // ...

  const session = await stripe.checkout.sessions.create({
    mode: 'payment', // "subscription" 또는 "setup"을 지정할 수 있습니다.
    line_items,
    payment_method_types: ['card', 'sepa_debit'],
    // 서버가 현재 URL을 모르기 때문에 현재 환경에 따라서
    // 환경 변수에 URL을 지정해야 합니다.
    // 로컬에서 테스트하는 경우 주소는 http://localhost:3000이 됩니다.
    success_url: `${process.env.URL}/success`,
    cancel_url: `${process.env.URL}/cancel`,
  });
  res.status(201).json({ session });
}
```

배송 관련 정보는 Stripe 세션 속성 중 shipping_address_collection과 shipping_options라는 이름으로 저장됩니다. 이 두 개의 값은 handler 함수 밖에서 만들 수도 있습니다. 간단하게 shipping_address_collection 변수를 다음과 같이 만들어보겠습니다.

```
export const shipping_address_collection = {
  allowed_countries: ['IT', 'US'],
};
```

이 코드처럼 배송 가능한 국가를 제한할 수 있습니다. 만약 전 세계로 배송이 가능하다면 Stripe 세션 객체에 shipping_address_collection 속성을 넣지 않습니다.

두 번째 변수는 배송 방식에 따라 배송비를 다르게 책정할 수 있는 방법을 제공하기 때문에 좀 더 복잡합니다. 영업일 기준 3-5일 정도 소요되는 무료 배송과 다음 날 바로 배송이 가능한 €4.99의 익스프레스 배송이 있다고 가정해보겠습니다. 이 경우에는 shipping_options 변수를 다음과 같이 만듭니다.

```
export const shipping_options = [
  {
    shipping_rate_data: {
      type: 'fixed_amount',
      fixed_amount: {
        amount: 0,
        currency: 'EUR',
      },
      display_name: 'Free Shipping',
      delivery_estimate: {
        minimum: {
          unit: 'business_day',
          value: 3,
        },
        maximum: {
          unit: 'business_day',
          value: 5,
        },
      },
    },
  },
  {
    shipping_rate_data: {
      type: 'fixed_amount',
      fixed_amount: {
        amount: 499,
        currency: 'EUR',
      },
      display_name: 'Next day air',
      delivery_estimate: {
        minimum: {
          unit: 'business_day',
          value: 1,
```

```
          },
          maximum: {
            unit: 'business_day',
            value: 1,
          },
        },
      },
    },
  ];
```

이 변수 객체는 내용만 봐도 어떤 뜻인지 짐작할 수 있습니다. 이렇게 만든 두 개의 변수를 Stripe 결제 세션에 추가합니다.

```
export default async function handle(req, res) {

  // ...

  const session = await stripe.checkout.sessions.create({
    mode: 'payment',
    line_items,
    payment_method_types: ['card', 'sepa_debit'],
    shipping_address_collection,
    shipping_options,
    success_url: `${process.env.URL}/success`,
    cancel_url: `${process.env.URL}/cancel`,
  });
  res.status(201).json({ session });
}
```

API 구현이 끝났습니다. API를 호출하면 프런트엔드 사용자를 Stripe 측의 결제 페이지로 이동시키는 URL이 포함된 세션 객체를 반환합니다.

pages/cart.js 페이지로 가서 다음 함수를 추가합니다.

```
import loadStripe from '../lib/stripe';

// ...

export default function Cart() {
```

```
  // ...

  async function handlePayment() {
    const stripe = await loadStripe();
    const res = await fetch('/api/checkout', {
      method: 'POST',
      headers: {
        'Content-Type': 'application/json',
      },
      body: JSON.stringify({
        items,
      }),
    });

    const { session } = await res.json();
    await stripe.redirectToCheckout({
      sessionId: session.id,
    });
  }

  // ...

}
```

마지막으로 `Cart` 함수가 반환하는 JSX에 포함된 [Pay now] 버튼에 함수를 연결해줍니다.

```
// ...
<Button colorScheme="blue" onClick={handlePayment}>
  Pay now
</Button>
// ...
```

결제 기능을 테스트해봅시다. 개발 서버를 실행하고 장바구니에 제품 몇 개를 담은 다음, 장바구니 페이지로 가서 [Pay now] 버튼을 클릭합니다. 그럼 [그림 13-7]과 같이 Stripe에서 제공하는 결제 페이지로 이동합니다. 결제 페이지에는 구매할 제품 정보와 가격이 표시되며 이 페이지에서 결제 방법, 배송 정보, 각 제품의 수량을 변경할 수 있습니다.

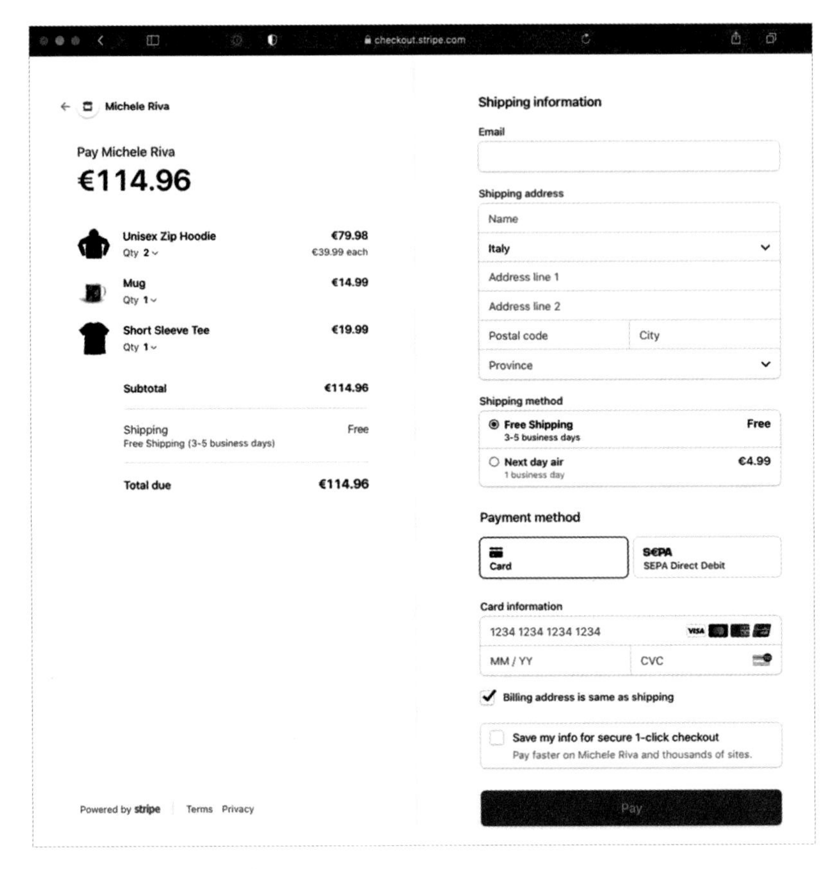

그림 13-7 Stripe 결제 페이지

여기서는 상점 이름으로 개인 계정의 이름을 사용했기 때문에 'Michele Riva'라고 표시되는 것이며 원한다면 Stripe 대시보드에서 상점 이름을 변경할 수 있습니다.

페이지 왼쪽 상단의 상점 이름을 클릭하면 `pages/api/checkout/index.js` 페이지에서 지정한 `cancel_url`로 이동하고, 결제가 성공적으로 끝나면 `success_url`로 이동합니다. 각 페이지는 나중에 직접 구현해보기 바랍니다.

정리하기

CHAPTER 13에서는 GraphCMS와 Stripe를 사용해서 제품을 고르고 구매할 수 있는 온라인 상거래 웹 사이트를 만들었습니다. 아주 많은 기능을 구현했지만 이 책에서 다루기에는 너무나도 방대해서 다루지 못한 것들도 있습니다. 예를 들어 Stripe 결제 페이지에서 장바구니 페이지로 다시 돌아오면 장바구니가 비어 있게 됩니다. 장바구니 콘텍스트를 영구히 저장하지 못했기 때문이죠. 사용자 계정을 새로 만들고 배송 진행 사항을 알려주거나 주문 내역 등의 정보를 제공하는 기능도 빠져 있습니다.

하지만 한 가지는 확실합니다. Auth0를 사용해서 사용자를 인증하고 GraphCMS로 주문 내역이나 제품 재고를 관리하며 Stripe로 결제하는 방법을 안다는 것은 온라인 상거래 웹 사이트를 만들 때 필수적인 내용을 알고 있다는 뜻입니다.

Vercel 팀은 최근 Next.js Commerce를 출시했습니다. Next.js Commerce에서는 Shopify, Saleor, BigCommerce 등의 온라인 상거래 플랫폼과 연결하여 상점 페이지를 만들고 커스텀 UI를 구현할 수 있습니다. 하지만 여기서는 Next.js Commerce를 사용하지 않았습니다. Next.js Commerce는 분명 좋은 소프트웨어지만 너무나 많은 부분을 추상화하고 대신 해주며 Stripe와 GraphCMS를 연결하는 등 기본적인 작동 방식을 이해하기에 적합하지 않기 때문입니다.

또한 Headless CMS와 Next.js 프런트엔드를 연결하는 방법을 배웠습니다. 이 방법이 쉽게 느껴진다면 그것은 아마도 GraphCMS가 아주 잘 만들어진 플랫폼이기 때문일 것입니다. GraphCMS는 잘 작성된 GraphQL API를 통해 개발자에게 훌륭한 개발 경험을 제공합니다.

다른 CMS를 사용할 때도 동일한 방법으로 개발할 수 있는 것은 아닙니다. 아직 웹 개발 분야는 미성숙하고 빠르게 진화하고 있기 때문에 다른 CMS를 설정하여 애플리케이션의 백엔드와 프런트엔드를 모두 개발하는 풀스택 개발 방식을 사용해야 할 수도 있습니다. 다행히 오래된 CMS 플랫폼들도 다양한 커뮤니티의 지원하에 계속 변화하고 있으며 Next.js를 포함한 다양한 프레임워크를 받아들일 준비를 하고 있습니다. 예를 들어 워드프레스의 경우 기존 웹 사이트에 적용 가능한 GraphQL API를 생성하는 플러그인[78]을 제공합니다. 그러면 워드프레스를

78 https://www.wpgraphql.com

Headless CMS로 사용하는 Next.js 프런트엔드 애플리케이션을 만들고 연결할 수 있습니다. 또 다른 유명한 오픈소스 CMS인 Drupal 역시 GraphQL 모듈[79]을 사용해서 GraphQL API를 제공합니다.

CHAPTER 14에서는 지금까지 배운 내용을 정리하고 Next.js 개발 실력을 더욱 향상시킬 수 있는 몇 가지 예제 프로젝트를 살펴보겠습니다.

79 https://www.drupal.org/project/graphql

CHAPTER 14

예제 프로젝트로 살펴보는 Next.js의 다음 단계

지금까지 Next.js를 배우기 위해 정말 정신없이 달려왔습니다. 그리고 이제는 Next.js 프레임워크를 사용해서 재미로 작은 웹 페이지를 만들 수도 있고 대규모 웹 사이트를 개발할 수도 있게 되었습니다.

CHAPTER 14에서는 지금껏 배운 내용을 간단하게 정리하고 앞으로 Next.js에 관해 무엇을 더 배워야 할지 짚어보겠습니다.

세부적으로는 다음과 같은 내용을 다룹니다.

- 이 책에서 배운 내용 정리
- 앞으로 더 배워야 할 내용들
- Next.js를 연습하기에 알맞은 몇 가지 프로젝트 소개

여기까지 학습을 마치면 여러분은 진정한 Next.js 개발자로서의 여정을 시작할 수 있습니다.

14.1 무궁무진한 가능성을 가진 프레임워크

Next.js가 더 훌륭하고 빠른 웹 애플리케이션을 만들 수 있는 다양한 기능을 제공해준다는 점은 이미 여러 번 언급한 사실입니다. 프레임워크를 이야기할 때 절대 잊지 말아야 할 것은 '프레임워크는 단순한 기술 요소가 아니다'라는 점입니다. 프레임워크를 고를 때는 프레임워크를

둘러싼 수많은 커뮤니티와 아이디어, 생태계를 고려해야 합니다.

Next.js 역시 단순한 웹 프레임워크가 아닙니다. Next.js는 지금까지 배운 바와 같이 다양한 아이디어와 기능을 통해 프런트엔드와 백엔드 애플리케이션 개발에 많은 혁신을 가져왔습니다. 어떻게 보면 개발자에게 삶과 일의 균형을 가져다줬다고 봐도 과언이 아닙니다. 이는 아주 뛰어나고 훌륭한 Vercel 팀이 Next.js를 개발한 덕분이기도 합니다. Vercel은 Next.js뿐만 아니라 애플리케이션을 배포하고 사용할 수 있는 플랫폼과 Next.js 애플리케이션 생태계까지 만들었습니다.

Next.js 11 출시와 함께 Vercel 팀은 Next.js 애플리케이션 개발 시 실시간으로 협업할 수 있는 웹 브라우저 기반 환경인 Next.js Live도 발표했습니다. 베타 수준이었지만 정말 놀라운 기능을 제공했습니다. 필자는 Next.js Live를 사용해보고 쉬운 디버깅과 디자인 및 테스트를 통해 팀의 생산성을 놀랍도록 향상시킬 수 있다는 점에서 흥분을 금치 못했습니다. Next.js Live는 현재 Preview[80]라는 이름으로 서비스 중입니다.

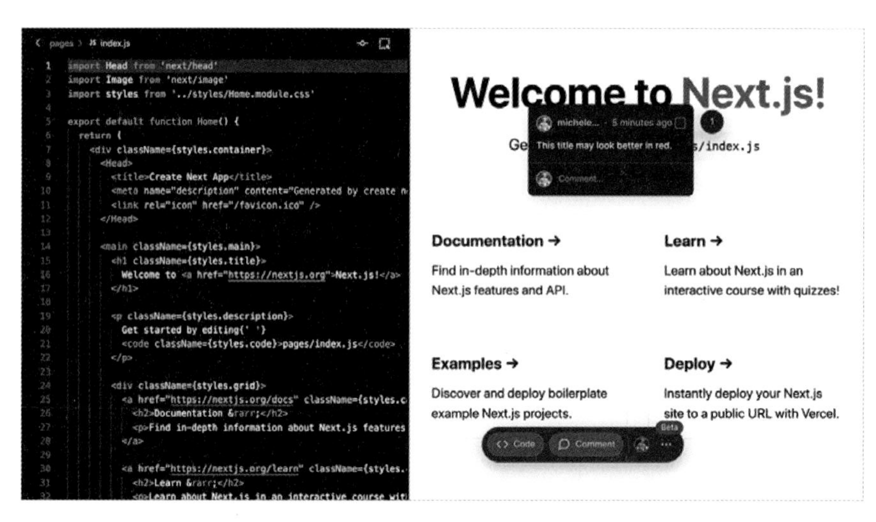

그림 14-1 Next.js Live를 통한 라이브 코딩

Vercel 팀이 아니더라도 Next.js 애플리케이션에 유용한 확장이나 라이브러리를 만드는 커뮤니티, 회사, 개인 개발자들이 많이 있습니다. 이 책에서도 이러한 라이브러리 중 일부를 사용

80 https://vercel.com/features/previews

해서 좋은 결과를 낸 적이 있습니다. 좋은 개발 도구, 튜토리얼 문서, 라이브러리 등을 정리한 GitHub 저장소[81]도 있으니 관심이 있다면 참고하기 바랍니다.

많은 라이브러리, 패키지, 문서들을 면밀히 살펴보다 보면 결국 Next.js의 강력함은 Next.js가 제공하는 다양한 기능에서 온다는 결론을 얻게 됩니다.

처음 Next.js를 만들 때의 목표는 '풀스택 React.js 프레임워크'였을지 몰라도 지금은 그 이상의 의미를 가집니다. 사실 Next.js는 아주 다양한 종류의 애플리케이션을 만들 수 있다는 점에서 범용 프레임워크에 더 가깝습니다. 과거에는 구현해야 하는 기능이나 목적에 따라 다양한 웹 프레임워크 또는 기술을 사용해야 했습니다. 루비 온 레일즈, Symphony, 스프링부트 등을 따로 또는 같이 사용해야 했죠. 아주 간단한 웹 사이트를 만드는 경우에는 Jekyll 등을 통해 정적 사이트를 만들거나 워드프레스와 같은 간단한 CMS를 사용했습니다. Next.js가 이 모든 것을 바꾸진 못했지만 웹 개발에 있어서는 많은 기술이나 프레임워크를 대체할 수 있는 수준에 이르렀습니다. 전체 팀이 단일 프로젝트를 통해서 REST API, 리액트 컴포넌트, 백엔드 로직, UI 등을 전부 구현할 수 있는 것이죠.

Next.js를 웹 프레임워크로 사용할 경우 고려해야 할 또 다른 점은 바로 애플리케이션 구조 수준에서 미치는 영향입니다. 〈CHAPTER 11 배포 플랫폼〉에서 Next.js 애플리케이션을 기능이나 목적에 따라 알맞은 플랫폼에 배포하는 방법을 알아보았습니다. 몇 년 전까지만 해도 웹 애플리케이션을 대개 호스팅 서버에 배포했지만 지금은 애플리케이션을 특성이나 목적에 따라 다양한 방법으로 서로 다른 플랫폼에 배포해서 사용자 경험을 향상시킵니다. 애플리케이션이 Laravel이나 루비 온 레일즈와 같은 전통적인 방식을 사용한다면 AWS EC2 또는 이와 비슷한 가상 서버를 제공하는 서비스를 통해 배포하는 방법 외에는 선택지가 별로 없습니다. 반면 Next.js는 더 나은 개발 파이프라인 구성을 위해 다양한 선택지를 제공하며 페이지별로 정적 렌더링, 서버 사이드 렌더링, 클라이언트 사이드 렌더링을 선택할 수 있어서 사용자 경험을 훨씬 향상시킬 수 있습니다.

요약하자면 Next.js는 웹 애플리케이션 분야에서만 좋은 것이 아닙니다. 풍부한 생태계를 통해 분야에 관계없이 유연하고 믿을 수 있는 애플리케이션을 만들 수 있는 것이 Next.js의 강점입니다. Next.js를 사용하면 안 되는 시나리오를 말하는 것이 더 어려울 정도입니다. 시나리오라는 말이 나온 김에 Next.js 개발 실력을 더욱 향상시킬 수 있는 몇 가지 프로젝트를 소개하

81 `https://github.com/unicodeveloper/awesome-nextjs`

고자 합니다. 다음 절에서는 실제 애플리케이션 구현을 통해 실력을 갈고 닦을 수 있는 몇 가지 프로젝트를 알아보겠습니다.

14.2 Next.js 연습을 위한 프로젝트

무엇이든 익숙해지려면 직접 경험해보는 것이 좋습니다. 이 책에서 배운 내용들은 훨씬 더 복잡한 실제 Next.js 애플리케이션 개발에 필요한 것들이므로 이를 십분 활용하면 상용 애플리케이션을 만들 수 있습니다.

필자는 소프트웨어 엔지니어로서 경험을 쌓기 시작했을 때 연습할 만한 예제 애플리케이션을 찾는 것이 어려웠습니다. 그래서 여러분이 혼자 또는 동료들과 함께 만들고 포트폴리오에 추가할 만한 몇 가지 프로젝트를 소개하여 연습의 기회를 제공하려고 합니다.

스트리밍 웹 사이트

스트리밍 애플리케이션은 오늘날 사람들의 삶에서 매우 큰 비중을 차지하고 있으며 영화나 TV 등을 보는 방식을 완전히 바꿔놓았습니다. 스트리밍 웹 사이트를 만들고자 하는 사람들에게 좋은 사용 사례를 보여주기도 하죠. Next.js를 연습하기 위해 가장 좋아하는 스트리밍 서비스와 비슷한 애플리케이션을 만들어보는 것을 추천합니다. 이 때 반드시 다음의 규칙을 따라야 합니다.

- `https://www.themoviedb.org`의 데이터베이스에 있는 영화 목록을 보여줘야 합니다. 이 웹 사이트에서는 훌륭한 REST API를 제공하고 있으며 웹 페이지[82]에서 관련 문서를 볼 수 있습니다.
- 실제 웹 애플리케이션과 마찬가지로 사용자는 인증을 받아야 애플리케이션에서 제공하는 영화 목록 및 영화를 볼 수 있습니다.
- 예고편이 제공되는 경우 사용자는 영화 페이지에서 예고편을 볼 수 있어야 합니다.
- 모든 이미지는 Next.js의 `<Image/>` 컴포넌트를 사용해서 표시되어야 합니다.
- 사용자가 로그인 또는 로그아웃할 수 있어야 합니다.

82 `https://www.themoviedb.org/documentation/api`

그리고 애플리케이션 개발에 앞서 다음 질문에 스스로 답해보면 큰 도움이 될 것입니다.

- 각 영화별 페이지를 렌더링할 때 어떤 방법을 사용할 것인가?
- 애플리케이션을 어디에 배포할 것인가?
- 사용자가 웹 사이트에 접속했을 때 로그인한 상태인지 어떻게 알아낼 것인가?
- 수백 또는 수천 명의 사용자가 동시에 웹 사이트에 접속한 경우 애플리케이션의 성능 부하가 어느 정도인가? 이에 따라 첫 번째 질문에 대한 답이 바뀔 수 있는가?

이 외에도 좋은 애플리케이션을 개발하기 위해 고려해야 할 것이 많지만 지금은 이 정도로 충분합니다. 앞으로 다른 종류의 애플리케이션도 살펴볼 것이지만 어떤 회사에서 일하든 일정 수준의 기술 요구사항을 만족해야 한다는 점을 꼭 기억하기 바랍니다.

블로깅 플랫폼

이번에는 GraphCMS와 같은 Headless CMS에 Next.js를 연결해서 블로깅 웹 사이트를 만든다고 가정해보겠습니다. 여기서는 다음 규칙을 반드시 지켜야 합니다.

- UI 스타일링에 TailwindCSS를 사용해야 합니다.
- 애플리케이션 개발에 타입스크립트를 사용해야 합니다.
- 모든 블로그 페이지는 빌드 시점에 정적으로 생성되어야 합니다.
- 모든 UI는 가장 좋아하는 블로그와 비슷하게 만듭니다.
- 사용자는 로그인한 후 읽기 목록에 글을 추가할 수 있습니다.
- 모든 이미지는 Next.js의 `<Image/>` 컴포넌트로 표시해야 합니다.
- SEO가 아주 중요합니다. Lighthouse로 SEO 점수를 측정했을 때 100%가 되어야 합니다.

타입스크립트를 사용해본 경험이 없더라도 걱정하지 마세요. Next.js를 사용하면 타입스크립트를 애플리케이션에 점진적으로 적용할 수 있습니다. 한 번만 사용해보면 그냥 자바스크립트는 사용하지 못하게 될 것입니다! 블로깅 플랫폼을 만들고 자신감이 더 생긴다면 글을 편집할 수 있는 페이지를 만들어서 사용자가 글을 쓰고 웹 사이트에서 공유할 수 있도록 해보는 것도 좋은 방법입니다.

이 프로젝트에서는 CMS 사용법과 스타일링 메서드 및 사용하는 프로그래밍 언어와 관련된 요구사항을 반드시 따라야 하지만 이어서 소개할 프로젝트에서는 기술 스택과 관련된 제약 없이 자유롭게 선택할 수 있습니다.

실시간 채팅 웹 사이트

Next.js가 얼마나 강력한지를 가장 잘 보여주는 프로젝트입니다. 실시간 채팅 애플리케이션을 만들 때는 다음과 같은 기능을 구현해야 합니다.

- 여러 개의 대화방을 만들 수 있어야 합니다.
- 사용자가 대화방 이름으로 참여할 수 있어야 합니다. 로그인은 필요하지 않습니다.
- 사용자가 대화방에 입장하면 전체 대화 내역을 볼 수 있어야 합니다.
- 대화는 실시간으로 이루어져야 합니다.
- 추가 기능으로 사용자가 새 대화방을 만들 수 있도록 합니다.

고민할 것이 많기 때문에 재미있는 프로젝트입니다. 예를 들어 대화방의 URL을 알고 있는 사용자가 대화방의 이름을 입력하지 않고 입장을 시도하는 경우 어떻게 할 수 있을까요? 대화방의 모든 대화 목록을 어디에 저장해야 할까요? 실시간으로 메시지를 주고받는 것은 어떻게 구현할 수 있을까요? 마지막 두 가지 질문에 답해보자면 Firebase를 사용하여 안전한 실시간 애플리케이션을 만들 수 있습니다. Firebase는 엔드 투 엔드 암호화를 지원하는 실시간 데이터베이스를 무료로 제공하기 때문에 이를 사용하면 채팅 애플리케이션을 쉽게 만들 수 있습니다.

14.3 다음 단계

이 책에서는 정말 많은 주제를 다루었지만 아직도 배워야 할 내용이 많습니다. 지금까지 다룬 내용은 Next.js 프로젝트를 시작하기 위한 단계에 불과하며, 이 책을 다 읽고 난 후에 실제 애플리케이션을 개발하면서 다양한 기능을 구현해보아야만 더 많은 것을 배울 수 있을 것입니다. 새 Next.js 프로젝트를 바닥부터 만들어보면서 타입스크립트와 자바스크립트 중 어떤 것을 사용할 것인지 고르고, 웹팩 설정을 커스터마이징하고, 외부 UI 라이브러리를 추가하고, 어떤 렌더링 방식을 사용할지와 어디에 어떻게 배포할 것인지 등을 직접 경험해보아야 합니다.

Next.js는 빠르게 변하는 프레임워크입니다. 트위터 등에서 Next.js 코어 개발자들과 Vercel 팀을 팔로우하고 Next.js 컨퍼런스에 참여하거나 Next.js의 공식 블로그[83]를 참고하면 최신 기술을 접하는 데 큰 도움이 됩니다. Next.js가 얼마나 빠르게 발전하는지, 웹 애플리케이션 개발 분야에 얼마나 큰 영향을 미치는지 알게 되면 여러분은 놀라움을 감추지 못할 것입니다. 그러니 Next.js의 최신 기술 동향, 뉴스, 배포 소식에 꼭 귀를 기울이기 바랍니다.

정리하기

이 책을 여기서 마무리 짓게 되어 너무나도 아쉽습니다. 책을 쓰는 것이 즐거웠으며 이렇게 훌륭한 프레임워크를 소개할 수 있어서 정말 기뻤습니다.

이 책에서는 Next.js 애플리케이션 개발을 처음 시작할 때 필요한 핵심 내용을 다루었습니다. 이 책을 다 읽은 지금 여러분은 Next.js와 리액트 프레임워크로 상용 수준의 훌륭한 애플리케이션을 만들 수 있게 됐을 것입니다.

Next.js가 계속해서 발전하고 있는 만큼 최신 배포판이나 기술 동향에 늘 귀를 기울이고 끊임없이 공부해서 새롭게 제공되는 더 좋은 기능들을 사용하기 바랍니다.

마지막으로 소개한 세 개의 연습 프로젝트는 Next.js 기술에 익숙해질 수 있는 좋은 기회가 될 것이며, 이를 토대로 상용 수준의 애플리케이션을 어떻게 개발하는지도 이해할 수 있을 것입니다.

이제 이 책을 덮고 코딩을 시작하세요. Next.js 덕분에 개발이 더욱 더 즐거워질 것이며 삶도 윤택해질 것입니다.

83 https://nextjs.org/blog

INDEX

INDEX

S

T

U

W

기타